财政部规划教材
全国高职高专院校财经类教材

社会保障理论与实务

（第六版）

周巧红　主编

中国财政经济出版社

图书在版编目（CIP）数据

社会保障理论与实务/周巧红主编．—6版．—北京：中国财政经济出版社，2014.11
财政部规划教材　全国高职高专院校财经类教材
ISBN 978-7-5095-5842-3

Ⅰ.①社…　Ⅱ.①周…　Ⅲ.①社会保障-高等职业教育-教材　Ⅳ.①C913.7

中国版本图书馆CIP数据核字（2014）第274623号

责任编辑：张　铮　　　　责任校对：王　英
封面设计：陈　瑶

中国财政经济出版社 出版
URL：http：//www.cfeph.cn
E-mail：cfeph@cfeph.cn

社址：北京市海淀区阜成路甲28号　邮政编码：100142
发行处电话：88191537　财经书店电话：64033436
北京富生印刷厂印刷　各地新华书店经销
787×1092毫米　16开　16.75印张　409 000字
2014年12月第6版　2021年3月北京第5次印刷
定价：34.00元
ISBN 978-7-5095-5842-3/C·0047
（图书出现印装问题，本社负责调换）
本社质量投诉电话：010-88190744
打击盗版举报热线：010-88191661　QQ：2242791300

编写说明

本书是财政部规划教材，由财政部教材编审委员会组织编写并审定，作为全国高职高专院校财经类教材。

本书为适应高职高专教育人才培养的需要，突出职业性、应用性和操作性的要求，注重理论内容的取舍，以必需、够用和适用为度，强调理论联系实际，理论介绍为应用服务，力求清晰和简化，以最大限度地扩展实务内容。

本书注重新颖性、可读性和启发性。与内容相呼应，设置了“阅读资料”等栏目，使理论与实践融为一体，增强了教材的可读性，有利于激发学生学习的自觉性，有利于对学生逻辑思维的引导和分析问题、解决问题能力的培养。本书每一章后面都安排了“思考与拓展”，以帮助学生提高实践操作能力。

本书兼顾内容的稳定性和时效性，即在保证基础知识与基本理论相对稳定的基础上，力求最大限度地反映我国社会保障制度改革的新情况，适度吸纳国内外社会保障理论研究的新成果以及教学与研究的新收获。本书在相关章节增添了城镇居民社会养老保险制度、新型农村社会养老保险制度、城镇企业职工基本养老保险关系转移接续办法、住房社会保障制度等全新内容。本书选用的数据、案例、资料以及社会保障相关政策法规均截至2010年6月。

本书由山西省财政税务学校副校长周巧红教授任主编，并编写第一、二、十、十一、十二章；山西省财政税务专科学校徐州全副教授编写第三、四、五章；山西省财政税务专科学校吉淑英教授编写第六、七章；陕西财经职业技术学院李启明副教授编写第八、九章。周巧红教授对全书进行了总纂、定稿。

用书学校任课老师若需要课后练习的答案和电子课件，请登录中国财经教育网（www. zgcjjy. com，http：//cjjc. cfeph. cn）下载。

在本书的编写过程中，参考了诸多本学科理论研究成果和已出版的专著、教材，在此对相关作者表示诚挚的谢意！对财政部干部教育中心的信任表示衷心感谢！

书中不足之处，恳请广大读者指正。

周巧红

2014 年 10 月

目录

第一章 社会保障概述

学习要点

- □ 社会保障的含义和功能
- □ 社会保障体系
- □ 社会保障的原则
- □ 社会保险

第一节 社会保障的概念

一、社会保障的含义

“社会保障”或“社会安全”源于英文“Social Security”一词，最早见于美国1935年颁布的《社会保障法案》(Social Security Act)，后被国际劳工组织接受并使用至今。

由于各国所处的经济发展阶段和社会环境不同，社会保障也表现出不同的特点，发达国家之间、发展中国家之间以及发达国家与发展中国家之间在建立符合自身需要的社会保障过程中，其实现手段和方法千差万别，对于社会保障含义的理解也不尽相同。

- 英国《简明不列颠百科全书》中的解释是：社会保障是一种公共福利计划，旨在保护个人及其家庭免除因失业、年老、疾病或死亡而在收入上受到的损失，并通过公益服务（如免费医疗）和家庭生活补助以提高其福利。
- 美国的一些专家把社会保障归结为：社会保障是一个安全网，是对生老病死、伤残孤寡、衣食住行、工作学习等社会问题提供的安全性保护，包括接受对收入方面的支持和补助，支出方面的支持和补助，教育培训方面的支持和补助以及遭受某些损失方面的支持和补助等。
- 德国专家认为：社会保障是指社会公平和社会安全。它使在竞争中失败的人不致遭受灭顶之灾，并能够获得重新参与竞争的能力和机会；为那些由于丧失劳动能力或遭受意外困难而不能参与竞争的人提供生活上的基本保障等。

• 国际劳工组织对社会保障所下的定义是：所谓社会保障，就是“通过一定的组织对这个组织的成员面临的某种风险提供保障，为公民提供保险金，预防或者治疗疾病，失业时给予资助并帮助其找工作。”

• 1948 年 12 月联合国通过《人权宣言》，对社会保障所下的定义则是：社会保障即每个人为自己及家庭的健康与幸福，而对于衣食住行、医疗及其必需的社会服务设施应享有适当的权利，对于失业、疾病、残疾、寡居、年老等情况以及由于个人不可抵御的原因而导致生活危机、无法谋生时，有权获得基本保障。

• 我国一些专家认为，社会保障是在社会成员暂时或永久丧失工作能力，失去工作机会，或收入不能维持必要的生活水平时，由政府负责，以依靠社会力量筹集的资金向其提供必要的生活保障。它是国家通过立法或行政经济法规实施的社会保险、社会救助和社会优抚安置等项目的总和。

尽管以上对社会保障的表述各不相同，但就其包含的主要共同点而言，我们可以对社会保障作如下定义：**社会保障是指国家依据法律规定，通过国民收入的再分配，对由于年老、疾病、伤残、失业以及遭遇不可抵御的意外灾难而导致生活困难的社会成员，给予现金、物质或服务帮助，以保障其基本生活需要的一项社会制度。**这一定义包含以下要点：

（一）社会保障的责任主体是国家

国家是“一种表面上凌驾于社会之上的力量”，是一种“从社会中产生、但又自居于社会之上并且日益同社会脱离的力量。”① 这就决定了国家必然是同时也只能由其成为全社会整体利益的正式代表，对全社会实施管理，其他任何组织都无权也无力代表和管理社会。因此，只有国家，具体来说，就是国家的人格化——各级政府，才能通过国民收入的再分配，对全体社会成员提供基本生活保障。国家作为社会保障的责任主体，表明社会保障是政府的一项重要职能，发展社会保障事业，提高社会福利水平是政府义不容辞的责任；表明政府应对社会保障承担最后的职责；表明政府是社会保障政策的制定者和执行者，政府可以根据社会经济发展需要改变社会保障的项目、覆盖范围和实现手段。

（二）社会保障的目的是满足社会成员的基本生活需要

生存权是人的基本权力。社会保障的目标就是使每个社会成员在收入中断或丧失工作能力时，能够获得维持生存所需的收入，以满足其最基本的生活需要。这里强调的是“最基本”的生活需要，而不是“高层次”的需要。

（三）社会保障的覆盖范围是全体社会成员

原则上，每一位社会成员都毫无例外地属于社会保障的对象。但这并不是说每一位社会成员毫无差别地会获得等同的保障，而是说只要某个社会成员出现或具备了社会保障有关法律法规中所列情况和条件时，即可获得相应的现金、物质或服务支持和帮助。需要说

---

① 《马克思恩格斯选集》第 4 卷，人民出版社 1975 年版，第 166 页。

明的是，由于经济发展程度和社会保障发展阶段的不同，各国一定时期以及各国之间社会保障对象也存在差异。许多国家在实行社会保障之初，保障的对象仅限于某些工薪劳动者，而后，根据需要与可能，才逐步扩大到全体社会成员。

二、社会保障制度的产生与发展

（一）社会保障制度的产生

有保障的安定生活是人类共同的基本要求。所以，从广义上来说社会保障是与人类社会同生同长的。原始社会，由于生产力水平极为低下，人类为了生存，过着共同劳动、互助互济、相依为命的群居生活，这应该说是一种原始的但也是极为纯粹的社会保障式的生活方式。从世界范围来看，古埃及在建筑金字塔时，工匠们就曾自发地建立起互助互济组织，筹集自身的丧葬费；在古罗马的军队中，士兵们为了向死亡士兵的家属发放抚恤金，也曾创立过互助性组织，凡加入组织者须缴纳相应费用，形成自助性抚恤基金。

社会保障以制度的形式出现，是在人类社会发展到工业化和社会化大生产之后，其发展和成熟依赖于市场经济的发展和完善。

生产的社会化是现代社会保障制度产生的经济根源。工业化和社会化大生产，一方面要求实行社会保障，另一方面也为实行社会保障准备了必要的物质基础和技术条件。

1. 社会化大生产客观上要求实行社会保障。社会化大生产在解除了劳动力对土地的依附关系的同时，也将其带入更大的劳动风险之中。因为，工薪劳动者的工资收入是其主要生活来源，而获得工资收入的前提是劳动者具有一定的劳动能力以及参与生产过程的机会。一旦因为种种原因失去了这一前提，那么他们就失去了工资收入，丧失了生活来源。随着工业的发展，造成劳动者丧失劳动能力和就业机会的意外情况经常出现：劳动者面临的年老、病死、工伤等风险不可避免；新技术、新工艺不断涌现，使部分劳动者因不具备生产技能而被迫过早地离开工作岗位——失业；资本有机构成的不断提高，使经济发展创造的新增劳动岗位相对减少，劳动者的失业风险相对增加；市场经济的竞争法则和周期性运行规律，使大批劳动者不断加入失业行列。以上种种由于社会化大生产带来的劳动风险，仅靠劳动者个人的力量是无法抵御的。因此，客观上就需要一种集体分散风险的机制，为境况困难的社会成员提供基本生活来源、基本医疗保障和基本教育条件，以使他们获得基本生存权和再就业机会。

2. 社会化大生产为实现社会保障准备了必要的物质基础和条件。社会化大生产极大地提高了社会劳动生产率。工业化和社会化大生产兴起后的几百年中，人类创造的财富比之前的几千年创造的之和还要多。社会剩余产品的增加为社会保障的产生奠定了坚实的物质基础。同时，社会化大生产要求分工协作、集体劳动，这种集中性的劳动便于劳动者之间的互助互利，也为社会采取集中性措施分散风险提供了有利条件。

社会保障制度最早的雏形是社会救助。早在1601年，英国女王伊丽莎白一世就制定了《济贫法》，规定救济三种救济对象，即有劳动能力的贫民、无劳动能力的贫民和无依靠的孤儿。1834年，英国又颁布了新的《济贫法》，这是现代社会保障制度的最早形态。

19 世纪晚期，德国俾斯麦政府于 1883 年颁布了第一部社会保险法——《疾病社会保险法》，并于 1884 年和 1889 年分别颁布了《工伤事故保险法》和《老年和残障保险法》，1927 年 7 月，德国议会又通过了《失业社会保险法》。至此，使社会保障的基本项目步入了法制轨道，而且形成了工伤、疾病、养老、残障和失业等较为完整的社会保险体系，标志着现代社会保障制度的确立。

（二）社会保障制度的发展

现代社会保障制度产生之后，经历了发展、完善和调整改革三个阶段。

1. 发展阶段（1883—1945 年）。继英德颁布的一系列社会保障制度之后，1933 年，美国总统罗斯福为了摆脱经济危机，缓和劳资矛盾，提出由国家出面实施社会救助、社会保险和社会福利。美国国会于 1935 年通过了社会保障法，建立了包括老年社会保险、失业保险、盲人补助（贫穷）、老年补助（贫穷）、未成年人补助（失亲）等五个项目的社会保障制度。以此为标志，比较完整的现代社会保障制度体系诞生了。

到 1940 年，世界上已有六十多个国家设立了工伤保险、医疗保险、家庭津贴等社会保障项目，社会保障事业迅速发展。

2. 完善阶段（1945 年到 20 世纪 70 年代中期）。第二次世界大战之后，西方许多国家推行了福利主义的社会保障制度，由此，社会保障进入了全面发展和完善阶段。譬如，英国政府以实现充分就业和福利社会为纲要，先后颁布了《家庭津贴法》（1945 年）、《国民保险法》（1946 年）、《国民健康服务法》（1946 年）、《工业伤害法》（1946 年）、《国民救济法》（1948 年）等一系列重要法规。此后，英国的社会保障得到了全面发展。1948 年，英国首先宣布建成公民"从摇篮到坟墓"皆有安全保障的福利国家。随后，西欧、北欧、北美、大洋洲和亚洲等发达国家和地区都陆续宣布实施"普遍福利"政策，形成了以"高福利"为内涵的社会保障制度。同时，一些走上工业化道路的发展中国家也着手颁布和实施适合本国国情的社会保障制度。20 世纪初，新加坡形成了以中央公积金制为基础的"储蓄保险"型社会保障模式，即通过国家立法强制所有雇主、雇员按工资收入的一定比例向中央公积金机构缴纳公积金，形成每一个会员的保障账户，公积金越多，享受的待遇越高，具有很强的激励作用。20 世纪 50 年代，中国及其他社会主义国家效仿前苏联的社会保险体系，建立起与计划经济体制相适应的国家保险型社会保障模式，即被保险人不缴纳保险费用，国家向特定的被保险人提供保险待遇，保险待遇与劳动贡献相联系。

这一阶段社会保障的特点是：（1）社会保障向全民化、普及化方向发展；（2）社会保障向高层次方向发展，社会成员除了失业、疾病、生育、死亡、孤寡、退休时可享受社会保障待遇外，还可享受教育、健康、居民住宅和城市环境等高层次福利；（3）社会保障成为政府的一项重要职能；（4）政府社会保障支出大幅度增长，业已超过其他一切项目而独占鳌头；（5）社会保障有明显的宏观调节功能，成为弱化经济周期的重要杠杆。

3. 调整改革阶段（20 世纪 70 年代中期以来）。进入 20 世纪 70 年代以后，发达资本主义国家的经济发展进入滞胀阶段，社会保障制度也陷入困境。"普遍福利"政策的社会保障制度给西方发达国家带来了一些负作用：社会保障支出增长过快，国家财政负担过重，使政府财政支付遇到了困难，从而引发了严重的通货膨胀；高福利费用推动税收水平和劳动成本不断攀升，抑制了经济的扩张能力，牺牲了劳动生产效率，影响了经济发展的速度和质量；过高的社会保障水平偏重公平而忽视效率，既降低了劳动者的劳动积极性，也增加了部分人的惰性。

为了摆脱福利危机的困境，西方国家对社会保障制度进行了调整和改革，主要措施包括：（1）提高社会保险缴费工资费上限，或取消上限；（2）提高社会保险费率，包括提高职工的保险费率和雇主的保险费率；（3）征收社会保障所得税；（4）削减社会保障费用，包括削减保障项目、降低或冻结保障待遇标准等；（5）将部分社会保障项目交由民间负责，实行社会保障“私人化”等。

这一阶段西方发达国家社会保障改革有以下特点：（1）强调社会保障水平必须与经济发展水平相适应；（2）重视社会保障基金的收支平衡，认真对待人口老龄化和通货膨胀的严重挑战，克服完全基金式和现收现付式的弊病，采取部分基金模式；（3）强调社会保障费用应主要由企业和个人缴纳，政府在必要时给予适当资助；（4）重视正确处理退休和就业的关系，延迟退休年龄；（5）简化制度，分散权力，精简人员，加强管理，提高效率，避免浪费。

三、社会保障的一般特征

社会保障的一般特征可概括为以下几个方面：

（一）保障性

保障性是指社会保障可以为生活陷入困境的社会成员提供必要的现金、物质或服务资助，使其基本生活需要得到保障，从而消除贫困。社会保障的这一基本特征，是人类生存需要的体现，也是社会化大生产的客观要求。众所周知，以物质生活资料为主要内容的生存需要是人的最基本的需要。然而，由于多种风险的存在，并不是所有社会成员的基本生活需要在任何时候、任何情况下均能得到保证，这需要国家和社会通过社会保障制度，对生活困难的社会成员提供基本生活保障。所以说，保障性是社会保障的基本特征。强化这种保障性，社会保障必须制度化、法制化、规范化。

（二）社会性

社会性是指社会保障是国家在全社会范围内普遍实施的一项社会制度。社会性主要表现在：

1. 实施范围的社会性。社会保障的覆盖范围应是全体社会成员。任何社会成员，只要生存出现了困难，都应无一例外地得到政府给予的基本生存保障。社会成员之间只存在保障程度、保障项目、给付标准以及支付方式的差异，而不存在是否享受社会保障的问题。

2. 资金筹集和使用上的社会性。即社会保障资金一般是由国家依法在全社会范围内统一筹集和统一使用。

3. 保障目的的社会性。即社会保障的目标是通过保障社会成员的基本需要，借以提高社会福利水平，促进社会经济稳定、协调和健康发展。

（三）福利性

福利性是指社会保障可以依法为所有公民提供资金和服务，使个人的基本生活得以保证和不断改善。这种改善是多方面的，包括就业机会、收入保障程度的提高，健康、营养、住房状况的改善，医疗、教育、文化娱乐设施的改善等。

（四）互济性

互济性是指社会保障对象之间的相互支援、相互帮助的关系，它是社会保障收入再分配功能的具体表现。在社会保障中，社会救济和社会福利的互济性最为明显，社会救助和社会福利资金来源于剩余劳动，体现了劳动者对非劳动者的无偿援助。在社会保险方面，部分社会保险基金的使用也体现着互济性。这是因为，每个劳动者的社会保障基金的扣除、储蓄、分配和使用，在数量上是不相等的。有人分配使用的数量可能多于扣除、储蓄数，其享受的社会保障基金是“部分取之于己，部分取之于人”。由此可见，社会保障具有较为明显的互济性。

（五）强制性

强制性是指社会保障通过国家立法来强制实施。社会保障资金的筹集和使用涉及政府、单位和个人的权利和义务，涉及国民收入的再分配和经济利益的调整，必须依法强制实施。社会保障的强制性表现在：社会保障计划及其筹资方式都以立法形式加以确定；符合法定社会保险条件的单位和职工必须参加社会保险；单位及其职工必须照章缴纳社会保障费用，否则将受到法律惩罚。

四、社会保障的功能

社会保障的基本功能是与其他宏观调控机制相配合，共同规范、引导市场经济运行，使整个社会经济得以持续、稳定、协调、有效地发展。具体而言，社会保障具有收入补偿功能、保障劳动力再生产功能、促进社会安定功能和促进社会公平功能。

（一）收入补偿功能

收入补偿功能，是指社会保障可以使由于种种原因导致收入中断或减少的社会成员获得必要的现金、物质或服务补偿，使其能够满足基本生活需要。

社会保障的收入补偿功能集中体现在社会救助和社会保险两个方面。社会保险最基本的功能是对劳动者遇到的各种劳动风险进行制度化补偿，以确保其基本生活需要。社会救助则是对陷入贫困而无法维持最低生活水平的社会成员进行无偿资助，具有鲜明的济贫性质。我国的实践证明，社会保障具有显著的收入补偿功能，即使在经济不景气的时期，较完善的社会保险制度和救助制度仍然能保障绝大多数社会成员的基本生活需要。

（二）保障劳动力再生产功能

保障劳动力再生产功能，是指社会保障在满足劳动者本人基本生活需要的基础上，可以对劳动力再生产给予资助，使劳动力再生产状况符合社会经济发展的需要。

在现代工业社会，劳动力再生产承担着为社会经济发展提供高素质劳动力的重任。在劳动力的准备阶段，分娩、婴幼儿护理、未成年人的医疗服务、受教育等都需要很大的支出。而劳动者因各种原因中断劳动或减少收入，势必会影响劳动力的再生产。因此，政府必须以制度的形式为劳动力的再生产提供社会保障。具体表现在：一是为暂时退出劳动力市场的劳动者提供生活保障，使其能够维持基本生活需要，从而保证劳动力的生产和再生产；二是通过提供妇女儿童社会保障、生育社会保障，对有子女的家庭进行资助，可以减轻家庭抚养子女的负担，鼓励劳动力再生产；三是通过发展教育、文化、医疗卫生等公益事业，提高劳动力再生产的质量；四是通过职业教育和培训等，使劳动者的生产技能得以提高，更好地适应经济发展对劳动力素质的要求。

（三）促进社会安定功能

促进社会安定功能，是指社会保障作为一种社会安定体系，具有减少社会冲突、维护社会秩序、安定社会生活的功能。

社会安定突出表现为社会环境的和谐及政治局面的安定团结。而导致社会不安定的因素有很多，但社会成员的基本生活需要得不到保障满足却是最为重要的原因之一。通过社会保障保证社会成员的基本生活需要，起着“社会安全网”和“社会减震器”的作用，具体表现在：第一，社会保障是政府参与国民收入再分配的重要手段，可以将高收入阶层的一部分收入转移支付给低收入阶层，缩小贫富差距，缓和社会矛盾；第二，社会保障能够增强社会成员的安全感、自尊感，有利于消除社会弱势群体的自暴自弃、消极悲观和不稳定的心理；第三，社会保障通过调节供求关系，促进经济稳定，可以减少失业，维持和巩固社会安定的局面。当经济繁荣失业人数减少时，失业救济、社会福利等方面的支出降低，形成“收多支少”的局面；当经济萧条、失业增加时，社会保障支出相对增多，形成“收少支多”的情况。换言之，社会保障支出会自动地随着经济运行变化情况呈现反方向增减变化，这就是社会保障支出的“内在稳定器”作用。这种作用能够调节社会供求关系，自动平抑经济过热或过冷的现象，维持社会安定，促进和保持国民经济的良性循环。

（四）促进社会公平功能

促进社会公平功能，是指社会保障通过对国民收入的再分配，把一部分高收入阶层的收入转移到另一部分低收入阶层，缩小贫富收入差距，实现社会公平的目标。

在市场经济条件下，收入和财富分配依据的是生产要素准则，即生产要素数量越多、质量越高者，获取的收入就越多；反之，则越少。这种收入分配制度使得社会财富的分配不公，并出现两极分化。社会保障作为一种收入再分配手段，可以“劫富济贫”，对弱者、失业者乃至贫困者给予生存保护，以实现社会公平的目标。

阅读资料

国家基本公共服务体系

基本公共服务，指建立在一定社会共识基础上，由政府主导提供的，与经济社会发展水平和阶段相适应，旨在保障全体公民生存和发展基本需求的公共服务。享有基本公共服务属于公民的权利，提供基本公共服务是政府的职责。国家基本公共服务体系“十二五”规划中，对基本公共服务的范围作了如下阐述：

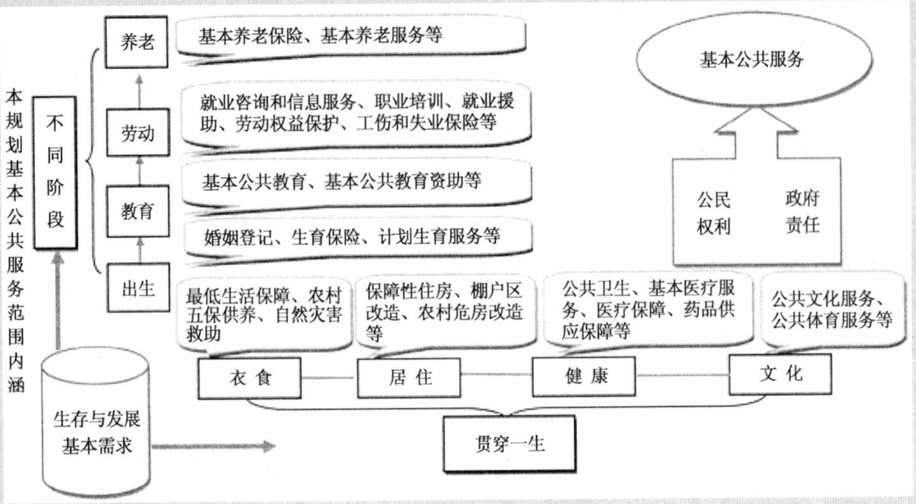

（资料来源：《国务院关于印发国家基本公共服务体系“十二五”规划的通知》，中国政府网，发布日期：2012 年 7 月 31 日。）

五、社会保障与社会经济的关系

社会保障作为一种非市场分配活动，与社会经济发展程度存在着内在联系，二者相互制约，相互促进、相辅相成。

（一）社会经济发展程度制约社会保障的发展水平

1. 经济发展水平。社会保障支出最终来源于一国或地区所创造的经济资源总量，社会保障的范围和水平必然受制于这个总量。经济规模与经济发展水平主要从生产力水平、劳动生产率、国民收入及国民收入分配结构表现出来。经济对于社会保障范围和水平的制约作用，在时间序列分析中体现得尤为明显。在奴隶社会和封建社会，由于生产力水平不高，社会保障范围窄，保障水平也极为低下。但在现代发达国家中，由于生产力水平和生产社会化程度高，劳动力自由流动，社会保障可走出家庭自我保障的范围。同时，国家经济实力雄厚，社会保障范围就有可能实现全面化和全民化，社会保障水平也就较高。而对于多数发展中国家来说，由于生产力水平和生产社会化程度低，农业和农村人口占有较大比重，经济承受能力较弱，因而社会保障的范围和水平也受到限制。

经济发展水平也制约着社会保障的项目和具体内容。在发达国家中，社会保障的项目很多，其内容已远远超过救济和保险两大部分，实现了更高层次的社会保障，即对市场经济中普遍存在的一般性风险而建立的社会保障，如老年、疾病、残疾、工伤、失业、死亡等都有全面的社会保障项目，并在此基础上向其他补贴、福利和服务等方向发展，使社会保障不仅停留在保证弱者的基本生活这一水平上，而且达到了“高福利”水平，实现了“全面保障”的社会目标。而发展中国家经济发展水平较低，财力有限，社会保障水平只能停留在保障社会弱者的基本生活需要水平上，保障的项目和内容也只能从最基本的救助和保险做起。

2. 社会发展状况。政治制度显然会对社会保障制度的发展及社会保障水平产生重大影响。西方国家多党竞争的政治制度，使得各党派为了争取选民的支持而承诺较高的社会保障水平，这不可避免地引致社会保障范围不断扩大，保障水平不断攀升。社会结构也会对社会保障产生影响，譬如我国城乡二元化的社会结构造成社会保障制度的分割和城乡社会保障水平的较大差异。

人口结构是影响社会保障的又一重要因素。随着全球人口老龄化问题的日益加重，社会保障水平将不可避免地抬升。例如，一个退休金方案，由于更多有享受资格的人到达退休年龄，或是工作能力丧失，或是工作者配偶死亡，都将增大社会保障的开支。老年人是特殊群体，对于社会保障的需求相对较大。

社会保障水平的高低还受到本国独特的历史传统、人文因素的影响。例如，福利国家之所以首先在北欧的瑞典等国家建成，是因为这类国家长期选择一种独特的“混合主义”的经济政治模式，宣扬政府对于社会生活的干预与政府责任，加上第一次世界大战和第二次世界大战的创伤，导致人们普遍要求一种稳定、安全的保障制度和“心理环境”，而且，富足小国的特殊国情，也使之成为可能。美国是一个充分宣扬个性自由的国家，其经济最大可能地按照自由市场经济的方向发展，人们认为，国家对于社会保障的过多介入，是对公民自由选择权利的侵犯，因而，美国至今没有建立如其他发达国家一样包罗万象的、完整的社会保障体系。

在社会经济多种因素的共同作用下，社会保障呈现以下两个显著特点：一是动态性特征，即社会保障水平随着经济发展、人口结构变动而变动；二是刚性特征，即社会保障水平缺乏弹性或者具有单向度的弹性，表现为社会保障规模只能扩大不能缩小，项目只能上不能下，水平只能提高不能降低。

（二）社会保障制约社会经济的发展

从19世纪80年代世界上第一个完整的社会保障制度在德国建立以来，社会保障制度就被称为社会经济的“稳定器”和“调节器”，对社会经济运行发挥着重要的支撑作用。社会保障直接关系到社会稳定，关系着每一个现代人的切身利益，也直接影响着社会公平、经济发展质量和整体经济效益。

1. 社会保障的稳定作用。社会保障在维护社会经济稳定方面具有特殊的功能，被视为社会震动的“减震器”和“安全网”。

社会保障是解决经济社会问题的杠杆之一。合理运用社会保障手段，对于分散社会风险，抵御自然灾害，解决生活困难，消减贫困，保证社会成员的基本生活需要具有重要的作用。同时，社会保障也是人类文明发展的一个重要标志，它可以激发人们互相关心、同舟共济的精神，使人们有休养生息的安全感，从而消除人们的后顾之忧，促使人们心理上的平衡，满足人们心理上的需要。

在市场经济条件下，社会保障是不可或缺的稳定机制。众所周知，市场是有效的，但也存在着缺陷，它在提高资源配置效率的同时，也扩大了社会成员之间的收入差距，出现了贫者、弱者和失业者，并给某些人带来了精神上的压力，造成了心理上的失衡。如果不解决这些人的衣、食、住、行和生、老、病、死等问题，保证这些弱势群体的基本生活需要，社会就会陷入不稳定甚至动荡的局面，社会经济的发展也将遭到破坏。因此，社会保障直接关系到市场经济发展的成败。从这个意义上来说，实行社会保障制度，也是国家为了弥补市场经济的缺陷而建立的一项社会系统工程。

2. 社会保障的调节作用。社会保障除调节社会成员的收入水平之外，还可以调节社会总供给与社会总需求的关系，促进国民经济稳定健康发展。在经济萧条时期，失业人员增多，社会保障基金的支付也就相应增多，这就增加了社会需求，刺激了经济增长；在经济繁荣时期，就业人员增加，社会保障基金也相应地减少，这又抑制了社会需求和经济发展。这种“调节器”的功能，在发达国家表现得十分明显。

3. 推动人力资源合理流动，提高劳动生产效率。充分发挥社会保障的稳定和调节作用，可以推动人力资源合理流动，提高人力资源的配置效率。一方面，社会化的保障制度，特别是养老制度、医疗制度和失业制度，可以把劳动力从原来对就业的社会组织的依附关系中解脱出来，使其能够按照个人的能力和兴趣自由选择工作岗位，充分发挥个人的聪明才智。另一方面，它有利于劳动生产率的提高。通过建立社会保障制度，可以及时调整劳动力的供需矛盾，淘汰富余人员，使企业轻装上阵，公平参与市场竞争，从而提高劳动生产率。

4. 促进资本市场的发展。社会保障基金中往往有相当一部分是积累性质的，它并不需要立即支出。为了使这些积累起来的基金保值、增值，就需要将其投入到经济活动中以取得相应的收益。这部分基金或存入银行或购买债券，或购买股票，或进入国际资本市场，有利于资本市场的活跃壮大，并推动经济快速发展。

需要注意的是，社会保障客观上存在一个适度的区域，过低或过高的社会保障水平，对于社会保障自身运行和社会经济发展都会产生消极的影响。社会保障水平过低，社会保障程度不足，不能很好地实现社会保障应有的功能，不能保障公民的经济生活，不利于社会稳定和发展，同时也降低了公民的劳动积极性，最终对于社会运转的效率产生不良影响。许多发展中国家的实践证明，社会保障制度的缺位、残缺或低水平，对总体经济的发展造成了“瓶颈”制约，阻碍了国民经济的发展。社会保障支出增长过快，超过国民经济能承受的水平，也会带来一系列不良影响。西方发达国家在20世纪70年代后出现所谓的“福利危机”，便说明了这一点。这种影响具体有：社会保障支出增长过快，加上人口老龄化总体趋势和经济的周期性波动，往往导致社会保障的财务危机，危及社会保障制度的生存和发展；财政赤字和国家债务增加，加重下一代人的负担；减少资本积累，造成社会经济的投资不足；引起雇主缴纳的社会保障税费增加，从而引起生产成本上升，降低企业竞争力；不利于激励劳动者的劳动积极性，造成部分人自愿失业或提前退休，坐享社会保障待遇，即所谓的“养懒人”。因此，确定社会保障水平必须充分考虑各个方面的承受能力，使其与社会经济发展水平相适应。

六、社会保障与财政的关系

社会保障是政府的重要职能，它与国家财政有着密切的关系。

（一）社会保障的本质

从本质上讲，社会保障属于财政范畴，是以国家为主体的分配活动。

1. 社会保障是一种收入再分配的重要形式。社会保障对市场分配格局具有明显的调节作用。通过物质、服务或现金的给付，社会保障可以将收入从高收入阶层转移到低收入阶层，如社会救助、社会福利等；可以利用劳动者遭遇的风险概率的差异，将部分保险基金在不同劳动者之间进行调剂使用；可以将收入从劳动者的劳动与健康正常期间转移到非劳动与伤病期间。社会保障正是通过上述三种手段来实现国民收入的再分配和经济利益的重新调整。因此，社会保障属于分配范畴，是一种收入再分配的形式。

2. 在现代社会中，国家是社会保障的提供主体。从社会保障的发展历史来看，社会保障的提供主体一般有两个：一个是某些社会组织或个人，另一个是国家，具体是各级政府。但在社会化大生产中，随着社会保障的制度化、法制化和规范化，社会保障主要由政府来提供。这种社会保障是与生产的社会化和专业化相适应的。因为随着生产社会化与专业化程度的提高，整个社会生产成为一个相互联系、分工合作的整体。任何一个生产环节出现问题都可能直接影响到其他生产环节生产活动的顺利进行。为了保证社会经济的正常进行，必须保证社会生产过程有连续不断的劳动力供给。而要保证劳动力的连续供给，就必须以制度的形式为劳动者提供各种社会保障，也必须由社会最合适的代表——国家去执行这种保障职能。由此可见，现代社会保障是一种以国家为主体的分配活动，属于财政分配的范畴。

以上分析说明，社会保障本质上是一种以国家为主体的分配活动，它是国家财政分配的一个重要组成部分。因此，国家可以或应该将社会保障资金纳入政府预算，通过政府预算筹集社会保障资金，然后再向保障对象提供保障服务或进行现金给付。

（二）社会保障与财政的关系

社会保障作为一种以国家为主体的分配活动，与国家财政有着密切的关系。

1. 社会保障的筹资形式与资金管理方式影响财政收入。社会保障主要有缴费与税收两种筹资形式，二者对财政收入的影响不尽相同。

（1）税收形式。对一些易于统一的社会保险项目，如养老保险、失业保险等，有些国家和地区采用社会保险税作为社会保障筹资的重要手段。社会保障税既然是一个税种，那么，其收入自然要直接纳入政府预算，构成国家预算收入的一个组成部分。从 1889 年德国率先开征社会保险税以来，社会保险税在西方国家财政收入中所占的比重越来越大，比如，美国目前的社会保险税已发展成为第二大税种，仅次于个人所得税。

（2）缴费形式。缴费形式对财政收入的影响取决于社会保障资金的预算管理方式。如果保障资金纳入政府预算管理，其对财政收入的影响，与税收形式相同。如果保障资金不纳入政府预算管理，社会保障费的筹集会间接减少财政收入，因为企业负担的保障费一般在税前列支，这会减少财政企业所得税收入。

2. 社会保障支出是财政支出的重要组成部分。社会保障资金的宏观管理方式主要有政府公共预算模式、专项基金预算模式和单独管理模式。但无论采用哪一种模式，社会保障支出都会影响财政支出。社会保障资金纳入预算管理，则社会保障开支直接形成财政支出，社会保障的项目、保障范围的变化会直接导致财政支出总量的变化。如果社会保障资金不纳入预算管理，社会保障支出同样会影响财政支出。只是影响的情形较为复杂。这体现在民政部门主管的社会福利、社会救助和社会优抚安置等属于国家财政支撑的项目，资金主要来源于政府拨款；隐藏在国家举办的文化、教育、卫生、科学等事业中的福利项目，也主要来自政府拨款；机关、事业单位的社会保险缴费来自政府拨款；社会保障入不敷出时，需要财政予以弥补；社会保障机构的经费一般由政府预算安排。

3. 社会保障是国家财政实施宏观调控的重要手段。由于社会保障与国家财政有着内在的联系，使得社会保障能够配合国家财政有效实施宏观调控。社会保障支出逆经济周期而反方向变动，可以配合国家财政政策调节社会供求关系。国家可以根据财政承受能力以及经济运行状况，变动财政保障支出，调整社会保障支出标准，实现社会供求平衡。在经济衰退时期，社会保障支出规模扩大，财政相应增加转移支付。可以刺激需求，促进经济复苏；在经济繁荣时期，社会保障支出规模自动缩小，财政相应减少转移支付，可以抑制需求，避免经济过热。社会保障收支是收入分配的调节机制，政府通过征收社会保险税、调整保障项目和保障范围，实现国民收入的再分配。

第二节
社会保障体系

一、什么是社会保障体系

在现代国家中，社会保障体系以社会安全网络的形式出现，起到安定社会生活的作用。**所谓社会保障体系，是指由相互联系、相互制约的各种保障项目组成的有机整体，它规定了社会保障的范围、方式及作用效果。**

国际劳工组织认为，构成社会保障体系的要素或组成部分包括社会保险、社会救助、国家财政资助的福利补贴、家庭补助以及储蓄基金，还有其他补充方案。

发达国家的社会保障体系是由一系列促进社会稳定的项目构成，并形成了符合本国实际的框架。瑞典的社会保障体系框架由五个部分构成：社会保险、社会救助、义务教育、家庭福利、职业培训。英国的社会保障体系框架由五个部分构成：社会保险、社会救助（低收入户、贫穷老人、失业者）、社会补助（住房、儿童、食品、高龄老人）、保健服务、社会服务。美国的社会保障体系框架由六个部分构成：社会保险、社会救助、退伍军人补助、老人医疗服务、教育、住房。日本的社会保障体系框架由四个部分构成：社会保险、国家救济、社会福利、义务教育。

从上述国家来看，社会保障体系具有如下特征：

（一）多层次性

为适应市场经济体制下不同地区、不同行业、不同企业、不同社会人群的不同社会保障需求，现代国家的社会保障体系呈现出多层次性的特征。这主要体现在：（1）保障项目的多层次性。社会保障体系既有以缴费（税）为前提的强制性社会保险，也有面向全社会的国家财政支撑的保障项目，如社会救助、社会福利等，还有以自愿原则设立的保障项目，如企业补充保险、商业保险等。（2）保障基金筹集方式的多层次性。不同的保障项目采用不同的筹资方式，如社会保险多采用政府、企业、个人三方共同负担模式，社会救助、社会福利多由政府资助，企业补充保险由单位和个人共同缴纳。（3）保障待遇水平的多层次性。不同性质的保障项目之间的待遇水平存在着较大差别，社会保险以保障劳动者的基本生活需要为目标，待遇水平较高；社会救助以维持救助对象的最低生活需要为目标，待遇水平较低；社会福利以改善和提高社会成员的生活质量为目标，是最高层次的社会保障项目；社会优抚安置具有褒扬性质，待遇较为优厚；以自愿原则而设立的保障项目，通常完全取决于缴费水平。

（二）社会安全网络

社会保障体系通过多层次的保障项目组成一个覆盖全社会的立体网络，形成一个有机的、严密的社会系统工程，发挥着安定社会生活的重要作用。这一社会安全网络，通过对人们基本生活的保障，在适度的经济利益需求和心理需求的交叉点上，较好地从这两个方面给予了满足，使人们获得了安全感，从而保持一种社会心理上的平衡，在安定的社会环境中生活、工作。

（三）权利与义务总体上对等

权利与义务对等是社会保障体系的另一个特点。社会保障体系的运作是社会再生产的一种运行费用。马克思在《哥达纲领批判》中提到的六项“扣除”中，“用来应付不幸事故、自然灾害等的后备基金和保险基金”、“为丧失劳动能力者等设立的基金”两项“扣除”，就是用于社会保障方面的费用。无论是家庭保障，还是社会保障，其费用是真实存在的。就社会保障而言，虽然经办主体由家庭变为国家，但其费用负担是不可能转移的，是以雇主、雇员缴税或付费为前提的。因此，可以说社会保障体系体现了权利与义务对等的特点。

二、社会保障体系的原则

（一）社会保障水平与生产力发展水平相适应原则

社会保障体系最终是由一国生产力发展水平决定的，社会保障水平通常依据经济发展水平、国家财政的承受能力、企业与个人的承受能力等因素去确定。社会保障水平与经济发展水平相适应，一方面，经济发展可以促进社会保障体系的不断完善；另一方面，社会保障体系又为经济的快速发展提供了相对稳定的社会环境。社会保障水平与经济发展水平不相适应，主要存在两种错误倾向：一是保障水平落后于经济发展的要求，相当一部分人，尤其是贫困人口，享受不到社会保障，造成部分居民极端贫困，两极分化过于严重，而且也酿成一些不稳定因素，阻碍经济的正常发展。二是保障水平超越了经济发展水平，保障范围过宽、过细，给国家财政造成了沉重负担，也使政府的社会保障体系陷入了进退两难的境地。例如，某些西欧、北欧的“福利国家”，尽管它们有着较高的人均国民收入，但仍有很多国家不堪重负，对本国的经济发展甚至造成了一些不利影响。

（二）公平与效率相结合原则

社会保障体系是社会安全网络，也是公平与效率相结合的调节机制。在社会保障体系中，公平是一种社会公平，是指每一个社会成员都有获得基本生活资料的权利。公平原则要求社会保障体系的设计和实施都要将社会公平放在重要位置，要求社会保障在高、低收入之间有再分配的功能，让每个劳动者在年老、失业、生病、伤残或死亡时，能满足其基本生活要求。社会保障不体现公平原则，就失去了其本来的意义。

社会保障在考虑公平的同时，还要尽量考虑效率，体现激励原则。效率是公平的基础，效率原则要求社会保障体系对社会做出贡献较大的社会成员，提供标准较高的保障待遇，以激励人们努力工作，提高经济效率；要求社会保障体系的安排应有利于提高社会保障自身的效率，包括行政效率、社会保障基金的使用效率等。

公平与效率相结合的原则，体现在要依据经济发展水平，确定适度的保障水平，切实保证社会成员的基本生活需要，体现"公平"和"保障"的要求。同时，也不能片面地追求公平而牺牲效率，社会保障待遇应体现差别，即依据效率的高低，确定不同的待遇水平。因为在市场经济下，劳动是劳动者谋生的基本手段，经济效益好的单位与经营差的单位相比，不仅在职职工的工资待遇要高一些，而且社会保险待遇也应好一些。从职工个人来看，劳动好的与劳动差的相比，不仅工资收入高一些，而且保险待遇也高一些，如果不体现这一区别，职工退休时不管原来劳动和工资如何，拿一样多的退休金，无疑是打击先进，鼓励落后。可见，社会保险中要体现激励要求、效率原则，保险待遇一定要有差别。

（三）城乡有别原则

现阶段我国城乡之间在生产力水平、收入水平和生活方式等诸方面差别很大，因此，在保障项目、保障方式、保障待遇水平等方面城乡之间要有所区别。

（四）普遍性原则

社会保障应覆盖社会全体成员，这是社会保障社会化的特点和作为社会安全网的作用所决定的，同时也是我国社会主义性质决定的。凡是中华人民共和国的公民都应有平等享受社会保障的权利，这是社会保障制度的一条重要原则。随着我国经济体制改革的深入，家庭小型化、人口老龄化所引起的家庭保障功能的减弱，客观上也要求扩大社会保障的对象。因此，我国应彻底打破原有体制设置的城乡界限、所有制界限和劳动者的身份界限，逐步建立起多层次而又全社会统一的社会保障体系，将全社会成员包括在社会保障体系的安全网内。

三、社会保障体系的构成

（一）社会保险

1. 社会保险的含义。**社会保险是指国家通过立法，对因遇到生、老、病、伤、死、失业等风险而暂时或永久丧失劳动能力或暂时失去工作机会的劳动者，给予一定程度的收入补偿，使之能够维持基本生活水平的一种制度。**这种收入补偿包括现金补助，如职工享受的养老金、女工生育期间的产假工资；实物补助，如职工因病获得的药品；

还有社会服务，如对失业职工的培训和就业指导，对孤寡老人的生活扶持。其基本项目包括养老保险、失业保险、医疗保险、疾病保险、工伤保险、生育保险及遗属津贴。

社会保险是社会保障体系的核心部分。这是因为它的保障对象是全体劳动者，是人口中所占比例最大的部分；其应对的风险是劳动者在生命周期中出现的丧失劳动能力或失去工作机会，是保障风险最多、运用资金最多、影响最大的一项社会保障项目。社会保险制度作为现代市场经济正常运行的必要条件，自产生以后就在保障社会生活安定和促进社会进步等方面发挥了不可替代的作用。

2. 社会保险的特点。与社会救济和社会福利相比，社会保险具有如下特点：

（1）强制性。它通过国家立法强制推行，要求符合条件的劳动者必须参加。

（2）互济性。参加者定期缴纳保险费，建立社会保险基金，当其中有人遭遇风险而受到经济损失时，可以按照规定领到一定数量的保险金，实行风险分担、互助共济。

（3）预防性。参加者预先按规定缴纳保险费用，当风险发生后用来弥补损失，渡过难关，体现防患于未然的社会意识。

（4）补偿性。社会保险给予参加者的物质帮助，仅限于收入损失的补偿，即劳动者在劳动中断、收入中断时才有权得到给付。但这种补偿只能是一定程度的补偿，即保障劳动者的基本生活需要。

（5）权利义务对等。它是一种缴费制的社会保障，实行权利与义务对等的原则，劳动者必须尽到缴纳保险费的义务，才有享受收入补偿的权利。

3. 社会保险的项目。造成劳动者失去工资收入的风险有许多种，相应的补偿形式也有许多项。具体设置哪些社会保险项目，主要取决于一个国家或地区的经济发展水平以及政治、社会状况。一般而言，社会保险应当包括以下项目容：

（1）养老保险。它是指政府或社会向达到退休年龄而被解除劳动义务的劳动者提供收入补偿的一种社会保险。享受养老保险待遇的资格各国规定不尽相同，主要包括年龄、缴费年限或工作年限。

（2）失业保险。指向破产企业职工、濒临破产企业精简的职工、企业辞退的职工以及被终止或解除劳动合同的职工给予物质补偿或就业服务的保险项目。目的是使失业者和其赡养的家庭人口能够维持生活，保护劳动力和维持劳动力再生产。失业者享受保险待遇是有条件的：必须是非自愿失业；必须缴纳一定时间的保险费或有一定的工作年限；失业后到法定机构登记，并愿意接受推荐的岗位。领取失业保险金有一定期限，超过这个期限，就失去领取的资格。若到期仍未找到工作，则改领失业救助金，救助金的水平要低于失业保险金。

（3）医疗保险。这是针对疾病这一风险而设置的保险项目，指被保险人在患病之后，由国家和社会给予收入补偿，提供医疗服务的制度。补偿金额为其工资的一定比例，以保证其基本生活需要和正常的营养摄取；医疗服务指免费或给予报销医疗费的一定比例。医疗保险的享受条件差异较大，有的国家，如英国，对所有本国公民提供医疗服务，无其他条件限制，有的国家（如美国）则仅仅向65岁以上的养老金领取者提供医疗服务，但大多数国家以就业或缴纳保险费的期限作为享受条件。

（4）工伤社会保险。指劳动者因工受伤或因职业病暂时失去劳动能力，从国家和社会获得补偿的社会保险项目。工伤待遇包括现金补助、医疗服务等。工伤保险实行“补偿不究过失”原则，不管出于什么原因，不管责任在个人还是企业，受伤者均有权享受这一保险待遇。工伤保险不实行个人缴费，资金都来自企业，政府只有在特殊情况下给予资助。这样规定，目的就是促使企业改善生产条件，加强职业安全管理。

（5）生育社会保险。这是对女性劳动者因生育期间中断而给予补偿的社会保险项目。目的是补偿女性其因生育而造成的经济损失，恢复和保护她们的劳动能力，同时也保护妇女生儿育女的权利，保护后备劳动力的健康成长。生育时期包括产前围产期、生产期、产后一定的哺乳期。生育社会保险的待遇条件多数国家是以是否就业、一定缴费期限或工作期限等来规定的。生育社会保险待遇一般包括产假、生育津贴和医疗照顾。各国产假的时间规定3～6个月不等；生育津贴也称产假工资，或按工资的一定比例发放，或按固定数额发放；医疗照顾包括产前检查、接生、住院、手术等费用。

（6）死亡、遗属保险。它向已故职工的家属支付一次性的丧葬补助金和遗属生活补助费。

（二）社会救助

社会救助是国家和社会对生活确有困难的城乡居民提供资助，以保障其最低生活水平的制度。它是保障社会安全的“最后一道防线”。因为社会救济的对象是社会保险无力保护的人群（社会保险是需要缴费的），并且是没有能力缴费的人群，因而还需要社会救助。

社会救助的对象主要是无收入、低收入的社会弱势群体，或虽有收入但因遭受意外事故而无法维持生活的人们。社会救助的目的是维持最低生活需要，给付标准低于社会保险，资金来源于财政拨款或社会捐赠。享受救助的人，需要个人提出申请，经批准后即可获得资助。

我国社会救助包括三个部分，一是灾害救助，对遭受自然灾害和人为灾害的灾民进行救助；二是城乡贫困救助，主要是对城乡生活贫困公民进行救助；三是最低生活保障和国有企业下岗职工基本生活保障。

（三）社会优抚安置

社会优抚是国家和社会按照规定，对法定的优抚对象提供的服务和现金给付，是带有褒扬性质的一种特殊社会保障制度。社会优抚的对象主要包括对社会有功人员、退役军人、残疾军人、军烈属等。资金来源于财政拨款，待遇高于社会福利。

（四）社会福利

社会福利是国家和社会兴办各种公共福利设施和福利事业，提供多种社会服务，发放各种福利性津贴，以增进群众福利，改善公民物质文化生活的社会保障制度。

社会福利包括：（1）公益性服务，如以全体人民为受益对象的教育、科学、文化、体育、卫生等服务，这些服务的成本全部或部分由国家承担，公民可免费或低价享受；（2）特殊福利事业，主要是民政部门为具有特殊需要的弱势群体，如孤寡老人、孤儿和残废者举办疗养院、福利院等。这类事业服务通常是免费的。（3）选择性福利项目，如住房保障、取暖补助，主要为照顾特定居民而采取的优惠措施。

社会福利位居社会保障体系的最高层次。它不仅是收入补偿，保障社会成员的最低生活需要，更多地是通过建立公共设施、提供服务为人们解决生活后顾之忧，使生活得到改善，它不仅是在物质生活方面给以保障，还在精神生活方面给以保障。

（五）社会保障的补充部分

商业保险、企业补充保险、职工互助合作保险、个人储蓄性保险等都是社会保障的重要补充。

1. 商业保险。商业保险分为财产保险和人身保险。人身保险主要包括人寿保险、养老年金保险、健康保险和意外伤害保险等。

2. 企业补充保险。企业补充保险包括职工养老、医疗等补充保险项目，保险费由单位和个人共同负担，单位从结余的应付工资和应付福利费中提取，职工个人也缴纳一部分。

3. 职工互助合作保险。职工互助合作保险由各级工会组织，具有互助互济性，种类较多，有养老、医疗、失业、丧葬等互助保险项目，以个人缴费为主，企业、工会资助为辅。

阅读资料

世界范围内的社会保障

社会保障是一系列由政府建立的计划的总称。政府计划是为了保证居民免受劳动能力丧失或受到干扰而带来的不利后果，并且使居民能够应付由于结婚、生育、孩子、疾病或伤害、失业、死亡所导致的支出。

社会保障最普遍的一种形式是由于退休而导致的对部分收入的替代。大部分国家有与美国类似的社会保障退休金制度。然而，有些国家对退休者支付固定数额的退休金，另外一些国家并不支付退休金，而是在工人退休时给予一笔大额的一次付清的补助金。这等于对雇员的退款和雇主对基金的出资加上这些出资累积的利息。

其他在世界范围内普遍实行的社会保障计划是普遍的健康保险和对家庭实行的津贴计划。后者帮助家庭支付育儿费用。美国政府并不向老年人和穷人提供健康保险。然而，在许多国家，包括英国和加拿大，健康保险作为社会保障制度的一部分是普遍提供给全体居民的。许多国家也提供病人的医疗费和生育收益，以此作为健康保险计划的补充。这些计划提供现金收益来替代由于短期疾病或生育离职造成的收入损失。

一些国家向居民提供一次性支付的“人口补贴”，这是一种固定的现金支付，与居民的收入、就业或财富状况无关。这些支付是基本没有额外条款的补贴，是用来帮助所有居民的，但它们通常在穷人的收入中占到了更高的份额。

家庭津贴是对有孩子的家庭例行的现金支付。在一些国家，这种形式的社会保障包括对生育、入学、怀孕、生产以及育儿服务所需费用的拨款。家庭津贴制度最早起源于20世纪20年代和20世纪30年代的几个欧洲国家。这些计划通常包括对有孩子家庭的月支付，而不考虑此家庭的收入和财富。大部分津贴从第一个孩子开始支付。当孩子长到一定年龄时，支付一般就会终止——通常在14~18岁之间。

随着人口状况的变动，世界范围内的许多社会保障制度都面临着压力。政府提供资金的退休金计划在许多国家代表了一个巨大的公共企业。在几乎所有的情况下，当工作人口与退休人口的比例下降时，量入为出社会保障退休金制度要求较高的税率来支付所承诺的收益。在日本，少子高龄、人口减少问题愈发严重，导致这一支持比率在2011年下降到2.26个工人支持一名退休者。日本东北大学吉田浩教授率领的研究小组2011年5月宣布，根据他们设计的“儿童人口时钟”，如果日本少儿按现在的速度持续减少，一千年后日本15岁以下的人口将降至零。可以说，少子高龄化不仅导致社会保障难以持续，而且会导致国家消亡。

到21世纪中叶，日本和西欧国家的人口老龄化问题将更为严重。如果当前的人口老龄化趋势得不到改变，日本、德国、法国和意大利的这一人口比率将接近50%或更高。这其中情况最糟的国家是意大利——到2050年，这个国家65岁以上的老年人口与工作人口的比率预计将达到66.7%。相反，在美国，到2050年，预计65岁以上的人口占工作人口的比率仅为37%——虽然比较高但还远远低于意大利的水平。这意味着，如果不实施退休金制度改革到21世纪中叶，人口老龄化对税率和预算赤字的影响将是灾难性的。

（资料来源：摘自大卫·N. 海曼著：《公共财政：现代理论在财政政策中的应用（第六版）》，中国财政经济出版社第273页、第274页；《日本将面对一个年轻人赡养五六位老人》，新华国际，2011年7月12日；《日本人口2012年减少21万　降幅创历史最大》，2013年1月3日，新浪财经。）

第三节 我国的社会保障制度

一、我国社会保障制度的历史沿革

我国社会保障制度从新中国成立开始，经历了以下几个历史阶段：

（一）以劳动保险为主的社会保障形成阶段

从建国初期到改革开放初期为新中国社会保障制度的创立时期。1951年，政务院颁布实施了《中华人民共和国劳动保险条例》，确立了企业职工除失业保险之外的老年、工伤、疾病、伤残、生育、遗属等基本保险项目，初步建立了企业职工社会保险体系。该条例开始只在部分国营企业、公私合营企业、私营企业、合作社营的工厂、矿场及附属单位实行。1953年，国务院对《保险条例》进行了修改，扩大了实施范围，调整提高了部分劳动保险。到1956年，国营、公私合营、私营企业中94%的职工实行了劳动保险或签订了含有社会保险内容的合同。

在国家机关、事业单位职工的社会保险方面，国家在供给制待遇的基础上，通过单行法规逐步对国家机关、事业单位工作人员的医疗、养老、生育、死亡抚恤等采取了保障措施。国家先后颁发、实施了《革命工作人员伤亡抚恤暂行条例》（1950 年）、《关于各级人民政府、党派、团体及所属事业单位的国家工作人员实行公费医疗预防的批示》（1952 年）、《国家工作人员公费医疗实施办法》（1952 年）、《各级人民政府工作人员在患病期间待遇暂行办法》（1952 年）、《关于女工作人员生育假期的规定》（1954 年），对机关、事业单位职工的社会保险作了规定，保险待遇水平略高于企业职工。

农村社会保障制度是通过高级农业生产合作社组织实施的。1956 年颁布的《高级农业生产合作社示范章程》规定，农业合作社对缺乏劳动力或者完全丧失劳动力、生活上没有依靠的老弱、孤寡、残疾社员，要给予适当的安排和照顾，保证他们吃、穿和柴火的供应，保证年幼的受到教育和年老的死后安葬。在农业生产合作化运动中，由农民创造的合作互助医疗，形成了农村群众医疗的主要形式。

此外，国家在社会救济、社会福利和社会优抚安置方面也进行了建设。

到 1957 年底，我国的社会保障制度已经基本确立，为新中国社会秩序的稳定和国民经济的恢复和发展作出了巨大贡献。同时，这一时期的社会保障制度也不可避免地存在一些问题：由于受社会经济条件的限制，有些社会项目的覆盖面还比较狭窄，社会保障水平也比较低；具有计划经济的显著特征，突出表现为社会保障主要由国家包下来，形成了社会成员对政府的过度依赖心理。

针对社会保障在初创时期存在的问题和经济建设的要求，我国开始对社会保障制度进行调整和完善。1958 年，国务院颁布了《国务院关于工人、职员退休处理的暂行规定》，统一了国营企业和国家机关的退职办法。此外，对非国营企业职工的退职、退休问题，包括资产阶级工商业者退休问题，轻工业、手工业集体所有制企业职工的退休、退职问题，也进行了规范。

为了妥善安置城市精简职工，国务院于 1962 年发布《关于精简职工安置办法的若干规定》，规定凡精简下来的老弱残职工，符合退休条件的按退休处理，不符合退休条件的按退职处理。其中，家庭生活有依靠的，发给退休补助费；家庭生活无依靠的，由当地民政部门按月发给相当于本人原标准工资 40% 的救济费。这些规定在政策上保证了当时精简工作的顺利进行。

1965 年，卫生部、财政部颁发《关于改进公费医疗管理问题的通知》，对国家机关工作人员的公费医疗作了适当调整，规定了自理挂号、营养滋补药品等费用。1966 年 4 月，劳动部和中华全国总工会又联合发出了《关于改进企业职工劳保医疗制度几个问题的通知》，对企业职工的医疗保险进行了调整，规定了自费费用和直系亲属的医疗费、手术费收半费的规定。

1965 年 9 月，中共中央批转了卫生部《关于把卫生工作重点放到农村的报告》，巩固了 20 世纪 60 年代初期建立的农村合作医疗制度。

从 1958 年到 1966 年，这一时期我国社会保障制度在调整中有了一定发展，但依然存在着一些不容忽视的问题，主要表现在：一切由政府包下来的问题未能得到解决；社会福利膨胀；社会救济费用短缺；社会保障覆盖面过窄，主要偏重于对国有单位职工实行社会保障等。

在“文化大革命”时期，我国社会保障遭受了严重挫折和破坏。1968 年，主管社会保障的内务部被取消，民政部也随之取消。1969 年，财政部颁发《关于国营企业财务工作几项制度的改革意见（草案）》，规定：“国营企业一律停止提取劳动保险金，企业的退休职工、长期病号工资和其他劳保开支，改在营业外列支”等。由此，国营企业职工的劳动保险由社会保险倒退为企业保险，其严重后果：一是社会保险的统筹工作停止；二是影响了社会保险资金的积累；三是社会保障与就业制度高度重合。由此造成了行业间、企业间的负担不均和企业负担加重的问题。

在社会福利方面，许多福利设施被迫合并、搬迁、撤销。在社会优抚方面，由于各地民政机构被撤销或合并，优抚工作无法正常进行。

（二）以社会保险为重点的社会保障制度改革探索时期

我国传统的社会保障制度的建立和发展是与计划经济体制相伴随、相适应的，随着改革开放的推进和社会主义市场经济体制的建立和发展，其存在的弊病和缺陷愈加明显地暴露出来，因此，必须加以改革和创新。

20 世纪 80 年代中期，我国社会保障制度改革拉开了序幕，改革的重点是养老保险、失业保险、医疗保险和城市居民最低生活保障制度。

1. 养老保险制度的改革。从 1984 年开始，我国部分地方开始实行职工养老基金社会统筹，改变了企业养老负担不均衡的局面。1991 年，国务院颁布了《关于企业职工养老保险制度改革的决定》，提出逐步建立职工基本养老保险、企业补充养老保险和个人储蓄性养老保险相结合的多层次养老保险体系；改变了养老保险现收现付的做法，实行部分积累制；保险基金由国家、企业、个人三方负担，实行社会统筹个人储蓄性养老保险相结合的模式。1997 年，国务院颁布了《关于统一企业职工基本养老保险制度的决定》，规定城镇所有职工都要逐步参加基本养老保险，按职工工资的 11% 建立个人账户，个人缴费率逐步由 4% 提高到 8%，企业缴费率一般不超过 20%。到 1998 年年底，按国务院的要求，企业职工基本养老基金实现了省级统筹。2005 年国务院颁布的《完善企业职工基本养老保险制度的决定》，进一步完善了我国城镇职工养老保险制度。

2. 建立和完善失业保险制度。1986 年，为了适应国有企业用工制度的改革，国务院颁布《国营企业职工待业保险暂行规定》，标志着我国失业保险制度的建立。1993 年，国务院颁布了《国营企业职工待业保险规定》，将待业保险的范围从 4 种人扩大为 7 种人，规定待业保险基金的来源为企业缴费和地方财政补贴。1999 年，国务院发布了《失业保险条例》，我国失业保险制度趋于法制化、规范化。

3. 城市职工医疗保险制度的改革。针对公费与劳保医疗制度中存在的政府和单位对职工医疗费用包揽过多、卫生资源浪费严重、医患双方缺乏有效制约机制等问题，各地探索了不少改革办法。1998 年，国务院颁布了《关于建立城镇职工基本医疗保险制度的决定》，规定城镇所有用人单位的职工都要参加基本医疗保险，基本医疗保险基金实行社会统筹与个人账户相结合的模式。该《决定》规定了统筹基金和个人账户资金的划分；规定了统筹基金和个人账户各自的支付范围；规定了统筹基金的起付标准和最高支付限额。

4. 建立城市居民最低生活保障制度。1997 年 9 月，国务院颁发《关于在全国建立城市居民最低生活保障的通知》，要求“九五”期间在全国建立起城市居民最低生活保障制度。目前，全国城镇已经实施了最低生活保障。

（三）以统筹城乡、覆盖全民为目标的社会保障制度创新阶段

2006年党的十六届六中全会提出，把到2020年建立和完善覆盖城乡居民的社会保障体系作为建设社会主义和谐社会的重要目标。从此，我国社会保障制度步入新的历史阶段。

2002年10月，中国政府作出《关于进一步加强农村卫生工作的决定》，我国农村试行新型农村合作医疗制度。新型农村合作医疗制度是由政府组织、引导、支持，农民自愿参加，个人、集体和政府多方筹资，以大病统筹为主的农民医疗互助共济制度，是农民互助共济、共同抵御疾病风险，实现“无病早防、有病早治、大病保险”的医疗制度。到2009年年底，90%以上的农村居民纳入了新型农村合作医疗制度。

2007年7月，国务院下发《关于开展城镇居民基本医疗保险试点的指导意见》，逐步在全国城镇全面实行城镇居民基本医疗保险制度。

2008年以来，为了妥善解决城镇老年居民老有所养问题，进一步完善社会保障体系，广州、贵州等市按照个人缴费和地方政府资助相结合、待遇水平与经济发展水平和财政承受能力相适应的原则，为没有享受定期养老待遇的城镇老年居民，建立城镇老年居民社会养老保险制度。这是我国向全民社保目标迈出的历史性一步。2009年，国务院决定开展个人缴费、集体补助、政府补贴相结合及社会统筹与个人账户相结合的新型农村社会养老保险试点。建立健全农村社会养老保险制度，对于统筹城乡社会发展，解除农民养老后顾之忧，提高农民消费预期，促进经济发展、维护农村社会稳定，将发挥重要作用。

二、我国社会保障制度的特点

我国现行社会保障制度演变表现为两大特点：

（一）单一的国家保障模式转变为多层次的社会保障模式

企业职工基本养老保险制度进一步完善，城镇职工基本养老保险省级统筹制度全面建立，企业职工基本养老保险关系转移接续办法制定实施，事业单位养老保险制度改革开展试点，企业年金制度建设取得积极进展。新型农村社会养老保险制度和城镇居民社会保险制度建立并开展了试点。新型农村合作医疗保险制度、城镇居民基本医疗保险制度和城乡医疗救助制度全面实施，职工基本医疗保险制度不断完善，实现了基本医疗保障对城乡居民的制度全面覆盖。失业保险与促进就业联动机制基本建立，覆盖城镇职工的工伤保险和生育保险制度普遍实施。全面建立和实施农村最低生活保障制度。实现了由单位和家庭保障向社会保障、由覆盖城镇职工向覆盖城乡居民、由单一保障向多层次保障的根本性转变，初步形成以社会保险、社会救助、社会福利为基础，以基本养老、基本医疗、最低生活保障和住房保障制度为重点，以慈善事业、商业保险为补充的社会保障体系框架。

（二）社会保障由城镇为主向城乡统筹转变，由覆盖国有单位职工为主向覆盖全体居民转变

覆盖人群迅速扩大，越来越多的人享受到社会保障。截至2011年，全国城镇基本养老保险、城镇基本医疗保险、失业保险、工伤保险、生育保险的参保人数分别达到 2.84 亿人、4.73 亿人、1.43 亿人、1.77 亿人、1.39 亿人,比 2001 年分别增长 100.2%、549.1%、38.3%、307.1%、301.7%;新农保和城镇居民养老保险参保人数达到 3.64 亿人,新农合参保人数达到 8.32 亿人。数亿人被纳入社会保障覆盖范围,建立起世界上最大的社会保障计划。

思考与拓展

一、不定项选择题

1. “社会保障”一词,最早见于( )。

A. 俾斯麦政府于 1883 年颁布的第一部社会保险法——《疾病社会保险法》

B. 美国政府于 1935 年颁布的《社会保障法案》

C. 联合国于 1948 年通过的《人权宣言》

D. 英国女王伊丽莎白一世制定的《济贫法》

2. 社会保障目的是满足社会成员( )的需要。

A. 最低生活　　B. 基本生活

C. 中等生活　　D. 高层次生活

3. ( )是社会保障体系的核心部分。

A. 住房社会保障　　B. 社会救助

C. 社会福利　　D. 社会保险

4. 社会保障的责任主体是( )。

A. 国家　　B. 企业

C. 公民　　D. 单位

5. 社会保障功能包括( )功能。

A. 社会公平　　B. 收入补偿

C. 社会安全网　　D. 高劳动力再生产

6. 社会保障具有( )特征。

A. 保障性　　B. 社会性

C. 福利性　　D. 强制性

7. ( )不属于社会保障体系特征。

A. 多层次性　　B. 社会安全网络

C. 权力与义务总体上对等　　D. 公民享有社会保障——缴税或缴费为条件

8. 属于社会保险的项目为( )。

A. 住房保险　　B. 医疗保险

C. 财产保险　　D. 失业保险

9. 社会保障体系中,保障程度最高的是( )。

A. 社会保险　　B. 社会救助

C. 社会福利　　D. 医疗保险

10. 属于社会保障待遇的表现形式为（　　）。

A. 货币　　B. 服务

C. 实物　　D. 法律法规

二、判断题

1. 我国社会保障的对象主要为城镇职工，包括公职人员、企业职工和及灵活就业者。（　　）

2. 社会保障应坚持城乡有别的原则，我国中西部地区可暂缓建立农村居民养老保险制度。（　　）

3. 社会保障具有强制性，政府必须依法履行其保障职责。（　　）

4. 总体而言，社会保障水平受社会救济金发经济战水平和财政承受能力制约。（　　）

5. 我国已经建立了统一的社会养老养老保险制度，为共同富裕创造了重要条件。（　　）

6. 养老保险是社会最后一道安全网。（　　）

7. 企业年金是社会保险的重要组成部分。（　　）

三、简述题

1. 为什么说社会保险是社会保障体系的核心部分？

2. 简述我国社会保障制度建设的主要成就。

四、案例分析题

为什么要实行社会保险

根据福利经济学的基本原理，私人市场一般可以在有效的数量上提供商品或服务。那么，“社会保险”这种服务为什么由政府提供呢？

（一）逆向选择

考虑当你处于疾病或年老而不能工作时，谋求保险以弥补收入损失的问题。私人保险公司的确出售这样的保单，为丧失工作能力的投保者提供一项固定的年金收入。但这类保单（称为“年金”）一般只出售给较大的团体。拥有很多工人的雇主可以为雇员集体购买。保险公司通常不向个人或非常小的团体出售这些年金保单。

探究其中的原因，以某公司为一个大团体办理年金保险为例。这个大团体中一些成员可能患心脏病，而其他人则可能不会。只要这个团体相当大，保险公司就能够较好地估算出有多少人会患心脏病，尽管它无法确切知道谁是患者。然后，公司就可以据此来确定相应的保险费率。如果保险公司考虑向个人出售这样的保单，那么情况就大不相同了。我们可以预期，如果一个人知道自己很有可能获取保险补偿，他对保险的需求就会特别大，这种现象称为“逆向选择”。在这种情况下，即使保险公司要求他们做体格检查，情况也往往是个人比公司更了解其健康状况。由于逆向选择以及个人比公司更了解其健康状况，保险公司必须对个人保险项目收取比团体保险项目更高的保险费才能保本。这种较高的保险费使得逆向选择问题更加严重。只有知道自己面临较大风险的个人才会支付高额保险费。这反过来又使得保险费进一步提高，并且这种情形还会继续下去。这样，许多不属于大团体的人觉得保险费用太高而不去投保。因此，市场就不能提供有效率的保险量。从根本上说，社会保险就是通过强迫所有人都加入国家这个大团体来解决这个问题的。

根据经验，逆向选择是否重要得足以证明有必要提供社会保险呢？这取决于所考虑的特定方案。一方面，存在相当发达的健康保险市场，无论是团体成员还是单个人，大多数人都能够买到保险单；另一方面，为经济周期造成的失业损失提供保险的市场却并不完善。

（二）家长主义

通常认为，个人缺乏远见，以致不能为自己的利益购买足够多的保险，因此，政府必须强迫他们购买。例如，人们普遍地认为，若没有社会保障，多数人不会积累足够的财产以维持退休后的适当消费。这种看法引出了两个问题：首先，没有社会保障，人们是否真的不能为自己提供足够的储备？要弄清楚这个问题，是非常困难。其次，即便情况确实如此，也并不意味着必须要政府插手。那些信奉高度个人主义哲学观点的人认为，应该让人们自主作出抉择，尽管有时这会导致一些失误。

一种相关的考虑是，有些决定不参加社会保险方案的个人可能会认为，当他们处于极端困境时，社会有义务给予帮助。例如，社会可能会觉得让老年人贫困潦倒是难以忍受的。有这种想法的某些年轻人可能就不会储蓄防老而去冒险，期待着依靠别人的帮助来度过困境。实施强制制度的部分理由可能就是要杜绝这种冒险。

（三）节省决策成本

保险和年金市场是复杂的，对个人来说，选择适当的保单很可能要花费大量的时间和精力。如果公共决策者能为每个人选择合适的方案，个人就不必为作出决策而浪费资源了。这里对该观点有一个明确的批评：没有理由认为政府一定能够选择适合每个人的保险项目。毕竟，不同的人有不同的需要，可能让人们按照自己的意愿选择会更好些。

（四）收入分配

社会保险方案的补偿金部分地由过去的缴纳额决定。其实，就某些保险方案来说，受益和以前的缴款联系很小。与购买私人保险相比，社会保险使有些人受益较多，有些人受益较少。在某种程度上，社会保险方案可以说是收入分配方案。这有助于解释为什么这些方案是强制性的。如果不这样的话，那些受损失的人可能会不参加这些方案。

（资料来源：［美］哈维·S. 罗森著：《财政学》第四版，中国人民大学出版社 2000 年版。）

仔细阅读上述材料，并回答下列问题：

1. 简单评述上述四种观点，你赞同哪种观点？说出你的理由。

2. 联系我国实际，说明政府举办社会保险的必要性。

第二章 社会保障基金

学习要点

- □ 社会保障基金的含义和特点
- □ 社会保险基金的费用负担方式和来源
- □ 社会保障基金给付的形式
- □ 社会保障基金投资的原则
- □ 社会保障基金的投资渠道

第一节 社会保障基金的含义与特点

一、什么是社会保障基金

国有百政，财为之母。国家举办社会保障事业，必须要有一个稳定可靠的物质基础。这个物质基础，从货币形态来看，就是社会保障基金。**所谓社会保障基金，就是国家通过法定方式和程序建立起来、用于社会保障事业的一种专项资金。社会保障基金是社会保障制度的中心内容，一国的社会保障制度实际上就是围绕社会保障基金的筹集、使用和运营等内容设计的。**如果不能及时、足额地筹集社会保障基金，并加以有效运用，社会保障制度的作用就难以充分体现。

社会保障基金这一概念可以从以下几个方面去理解：第一，它是国家依法设立的资金，其筹集、使用和运营必须规范化、法制化；第二，设立这项基金的目的是用于社会保障的各类给付项目，以确保社会成员遭遇风险后仍能维持基本生活。因此，该项基金必须专款专用，任何单位或个人都不得挪作他用。第三，社会保障基金是社会保障制度的物质基础，其规模和增长速度直接规定了社会保障的水平。

我国社会保障基金的内容构成与社会保障项目相一致，具体包括社会救助基金、社会保险基金、社会优抚基金和社会福利基金。其中，社会保险基金是社会保障基金体系中的核心部分。社会保障基金的构成见图 2－1。

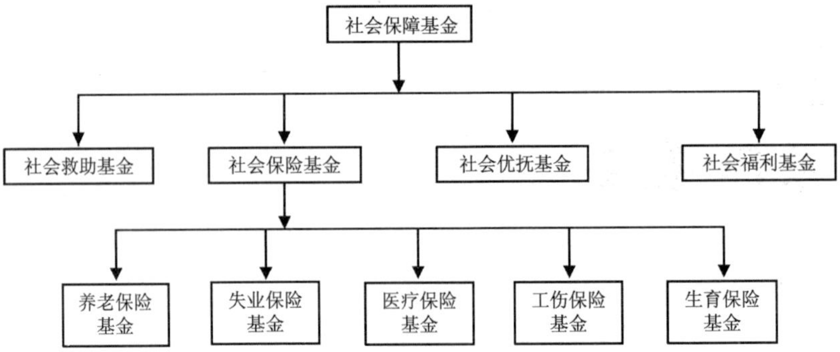

图 2－1　社会保障基金的构成

社会保障基金是在国民收入的初次分配及再分配过程中形成的，从国家财政收入、企业收入和劳动者收入中分离出来的。一方面，国民收入经过初次分配形成国家、企业或集体、个人的原始收入，政府通过财政拨款、企业或单位统筹及个人缴费等方式来建立社会保障基金；另一方面，根据一定的法定条件实现社会保障基金的再分配，向各类保障对象提供收入补助和福利服务。其中，社会救助基金分为政府和民间组织，如慈善机构建立的基金，政府的救助基金主要来自财政拨款，是为了应对各种自然灾害给人民生命财产所造成的损失或解决贫困人口的最低生活需要。慈善机构的基金主要来自各种捐款和赠与，用于帮助那些急需得到帮助的人们。社会保险基金来自企业与劳动者个人缴纳的社会保险费、财政拨款及基金投资收益。社会优抚基金主要来自财政拨款，用于对社会有功人员、退役军人、残疾军人、军烈属等社会成员的褒奖和抚慰。社会福利基金主要指政府所掌握的用于社会福利事业的基金，从广义上讲，企业所建立的福利基金也是社会福利基金的一个组成部分，它来自企业的经营收益，主要为本企业员工服务。

二、社会保险基金的特点

（一）法制性

社会保障基金是国家依法强制筹集和建立起来的，基金的管理、运营和使用也是在国家法律的严格规范下进行的，具有鲜明的法制性特征。筹资方式一经法律确定，政府、企业（单位）和个人都不得违反法律规定，不得强调自己的特殊性，不履行社会保障职责或不履行缴纳社会保险费的义务。由于社会保障基金是劳动者的“养命钱”，基金的管理、运营和投资组合必须排除干扰，依法进行。社会保障基金的给付具有不可延期性，必须及时足额发放，对违反规定者给予严厉处罚。

（二）专用性

各项社会保障基金都规定有专门用途，必须专款专用，任何单位和个人不得随便挪作他用，这就是社会保障基金的专用性特征。专用性有三方面的含义：一是社会保障基金是专门为社会保障事业设置的基金，只能用于社会保障的给付，不能挪作他用；二是每一种保障基金均有与之对应的保障项目，各项目在保障对象、保障目标、适用范围等方面差异较大，例如，养老保险基金主要用于保障老年人退休以后的生活，失业保险基金主要用于保障职工失业以后的生活，医疗保险基金保障人们平等地获得适当的医疗服务，生育保险是为怀孕、分娩和哺乳的妇女提供物质帮助和医疗服务，因而，各项保障基金之间不应调剂或挤占；三是社会保险基金的结余，要专户储存。

（三）储备性

为了抵御风险，应当依据科学的方法计算风险发生的概率，事先准备好必要的保障基金。为应付那些发生概率很高的风险（如老年风险），绝大部分的劳动者达到法定年龄退出劳动队伍后，都在相当长的时期内处于没有劳动收入的状态，因此，必须事前有一定的积累。对于那些发生概率较为稳定的风险，如工伤风险，应按照“以支定收、略有节余”的原则建立保险基金，以应付短期发生的风险。但是，无论应付何种风险，都须实事求是地积累一定基金。

（四）互济性

互济是保险的一个重要特点，也是社会保险的重要特点；特别对某些社会保险项目而言，每个人发生风险的概率大不相同，但在基金筹集时并不考虑这种差异，而是按统一标准筹集。这样就会出现每个人享受的社会保险待遇不一定等于其对社会保险基金贡献的情况。有些人的收益大于贡献，有些人的贡献大于收益，但在总体上，两者是平衡的，这就是保险的互济性。

三、社会保障基金的作用

社会保险基金对于维持社会安定和经济的正常运行及发展有着重要的作用，主要体现在：

（一）抵御风险，保证社会安定

在市场经济条件下，无论是企业还是劳动者，由于竞争的加剧，在效率提高的同时，风险也在增加。社会保障基金实际上就是为社会成员应对各种劳动风险（如年老、疾病、残疾、失业、工伤、自然灾害或社会动乱导致贫困等等）而建立的一笔专项资金。社会保险基金的建立可以有效地抵御这些风险。在劳动者遭遇这些风险时，社会保险基金可以保障其基本生活，使社会免于动荡。当一个社会处于变革时期时，人们面临的风险也在加大，社会保险基金的作用更为重要。

（二）发挥保险互济的作用，增强社会的凝聚力

风险是社会生活中经常遇到的，社会保险比个人自我储蓄更能有效地抵御风险损失，特别是当个人处于意想不到的风险时，社会保险比个人承担风险的能力大得多。在市场经济条件下，社会保险的互济性使人们在遵循市场经济的投入与收益对等的效率原则之外，又实现了相互帮助、相互关心、帮助弱者的社会公平原则。因此，社会保险的实施对增强社会的凝聚力是非常重要的。

（三）发挥基金的经济功能，促进经济的发展

社会保障基金相当于政府强制性的储蓄基金，由于这种基金支付周期长、数量庞大等特点，对促进经济增长有着重要作用。发达国家的经验表明，社会保险基金在经济发生波动时，可以起到缓解波动的作用，有利于经济的恢复。例如，如果没有失业保险基金，失业者就会立即失去劳动收入，购买力就会显著下降，这会给本已衰退的经济以更为沉重的打击；而有了失业保险，劳动者在失业之后还可以有一定的收入用以维持基本生活，社会的购买力也不会受到太大的影响。同时，社会保险基金中往往有相当一部分是积累性质的，它并不需要立即支出。这些积累起来的基金对经济发展是十分重要的。特别像我国这样的发展中国家，资金短缺是经济发展的瓶颈，运用好社会保险基金，不仅对社会保险事业本身十分重要，而且对经济的发展也会起到巨大的推动作用。

四、社会保障基金与商业保险基金的区别

社会保障基金与商业保险基金有着本质的区别，其主要表现在：

（一）资金来源不同

社会保障基金是通过立法强制筹集的，主要来自企业与劳动者个人缴纳的社会保险费、财政拨款。而商业保险基金完全来自投保人自行缴纳的保险费，属于一种个体行为。

（二）资金性质不同

社会保障基金属于社会公共资金，本身具有福利性质，是为全体社会公民服务的。因此，公民遭受风险损失，社会保障机构在核实情况以后，就应当给予收入补偿，即使在社会保障资金收支困难的情况下，也要保证保险金的按时足额支付。商业保险基金是一种商业资本，其运行完全受市场机制和价值规律的制约。商业保险基金在支付赔偿金时，主要依据投保人缴纳的保费，并不考虑和关心遭受风险袭击的投保者的处境。

（三）管理方式不同

社会保障基金中的社会保险基金是由政府向社会统一筹集的，一般采取社会统一支付、管理的方式；社会保险基金主要来自个人及其单位的缴纳，为了体现权利与义务相结合的原则，实行建立个人账户与社会统筹相结合的管理方式，即将个人缴纳保险金的全部和单位缴纳保险金的一部分计入受保者的个人账户，在其自己需要时支配使用，单位缴纳的另一部分和政府拨款则由社会统筹调剂用于个人账户不足的部分。而商业保险基金是否支付或支付多少，则完全与投保人是否投保以及投保多少挂钩，即完全取决于是否建立个人账户及其积累额的多少。

（四）支付项目不同

社会保障基金用于政府举办的社会保障项目，其中的社会保险基金是社会统一支配和使用的资金，用于社会救济、社会福利、优抚安置等由政府面向全民的保障项目；社会保险基金的主体是受保者个人积累的资金，适用于遭受风险的劳动者。而商业保险基金适用于各类商业保险项目，投保者既可以对收入风险投保，又可以对财产风险投保，是一种复杂的、多层次的保险形式。

第二节

社会保障基金的筹集

社会保障基金的筹集，是指由社会保障管理机构按照法定方式、比例征收社会保障费（税）的一种行为。社会保障基金是社会保障得以正常运行的物质基础，社会保障基金的筹集是能否形成稳定可靠的社会保障基金的关键。社会保障基金筹资涉及政府、企业单位和职工个人之间的权利与义务，涉及经济利益的平衡与再分配，影响社会经济的发展。因此，社会保障基金费用分担方式的选择、筹资渠道的确定和筹资形式的规范十分重要。

一、社会保障基金的筹集原则

（一）确保社会保障制度正常运行原则

我国建立各项社会保障制度的根本目的是保障公民的基本生活需要，社会保障基金是公民的"养命钱"和"活命钱"，各项待遇支出关系公民的基本生活和生存的刚性支出。因此，社会保障基金的筹集必须以确保社会保障制度的正常运行为基本出发点。在基金筹集数量上，应做到"收支平衡，略有节余"，既要有正常情况下的资金来源，也要有特殊情况下的资金来源。这里讲的"收支平衡"，既指短期的收支平衡，也指长期的收支平衡。对于那些为应对发生概率较为稳定的风险而设立的保障项目，如灾害救济、优抚安置、工伤风险等，应做到年度平衡；对于那些为抵御发生概率很高的风险而设立的保障项目，如养老保险、医疗保险等，必须有一定的积累，应做到长期的收支平衡。

（二）国家、企业、个人三方共同负担原则

国家、企业和劳动者个人都要按照一定的方式和比例承担社会保障费用。首先，国家负有社会保障的职责，应当提供一部分社会保障资金。对于社会救助、社会福利、优抚安置，政府负有主要责任，相应地，其保障费用主要由国家承担。对于社会保险，社会保险基金的筹集应按照保险的原则，主要由企业和个人负担，但国家扮演着保证人的角色，在社会保险基金的各个项目发生困难、收不抵支的情况下，国家财政仍应给予适当补贴。其次，按照我国权利与义务对等的原则，企业和个人在社会保险基金的筹集中必须依法承担相应的社会保险基金份额。

（三）经济合理性原则

社会保障的筹集应与国家、企业和个人的承受能力相适应，既要能够保障公民的基本生活需要，保证社会的安定，又要能够激励企业和劳动者的积极性，避免对国民经济造成消极影响。这就是经济合理性原则。

从劳动者个人来看，社会保障基金筹集的经济合理性在于把握劳动生产率增长与社

会保障基金增长之间的关系，注意公平与激励之间的平衡。社会保障基金的筹集和分配具有一定的收入再分配效应，有利于缩小贫富差距和增强社会安定，但缴费水平和社会保障水平也必须合理、适度，否则，缴费水平、保障水平过高，国家包揽过多，从个人来看，经济也可能是低效的、不合理的。过高的保障水平意味着国民收入中越来越大的部分用于社会保障，从而使整个社会用于积累的资源相对减少，降低对劳动和私人积累的激励、削弱经济增长的动力，同时还会使一部分人滋长依赖国家、靠社会保障过日子的心理和懒惰行为。社会保障基金筹集的经济合理性应以市场分配为基础，兼顾效率与公平。

从企业来看，企业缴纳社会保障基金增加了企业的生产成本，相对减少了企业的利润，企业缴纳一般性税收用来建立社会保障基金，同样会减少企业利润。社会保障费用与企业利润之间存在着此增彼减、互为消长的关系，客观上要求社会保障基金的筹集要把握经济合理性原则。社会保障基金分配要与社会生产发展水平、企业承受能力相适应，既不能过高，也不能过低。

从政府来看，社会保障基金分配的经济合理性主要是把握财政的承受能力，并保持财政合理的收支结构。这就是说，社会保障基金分配规模和增长速度在很大程度上取决于财政的承受能力以及财政收支结构的整体合理性。一是经济增长，就业充分，税收增长较快，社会保障水平就可相应提高，反之，则反；二是在社会经济资源和财政资源一定的情况下，若政府集中配置于社会保障的份额过大，既会相对削弱市场机制在资金配置中的作用，致使整个社会经济资源配置结构失衡和财政支出结构失衡，还会导致财政赤字并影响整个国民经济的稳定发展，因此，社会保障基金筹集的经济合理性是与综合国力和财政承受能力相适应。

二、社会保险基金的费用负担方式和来源

（一）费用分担方式

从世界各国的实践来看，社会保障费用的负担方式概括起来有以下五种：

1. 由企业主和被保险人共同承担。这种办法一般在老年、伤残、疾病和生育险种中采用。企业主和被保险人负担的比例，或企业主负担1/3，被保险人负担2/3；或企业主和被保险人分别负担1/2；或企业主负担绝大部分，被保险人负担一小部分。

2. 企业主、被保险人和政府三方负担。采用这种办法筹集基金的国家，在老年、伤残和死亡保险中居多，在疾病和生育保险中居少，其分担比例多少不等，没有一定的标准。

3. 企业主全部负担。采用这种方法多系工伤保险和家庭津贴。

4. 政府和被保险人负担，采用这种办法的只有少数国家或少数的保险项目，被保险人只缴纳少量的保险费，其余全部由政府负担。

5. 政府全部负担。采用这种办法的只有少数国家或少数保险项目。从目前世界上实行社会保障的国家来看，多数国家的社会保障基金由国家、用人单位和个人三方合理负担。三方合理负担包括两层含义：一是三方共同出资；二是各方出资比例要合理适度。从部分国家社会保障资金的来源构成看，大部分发达国家社会保障资金占GDP的20%～

35%，其中，雇主（企业）缴费比例普遍比雇员个人缴费比例大；国家拨款约占20%～40%，其他收入不足10%。发展中国家的情况较为复杂，国家占的比例较高，保险费收入和其他收入较少。

（二）资金来源

1. 企业缴费。企业缴费是企业对职工及其家属履行社会保障责任的一种形式。这笔费用是企业人工成本的组成部分，是劳动者必要劳动的一部分。所以，社会保险基金水平越高，企业需要缴纳的费用就越多，企业的人工成本就越高。通常，企业负担的保障费用是按企业职工工资总额的一定比例缴纳，由社会保障机构强制征收。企业缴费是社会保障基金一个稳定的资金来源。

2. 劳动者个人缴纳的保费。劳动者（企业职工和灵活就业人员）既是社会保障权益的享受者和社会保障待遇的受益人，也是社会保障费用的负担主体。他们通常按照工资的一定比例缴纳保费，由社会保障机构强制征收，成为社会保障基金的重要来源。在实践中，个人缴费一般与个人工资收入相联系，往往有最低缴费线和最高缴费线。设定最低缴费线是为了保护低工资收入者，因为同一缴费率看来似乎平等，但对于低工资收入者来说，他们每一分钱收入的减少对于其已经很困难的家庭都会产生很大的影响。设定最高缴费线是为了保护激励机制。如果所有的劳动报酬都要按照同一比率缴纳社会保险费，那么，劳动报酬越高，缴纳的保险费就越多，达到一定水平后，由于缴纳的费用太多，劳动者的工作积极性就会下降。所以，为了保护劳动者的劳动积极性，社会保险基金个人缴费部分往往确定个人缴费基数的上限，劳动报酬高过上限部分就不再缴纳。另外，如果劳动者是按照缴费等比例地享受社会保险待遇的，那么，规定了个人缴费基数的上限，也就避免了高收入者享受过高社会保险待遇的可能性。

个人缴纳社会保险费具有重要意义：其一，有助于基金的积累。劳动者个人缴费机制使每位劳动者都关心社会保险基金的积累、运用和管理，容易形成人人监督的格局，有利于社会保险基金的良好运行。其二，有助于社会保险互济功能的实现，特别当按劳动者的工资收入的同一比例缴纳，工资收入高的人多缴纳、工资收入低的人少缴纳时，社会保障的互济性就更为明显。

3. 政府财政拨款。社会保障作为一项社会事业，其政策主体就是国家或代表国家的政府，它的社会性特点决定了社会保障基金部分来自政府财政拨款。在现实生活中，社会救助、优抚安置和社会福利基金主要来源于财政拨款，社会保险基金收不抵支的部分通常也由财政拨款补助。

4. 国有股转持。为了多渠道筹集、充实社会保障基金，我国于2009年6月决定在境内证券市场实施国有股转持，即股权分置改革新老划断后，凡在境内证券市场首次公开发行股票并上市的含国有股的股份有限公司，除国务院另有规定的，均须按首次公开发行时实际发行股份数量的10%（即股份有限公司的部分国有股）转由全国社会保障基金理事会持有。

5. 社会保险基金投资收益。社会保障基金具有储备性的特征，一定时期的社会保险基金在满足即期社会保障需求后形成结余，就成为社会保险储备基金。为了保证社会保险基金的保值增值，必须将社会保险储备基金用于投资，使其产生新的收益，投资收益再用于补充社会保险基金，从而使社会保险基金的投资收入成为社会保险基金的来源之一。

6. 社会捐赠。社会捐赠是以自主自愿的方式筹集社会保障资金的一种形式，也是社会保障基金来源渠道之一。社会捐赠直接吸纳到社会保障基金名下，由社会保障机构根据实际需要使用，或者根据某些特定事件（如自然灾害）或特定对象（如残疾人）的需要，临时向社会募捐。募捐的方式有直接筹款、义演、发行彩票等。

三、社会保障基金的筹资形式

社会保障基金的筹资形式，就是筹集社会保障基金所采用的具体手段和方式。从世界各国来看，社会保障基金的筹资形式一般有以下两种：

（一）社会保障税

税收是筹集社会保障基金的传统形式，是一种以国家的强制力为依托的筹资行为，其征税主体是国家或者代表国家的政府。税收具有强制性、无偿性和固定性的特征。强制性是指税收是一种国家通过法定方式和程序对纳税人强制实施的收入征缴制度，凡是符合法定纳税条件的纳税人，不管你愿不愿意，都必须依法履行纳税义务，否则将受到国家法律的制裁。无偿性是指国家征税是纳税人的收入向国家单向转移，缴纳关系一经确定，税款便成为国家收入，不再直接返还给纳税人。税收的无偿性是对纳税人而言的，它说明国家征税是不直接向纳税人支付任何报酬的，但税收又是用于满足国家职能实现的各种需要的，这些需要从宏观上说，也是所有纳税人的需要。因此，从这一意义上说，税收也可以看做纳税人消费公共产品的代价，其无偿性是相对的。税收的固定性是指一定时期开征的税种、课税对象、征收比率等税制要素都是用法律形式预先固定的，任何人不能随意调整和改变。正因为税收具有以上“三性”，使其成为国家取得财政收入的重要手段和纳税过程顺利进行的重要保障，同时也成为社会保障基金筹集的重要形式。

一般情况下，税收在筹集社会保障基金中的应用是以开征社会保障税的形式进行的。社会保障税一般以纳税人的收入所得为征税对象，其纳税人一般是收入达到一定水准的自然人和法人。采取社会保障税来筹集社会保障基金是世界各国政府，特别是西方国家普遍的做法，它可以使社会保障事业在政府收入中有对应的项目，从而使社会保障基金来源更加稳定。用税收形式筹集的社会保障基金，一般用于社会保障中由社会统筹开支的部分，主要是社会保证基金，社会保险基金中进入社会统筹的部分也要依靠税收筹集资金加以解决。

（二）社会保险费

社会保险费是指政府按照法定的项目、比率和程序，以收取社会保险费来筹集社会保障基金的形式，它是筹集社会保障基金的另一种主要形式。社会保险费和税收作为筹集社会保障基金的两种主要形式，它们都是在国家法律、法规的规范下，在国家强制力的支持下，以国家作为政策主体，按照法定的形式、比率面向全社会统一筹集社会保障基金的收缴活动。但两者也有区别，主要表现在：首先，两者的形式不同，税收是以“税”的形式征集社会保障基金，社会保险费是以“费”的形式征集社会保障基金。其次，两者的性质不同，税收是纳税人的收入向国家单向转移，纳税人与税款的受益者没有直接的联系，具有无偿性的特征；社会保险费则是受保者自己为自己积累的社会保障基金，它的受益者与缴费人有着直接的关系，甚至是受益者本人，因此，它具有自我保障的特征。再次，税收往往适用于现收现付的社会保障项目，社会保险费则适用于对未来风险进行保障，因而两者在资金使用的时间上有所不同。最后，税收主要用于社会统筹的社会保险项目，社会保险费则主要用于建立个人账户的社会保险项目。税收与社会保险费之间的区别，决定了两者具有不同的功能和特点，因而不能完全相互替代。社会保险费一般是以受保者个人的工资收入以及职工工资总额为依据计征的，其承担者主要是受保者个人及其所在单位，筹集起来的资金绝大部分进入受保者的个人账户，归受保者个人在需要时支配使用，小部分进入国家统一管理的社会统筹账户，归社会保障管理部门在全社会调剂使用。

除上述两种形式之外，与社会保障基金来源相适应，筹集社会保障基金还有社会捐款和社会保障基金投资收益等形式。社会捐款是以社会募捐的方式筹集的社会保障基金，它具有自愿性、专门性和不稳定的特征，是社会保障基金的辅助形式。社会保障基金投资收益是以社会保障储备基金投资并通过收益转化来积累社会保障基金的形式，尽管它在社会保障基金的筹集中不占据主导地位，但其意义非常重要。这是因为它是社会保障基金自身的增值，是社会保障基金本身经营效益的体现，是在不增加社会成本的基础上，社会保障基金的扩充。因此，在现实生活中，要重视社会保障基金投资收益的管理，发挥其在社会保障基金筹集中的积极作用。

四、社会保障基金的筹资模式

（一）筹资模式的含义和种类

社会保障基金的筹资模式，也叫社会保障资金财政模式，它是依据一定的收支平衡原则，确定一定的收费率，取得社会保障收入，满足社会保障事业需要的一项制度。从世界各国社会保障制度的实施情况来看，按社会保障资金储备与否，筹资模式可分为三类：现收现付式、完全基金式和混合式。

1. 现收现付式。它根据当期支出的需要筹集收入，当期征收，当期使用，不为以后时期提供储备资金，因而，也称之为“量出为入”式。其具体做法是：

（1）确定社会保险给付的水平和待遇标准；

（2）依据保障水平和被保障人数，对支出资金的数额作出大致估算；

（3）根据以支定收的原则，确定社会保障资金收入和支出在年度内保持大体平衡的企业或个人缴费率。

这种方式筹资的突出特点就是制度建立初期收费率较低，但一般需要经常重新预测评估和调整缴费率，耗时耗力，主要精力没有放在基金的收取和运营管理方面。

2. 完全基金式，也称储备积累式。它是在对有关的人员健康和社会经济发展指标（包括退休率、伤残率、死亡率、工资率、利率、通货膨胀率等）进行宏观上的长期测算之后，确定一个可以在相当长的时期内保证收支平衡的总平均缴款率，将投保人在享受保障期间的费用总和按一定的提取比例分摊到整个投保期间，并对已提取的而尚未支付的基金进行有计划的管理和投资运营的模式。其具体做法是：

（1）确定社会保障给付的水平和待遇标准；

（2）依据保障水平和被保障人数，对支出资金的数额作出大致估算；

（3）根据以支定收的原则，确定社会保障资金收入和支出在年度内保持大体平衡的企业或个人缴费率；

（4）将每个职工保障总费用平均分摊到其职工个人缴费期内；

（5）职工在工作时期的工资收入按一定的缴费率逐月缴纳社会保障机构。

完全基金模式是以“自我储蓄、自我保障、自存自用”为原则确定的，其特点是当期保障基金收支不一定相等，但从长期来看，收支差额为零，即长期均衡。完全基金式的优点是它可以保持保险费率的相对稳定，而且保证有足够的资金来维持保障制度的正常运行，但是在起步阶段，这种筹资方式的缴费率较高，而且长期有效的预测往往难以做到。

3. 混合式，也称为部分基金式、部分积累式。这种筹资方式是现收现付式和完全基金式的有选择性的组合，根据分阶段的收支平衡原则确定收费率，当现有基金不能满足全部费用开支时，再将保险率提高，以适应下一个周期的需要，总体来看，保险费率呈阶段梯式调整。部分基金式同时兼有上述两种筹资方式的优缺点，其特点是初期收费率较低，以后逐步提高，保持相对稳定。它避免了现收现付制下的代际分配以及可能的代际矛盾，使完全基金制对社会保障有较为稳定的经济保证，但还是会受通货膨胀等因素的影响，因此要以价格稳定或基金能够保值增值为前提条件。

（二）筹资模式的选择

筹资模式的选择既要考虑筹资模式的特点，又要考虑社会保障、社会和经济稳定发展的需要。

首先，筹资模式的选择需要考虑不同的社会保障项目的支出特点。短期支付项目的主要特点是不定期的支付，发生支付的时期和支出规模有很大的随机性，事先难以测定。因此，现收现付式的筹资模式很适合于这些项目。长期支付项目的主要特点是在较长的时期内定期支付，发生支付的时期和支出规模变化的随机性相对较小，可以事先预测。因此，一般来说，积累式的筹资模式比较适合于这些项目。

其次，筹资模式的选择需要考虑人口年龄结构的变化趋势。一般来说，在人口年龄结构中，老年人口的多少往往成为社会保障收支规模的决定因素。现收现付模式需要有一个长期稳定的人口结构。现收现付模式实施初期，离退休职工的比率较低，社会保障的缴费率也较低；后期，人口老龄化现象不断加重，社会保障费用就会急剧增加，成为国家经济发展的沉重负担，这时再实行积累式的筹资模式就十分困难。因为在收费率已经较高的情况下，要建立一定的储备基金势必提高收费率，企业和个人都难以承受。相反，在老年人口较少、社会保障费率较低的情况下，充分考虑人口结构变化对社会保障支出规模的影响，采取积累式的筹资模式，预先建立一定的储备基金，当老年人口高峰到来时就可以应付挑战。

再次，筹资模式的选择需要充分考虑经济承受能力和社会经济协调、稳定发展的客观要求。

我国一直采用现收现付制的社会保障筹资形式，这种形式不易受通货膨胀的影响，而且比较容易实现全社会和两代人之间的互助共济。这种模式在人口年龄结构较年轻、保障范围较小、支付标准较低的情况下尚能正常运行。但在人口老龄化趋势越来越重、保障制度不断完善、支付标准和保障范围逐步增大的条件下，很容易产生保障负担沉重的问题。在现收现付制下，各年度之间、各代人之间的保障费用负担将会很不均衡。根据2011年全国第六次人口普查数据显示，我国65岁以上的老人为11 883万，占人口总数的8.87%，按人口学定义的老龄化社会标准7%来判断，我国已步入老龄化社会。根据有关方面的预测，我国人口老龄化趋势将日益严重，2020年将达33.66%；2050年达到46.40%，几乎每两个在职职工就要负担一名退休人员。显然，完全的现收现付式不能适应人口老龄化趋势，届时可能会出现社会保障危机，从而给社会安定带来不稳定因素。无论是从国际发展趋势还是从我国的国情出发，采用部分基金制才是我们建立完善的社会保障体系最明智的选择。

阅读资料　　2011年我国社会保障资金收入结构

我国社会保障资金主要有缴费和财政投入两种筹集模式，其中社会保险基金主要来源于单位缴费、个人缴费以及财政投入，社会救助和社会福利资金主要来源于财政投入。2011年，18项社会保障资金共计收入28 402.05亿元，社会保险基金收入26 194.53亿元中，单位缴费、个人缴费、财政投入和其他投入分别为12 614.91亿元、7 177.96亿元、5 391.48亿元和1 010.18亿元，分别占48.16%、27.40%、20.58%和3.86%（见图2－2）；社会救助和社会福利资金收入2 207.52亿元中，财政投入为2 163.86亿元，其他投入43.66亿元，分别占98.02%和1.98%。

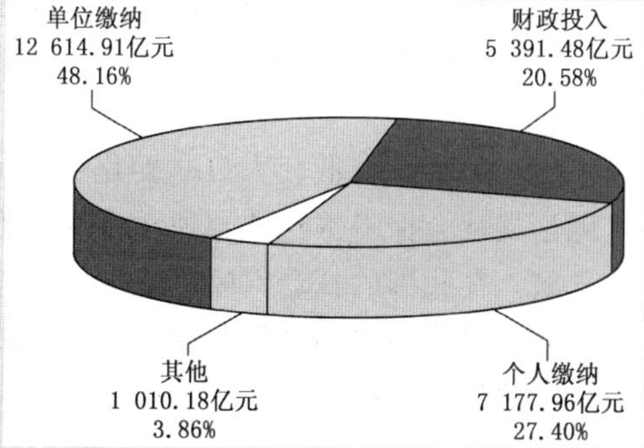

图2－2　2011年社会保险基金来源情况

（资料来源，摘自《全国社会保障资金审计结果》，中华人民共和国审计署2012年第34号公告，中华人民共和国审计署网，2012年8月2日。）

第三节

社会保障基金的给付

一、社会保障基金给付的含义

社会保障基金给付，是指社会保障部门按照法定的条件、标准和形式，向符合资格的保障对象提供待遇，以保障其基本生活的需要。

社会保障基金给付是社会保障目的和功能得以真正实现和发挥的关键环节。社会保障的根本目的是保障社会成员遇到意外事故、失去生活来源或收入减少时的基本生活需要，这种保障功能最终体现在社会保障基金的支付环节上，只有社会成员真正能够享受保障待遇，才最终实现了社会保障的目的和功能，因此，社会保障基金的给付具有重要意义。社会保障基金数量的多少，制约着社会保障基金的给付和待遇。

二、社会保障基金给付的一般原则

(一) 保障基本生活需要原则

保障社会成员的基本生活需要，是确定社会保障给付水平所要遵循的基本原则。人的生活需要是多方面、多层次的，社会保障主要是满足社会保障对象基本需求的水平。如果超出基本生活需求的水平，一方面，在国家财力一定的情况下，社会保障支出增加意味着积累和其他方面的消费减少，影响社会经济的协调发展；另一方面，容易滋生懒惰思想，使社会保障成了滋生“懒汉”的温床。当然，在不同的时期，基本生活需要的内容也不相同，它是随着社会经济发展而不断变化的。在确定社会保障待遇、支付水平时要有一个基准，使之能够与社会经济发展水平相适应。这个基准就是保证社会成员的基本生活需要。

我国是一个发展中国家，生产力水平较低，人口老龄化过程加快，出现“先老后富”的现象，社会承受力较弱。无论从社会保障本身的合理性出发，还是从现实的国情国力出发，都不能重蹈发达国家的覆辙。在我国的社会保障改革中，要清醒地认识和把握我国的社会保障水平，充分考虑实现社会保障的周期平衡和现实的承受能力，审慎处理社会保障水平的增长幅度，保证社会保障的良性运转。

(二) 规范性原则

社会保障基金给付的政策、制度、形式和管理方法等均要做到法制化、规范化，并保持相对稳定。首先，社会保障基金给付的基本政策与制度要统一，做到有法可依、执法必严、依法保障；其次，社会保障基金给付的条件、标准、依据等要具体、明确。例如，社会救济对象和优抚安置对象的界定和支付标准，社会福利项目及其支付条件和标准，各种社会保险项目的条件、支付标准及其对条件的认定或鉴定等，都必须依法加以具体规范。

（三）分享经济增长成果原则

随着社会经济的发展，整个社会的生活水准也会相应提高。为了保证社会成员的社会保障待遇水平与社会基本生活水平相适应，必须相应地调整社会保障待遇水平，使社会成员有权分享社会经济增长的成果。

另外，在确定社会保障待遇给付标准时，必须考虑物价因素，并随物价的变动而调整。

三、社会保障待遇给付条件

社会保障待遇给付条件，是指社会成员获取社会保障津贴的资格，只有法定资格的社会成员，才能享受社会保障的某些待遇。具体的资格条件在不同国家、不同项目上有差别，同一项目保障待遇的获得有时需要同时具备几个方面的资格。

国际劳工组织将社会保障津贴分为需经家庭经济调查和无需家庭经济调查两大类。前者，申请社会保障津贴的条件为法定范围内的低收入者；后者领取社会保障津贴的条件为保险计划的参加者。另外，以全民为对象的社会保障项目，领取津贴的条件一般为国籍、年龄、居住年限等，而以工资收入劳动者为对象的保障项目，则需要考虑投保年限、缴费年限和工作年限。

四、社会保障基金给付的一般形式

社会保障待遇给付的形式，是指社会保障管理机构在支付社会保障待遇时所采取的具体方法。社会保障待遇给付有三种基本形式：货币形式、服务形式和实物形式。

现金支付，也称货币支付，是向受保对象发放货币资金。它是社会保障基金给付的基本形式。其中，社会保险待遇给付主要采用货币形式；社会救济、社会福利、优抚安置等给付的一部分或大部分也是采用货币支付形式。

实物形式，是指政府直接为社会成员提供特定物品的一种社会保障待遇给付形式。通常，社会福利基金给付、社会救济金给付都采用实物支付形式。实物形式是世界各国社会保障基金给付普遍采用的一种形式。我国的福利、救灾、救济等支出中也不同程度地采用提供某种特定商品，由受益人无偿享用。

提供服务，是通过向受保对象提供服务来满足其保障需求，以进行保障金支付的形式。这是一种特殊的保障金给付形式。它是购买服务手段和服务人员的劳动力，并将其转化为社会保障服务，进而实现社会保障金支付的形式。提供服务是社会保障金支付的辅助形式，它经常在社会福利、优抚安置和失业保险等保障项目中应用。

第四节
社会保障基金的投资管理

一、社会保障基金的投资

从资金运行看，在一定时期内社会保障基金收入扣除本期各项基金支出有一个余额，这个余额就是社会保障储备基金。社会保障储备基金的规模，取决于筹资模式。采取现收现付筹措模式，当期征收、当期使用、不留积累，基金的存续时间短，储备基金数量较小；采取完全积累模式筹集资金，储备基金数量较大且存续时期比较长；采取部分积累的筹资模式，储备基金的数量介于上述二者之间，而且积累也存续一定的时间。

为了实现社会保障储备基金的保值、增值的需要以及不断增长的社会保障支出的需要，客观上需要不断拓宽社会保障的筹资渠道。拓宽融资渠道和使储备基金保值增值最有效的方法就是进行保障基金的投资运营。**社会保障基金的投资，是指社会保障管理机构或受其委托的机构，用社会保障储备基金购买国家政策和法律许可的特定的金融资产或实际资产，以期获得预期收益的行为。**社会保障基金投资运营获取收益，这些收益又被充实到基金中，使社会保障基金达到保值、增值的目的。

二、社会保障基金投资的原则

投资是使货币资本增大和增值的基本手段，但投资一般都存在一定的风险。社会保障基金投资是社会保障基金管理的一项重要内容。为了使社会保障基金投资过程能够顺利进行，必须遵循社会保障基金投资的一般原则，并以此规范社会保障基金的投资过程。这些原则主要有：

（一）安全性原则

社会保障基金投资的安全性原则，是指社会保障基金投资必须保证在低风险或无风险的状态下获取预期效益。这是社会保障基金投资最基本的原则。安全性原则是所有投资经营活动都应该遵循的基本准则，但这个准则对社会保障基金投资来讲，有着更为重要的意义。这是因为尽管社会保障储备基金是社会保障基金的一部分，其在投资期内不必使用，但其使用方向、使用时间以及使用数额都有明确的预期，而且必须予以满足和保障。也就是说，社会保障基金投资是只能盈利不能亏损的，如果投资项目风险大，难以保证获得预期收益，甚至无法收回投资，就会使社会保障基金发生损失，使必要的社会保障支付难以得到保证，从而影响社会稳定。因此，社会保障基金投资必须将投资安全放在首位，不但要保证能够收回投资，而且还要保证取得预期收益。

（二）赢利性原则

社会保障基金投资的赢利性原则，是指社会保障基金必须在保证安全性的前提下获得最大可能的收益。这是实现基金保值增值的基本前提。赢利性原则是由社会保障投资的性质决定的。政府之所以要将融入的、沉淀的社会保障基金用于投资，是因为赢利性是投资的基本要求，通过投资可以取得投资收益，以保证社会保障基金应有的增值。赢利性也是社会保障储备基金本身的特性所要求的。由于社会保障储备基金是处于闲置状态的基金，在储备期间，它可能随着物价上涨以及社会消费水平提高而相对贬值，因此，要实现社会保障基金保值这一起码的要求，也十分有必要按照赢利性的要求进行社会保障基金投资。可见，赢利性是实现社会保障基金保值的基本要求。换句话说，在市场经济条件下，如果社会保障基金投资不能实现起码的盈利，社会保障基金的原有价值就很难得到保全，保障基金的正常周转就会出现困难。

（三）流动性原则

社会保障基金投资的流动性原则，是指为了保证资金支付的及时性，社会保障储备基金投资应在不发生价值损失的条件下随时变现。流动性原则也是由社会保障基金本身的特殊性所决定的。尽管社会保障储备基金是处于闲置状态的基金，但这种闲置性只是暂时的、有时间性的，它毕竟是一种具有应急性特征的专项基金，其支付需要是经常的、随时可能发生的，这就使保证投资的流动性显得尤其重要。如果投资长期凝固，无法正常流动，兑现极不便利，就可能给社会保障支付带来困难，影响社会保障目标的顺利实现。

（四）社会性原则

社会保障是政府的一种社会经济行为，所以，社会保障基金投资活动在讲求经济效益的同时，必须与政府的政策目标相一致，讲求社会效益。这是社会保障基金投资与其他金融性投资的一个重要区别，也是社会保障基金投资应遵循的一项重要原则。

三、社会保障基金的投资渠道

按照上述原则要求，社会保障基金必须选择具有安全性、赢利性、流动性和社会性特征的投资渠道。通常情况下，其投资渠道有以下几种：

（一）购买政府债券

政府债券，即公债，是政府为了某种特定目的向社会各界举借的债务。购买政府债券是社会保障储备基金最经常，也是比较理想的投资渠道。因为公债是政府的债务，它有政府税收作为担保，因而又被称做“金边债券”，它是最安全的赢利性投资品种，符合安全性、赢利性的投资原则。公债又是一种可以上市流通的证券品种，也符合流动性强、可以随时变现的投资要求。

（二）购买企业债券

企业债券是企业出于筹措生产经营资金的需要，按照法定程序，在一定范围内发行的债券。由于企业债券往往是为了解决某些重大投资项目的资金不足问题而发行的，因此其利率一般都会比银行存款高。但企业债券是企业的债务，其债务主体是具有独立法人资格的企业，故其预期收益的取得完全取决于债券投资项目以及企业的经营情况，相对政府债券而言，其投资风险较大。所以，为了保证社会保障储备基金投资的安全性，在选择购买企业债券时，一定要对该企业的财务状况及其拟投资项目的可行性有深入、全面的了解，要选择那些财务状况良好、有良好前景的投资项目进行投资，以保证社会保障储备基金取得预期的经济效益。

(三) 存入银行进行短期间接投资

存入银行贷放给企业进行短期间接投资是社会保障储备基金投资的另一条渠道。存入银行进行短期投资包括两层含义：一是存入银行并不是作为一般的银行存款，仅仅取得银行存款利息，而是在存入银行后委托银行贷放给企业收取贷款利息。这样，其收益率较一般性存款收益率要高。二是为了保证其安全性和流动性，社会保障基金只能用做短期贷款，一般不超过一年，以备在必要时兑现。

(四) 进入证券市场，参与股票投资

股票是由股份公司按照法定程序发行的，用于证明投资者的股东身份和权益，并据此获得股息和红利及其他投资权益的凭证。股票一般具有可转让性，它是有价证券中最主要的品种之一。股票的发行和流通是通过证券市场进行的。证券市场是有价证券发行、流通和交易的基本场所，是一种筹集资金的金融市场。股票投资具有收益性、可变现性、价格波动性和风险不确定性等特征。投资股票成为股份公司的股东，可以参与公司经营决策，也可以按照持股份额参与公司利润分配，获得股息、红利及其他资本收益性收入。股票具有不可逆转性，即投资者一旦购买了股票，就不能向公司索回本金。但是，股票一经批准上市流通，持有者可以随时在市场上出售，使其变为现金，其卖价高于买入价的差额就成为股票投资收益。股票作为市场交易对象，就同其他商品一样，有自己的市场行情和市场价格，并且这种行情和价格是随着公司经营状况和其他市场因素的变化而波动的，由此带来了股票投资收益的不确定性和风险性。以上股票投资的特点决定了股票投资不是社会保障储备基金投资的最佳品种，但在把握了公司基本面及其发展预期的情况下，在投资风险可以基本化解而收益率又较高的情况下，投资股票也是社会保障储备基金投资可以选择的方向之一，但一定要在投资方向、操作技术等方面予以慎重处理。

除此之外，还可以进行不动产住房贷款、委托贷款、直接贷款等投资。

阅读资料

2011 年全国社会保障基金年度报告

社保基金会是国务院直属事业单位，经费实行财政全额预算拨款。主要职责是受托管理全国社会保障基金、做实个人账户试点省市基本养老保险个人账户中央补助资金等(以下统称基金)，并制定基金的投资经营策略并组织实施。

基金境内投资范围包括：银行存款、债券、信托投资、资产证券化产品、股票、证券投资基金、股权投资和股权投资基金等。基金境外投资范围包括：银行存款、银行票据、大额可转让存单等货币市场产品，债券，股票，证券投资基金，以及用于风险管理的掉期、远期等衍生金融工具。

2011 年基金主要财务数据如下：

(一) 财务状况

2011 年末，社保基金会管理的基金资产总额 8 688.20 亿元，其中：社保基金会直接投资资产 5 041.12 亿元，占比 58.02%；委托投资资产 3 647.08 亿元，占比 41.98%。

本报告期末，基金负债余额302.62亿元，主要是投资运营中形成的短期负债。

本报告期末，基金权益总额为8 385.58亿元，其中：全国社保基金权益7 727.65亿元，个人账户基金权益657.93亿元。

（二）投资业绩

2011，基金权益投资收益额73.37亿元，其中，已实现收益额430.95亿元（已实现收益率5.58%），交易类资产公允价值变动额-357.58亿元。投资收益率0.84%。

基金自成立以来的累计投资收益额2 845.93亿元，年均投资收益率8.40%。

（资料来源：全国社会保障基金理事会：《2011年全国社会保障基金年度报告》，全国社会保障基金理事会网，2012年6月15日。）

思考与拓展

一、不定项选择题

1. 我国社会保障基金包括（　　）。

A. 社会保险基金　　B. 社会优抚基金

C. 社会福利基金　　D. 社会救助基金

2. 属于社会保险基金的项目包括（　　）。

A. 最低生活保障基金　　B. 养老保险基金

C. 生育保险基金　　D. 医疗保险基金

3. 社会保障基金筹资模式为（　　）。

A. 现收现付式　　B. 完全基金式

C. 部分基金式　　D. 量入为入式

4. 社会保障基金给付形式包括（　　）。

A. 货币　　B. 服务

C. 实物　　D. 其他

5. 社会保障基金来自（　　）。

A. 财政拨款　　B. 企业和个人缴费

C. 基金投资收益　　D. 捐款与赠与

6. 社会保障基金具有（　　）特征。

A. 法制性　　B. 专用性

C. 储备性　　D. 互济性

7. 社会保障给付的原则是（　　）。

A. 保障最低生活需要　　B. 量入为出

C. 集中于分散相结合　　D. 分享基金增长成果

8. 社会保障基金投资最基本是（　　）。

A. 赢利性　　B. 安全性

C. 流动性　　D. 社会性

9. (　　) 是我国社保基金投资对象。

A. 资产证券化产品　　B. 股权投资

C. 股票　　D. 债券

10. 社保基金筹资模式的选择受 (　　) 因素制约。

A. 保障项目支出特点　　B. 人口结构

C. 经济承受能力　　D. 政治制度

二、判断题

1. 社会保障基金是在国民收入再分配过程中形成的。　(　　)

2. 我国社会救助资金来源于政府拨款。　(　　)

3. 多数国家社会保障基金主要由国家负担。　(　　)

4. 现收现付筹资模式可以使社会保障有效应对老龄化社会挑战。　(　　)

5. 实物是社会保障给付的主要方式。　(　　)

6. 集中投资是社保基金投资的主要特点。　(　　)

7. 社保基金是社会保障的物质基础。　(　　)

三、简述题

1. 简述社保基金与商业保险基金的区别。

2. 简述我国社会保障基金筹集的原则。

四、案例分析题

改进养老金投资收益模式

"当前，养老保险已成为关乎国计民生的重大问题，而养老资金的投资收益模式依然急需改进。"国家发改委培训中心教授王再文日前向记者表示。

在养老资金的投资运作中，存在着渠道单一且收入不稳定、个人社会保障账户不充实等一系列问题。

清华大学养老研究所所长曹峰教授向记者表示，上述问题如不能尽快改善，有可能将成为影响我国养老金发展的重大制约因素，甚至成为保障养老金投资安全的重大隐患。曹峰进一步分析认为，由于当前我国的社保制度还处于逐步完善进程中，因此有相当一部分人对养老保险制度的可持续性以及个人账户的投资收益缺乏信心，结果转而进行预防性储蓄，造成了居民对消费的大量减少，影响了社会经济的发展。

显然，这与我国当前"扩大内需"的发展战略也是相违背的。

在国家颁布的"十二五"规划中，致力完成的十大建设中，居于首位的就是"扩大内需"。因为我国政府预测，"十一五"后期遭遇的国际金融危机很可能延续到"十二五"的前半期，因此扩大内需作为重要政策也将得到极大加强，而其着力点主要在于建立扩大消费需求的长效机制，同时调整优化投资结构。

在养老金问题上，如何完善养老金投资收益，如何进一步增进国民，特别是老年人的消费安全感，进而从消费和投资两个方面使老年人“老有所养”、“老有所依”，已成为我国政府和社会各界人士面临的重要议题。

对此王再文表示：“最近出现的‘消费型养老’致力于打造一个新型模式，这一模式统筹了‘消费者消费—返点再投资—返还消费者红利—增强养老资金来源’的链条。”

中国社科院财政与贸易经济研究所副所长揣振宇告诉记者，“消费型养老”为我国养老资金来源探索了一个新途径，为居民养老提供一种新的有益尝试。这一模式最大的特点在于，为消费者实现了另外一种养老资金来源。从目前试点情况看，有利于促进企业和消费者之间建立长期稳定的信用关系。

清华大学社会保障研究所所长杨燕绥教授认为，“消费型养老”模式有望成为我国养老资金来源的“第四支柱”。

据介绍，所谓“消费型养老”，是指消费者在购买企业的产品后，企业把消费者的消费视为对企业的投资，并按一定的时间间隔，把该企业的利润按一定的比例返还给消费者。其理论基础来源于世界新经济研究院院长陈瑜教授的“消费资本论”。

（摘自康民：《改进养老金投资收益模式》，《中国保险报》，2012 年 2 月 6 日。）

仔细阅读上述材料，并回答下列问题：

1. 我国社会养老资金是如何形成的？

2. “消费型养老”模式是否成为我国养老资金来源的“第四支柱”？说出你的理由。

第三章 养 老 保 险

学习要点

- □ 养老保险的含义
- □ 投保资助型养老保险
- □ 社会统筹与个人账户
- □ 养老保险待遇

第一节 养老保险概述

一、什么是养老保险

养老保险，也称“老年社会保险”，是指劳动者达到法定老年人年龄时，由国家或社会给予一定的物质帮助，保障劳动者晚年生活，使其老有所养的一种社会保险制度。养老保险是针对劳动者年老、丧失劳动能力这一风险因素所设立的，它适用范围最广泛、运用资金最多、持续时间最长，也是现代社会最重要的社会保险项目。

养老保险具有下列几个特点：

（一）强制性

养老保险是通过法律、法规强制执行的制度。在法律实施范围内的劳动者为法定的被保险人必须参加，无选择的余地。凡符合养老金给付条件的被保险人，有权向社会保险机构申请领取养老金，社会保险机构有义务为被保险人提供可靠稳定的基本生活保障。

（二）以法定退休年龄为受益前提

限定退休年龄是养老保险区别于其他社会保险项目的主要特征。劳动者领取养老金的资格是达到规定的退休年龄，被依法解除劳动义务，不再承担社会劳动义务。失业、医疗、工伤等社会保险项目则随特定风险的发生而发挥作用，对劳动者没有年龄限制。

（三）收入再分配

养老保险收入再分配的特点主要体现在三个方面：（1）调节退休职工和在职职工之间的收入。政府使用在职职工的缴费支付退休职工养老金时，实际上是使用下一代人的缴费供养上一代人，调节了劳动者代际之间的收入分配，实现了社会成员间的互济互利。（2）调节社会成员收入水平。政府运用税收收入弥补养老保险资金缺口，为生活困难的社会成员或对社会有特殊贡献的军人及其家属提供基本生活的保障，对原有的收入分配格局产生了不同程度的影响，进而调节社会各阶层之间，尤其是贫困阶层和富裕阶层、低收入者和高收入者之间的收入差距。（3）调节劳动者个人年轻时期和年老时期收入的使用。养老保险将劳动者工作时期（高收入时期）的一部分收入调剂到退休时期（低收入时期）使用，虽然并不发生社会成员之间的收入再分配，但调节了劳动者个人整个生命周期中收入的使用，是一种比较特殊的收入分配方式。

阅读资料

年老与老龄化

各国对退休年龄（享受养老金年龄）有着不同的规定。在228个国家和地区中，有167个国家和地区规定了法定退休年龄，占总的国家地区数的73.25%。

世界上规定男性的法定退休年龄在60岁以下的有102个国家和地区，占61.08%；60岁以上的有65个，占38.92%。其中，规定男性的法定退休年龄为60岁的国家和地区最多，有64个，占38.32%；其次是65岁，有44个，占26.35%；再次是55岁，有33个，占19.76%，规定这三个年龄为男性法定退休年龄的国家一共有141个，占84.43%。

世界上共有129个国家和地区规定女性的退休年龄为60岁及以下，占77.25%，60岁以上的占22.75%。规定女性的法定退休年龄为55岁的国家和地区最多有59个，占35.33%；其次是60岁的国家和地区52个，占31.14%；再次是65岁的26个，占15.57%，规定这三个年龄为女性的法定退休年龄的137个，占82.04%。

（资料来源：根据《老龄化迫使各国延长退休年龄 何时退休各国发愁》（《环球日报》，2006年6月12日）、《世界各国退休年龄一览》（光明网2012年09月27日）等资料整理。）

二、养老保险的原则

世界各国由于政治、经济和文化背景不同，养老保险制度的类型也有差异，但各国养老保险制度均遵循的基本原则有以下几个方面：

（一）保障退休职工基本生活的原则

养老金是退休职工的主要生活来源，因此，要保证老年人的基本生活需要，就必须使养老金能够满足老年人的基本生活需要。由于社会经济因素变动的影响，同一标准的养老金待遇，在不同的物价水平下，享有的消费资料和社会服务是不同的。为了保证老年人的基本生活，使之免受通货膨胀和物价波动的影响，必须按通货膨胀和物价指数适时调整养老金水平。很多国家通过立法保证老年人的生活不受经济波动的影响。这种调整一般有两种方式：一是养老金随物价水平上涨自动提高，这种方式可以使养老金水平保持在不贬值的状态，但是工作量较大，尤其是在物价波动频繁的时期，更增加了工作的难度；二是养老金随物价上涨不定期调整，这种方式没有过大的工作量，也可以保证老年人的生活。

（二）分享社会经济发展成果的原则

老年人的社会保障水平必须随其他社会成员收入和生活水平的提高而提高，随着在业者工资水平的提高而相应地提高。其理由是：(1) 老年人为经济发展奠定了基础，创造了条件，作出过贡献。他们已经尽了劳动的义务，承担了社会责任。(2) 社会发展必须体现公平的原则。为了使退休者与在业者之间的收入差距不过于悬殊，避免产生大量的低收入人群，必须使老年人的收入不断提高。

（三）享受养老保险权利与履行义务对应的原则

退休职工享受养老保险权利是以履行法定义务为前提的。这一原则体现了权利与义务的一致性。在世界各国，养老保险权利与义务对应的具体方式有以下三种：

1. 养老社会保险的权利与劳动义务对等的原则。这一原则要求享受养老社会保险的老年人必须是完成法定工作年限后退休的人。劳动者达到退休年龄以后，国家依据退休制度，一方面安排他们退出原来的工作岗位，另一方面要保证他们获得社会的物质帮助和社会服务的权利。劳动者达到退休年龄之后，无论其实际劳动能力是否丧失，都必须按规定退休。这也是他们取得养老社会保障必须履行的义务。根据这一对等原则，确定老年社会保险的条件和待遇水平时，必须以劳动者退休前为社会所做的劳动贡献的时间和贡献的大小为依据。实行国家统筹式养老保障的国家都采用这种方式。苏联、东欧等国家的老年社会保险大多遵循这一原则。

2. 享受老年社会保险的权利与投保对等的原则。遵循这一原则的国家，大多要求享受养老保险的人也承担保险费用。当人们达到退休年龄后，要获得养老保险的权利，必须以参加社会保险并且缴纳保险费（税）为条件。具体实施时，有的国家以解除劳动为条件，有的国家如那些缺乏劳动力的国家，则鼓励延长劳动时间和投保时间，并在退休金上给予优惠。一般来讲，缴纳保险费的时间越长，享受到的老年保险待遇就越高；超过法定的投保年限就可享受更高的待遇。西方多数发达国家采用这种享受权利与投保期限或投保额对等的原则，如德国、美国、法国、日本、丹麦、瑞典等。

3. 享受养老金待遇与工作贡献相联系的原则。多数国家将退休职工的养老金待遇与其工作期间的劳动贡献相联系。其主要做法包括：退休金标准与原来的工资标准、职位挂钩；对从事特殊行业或工种的劳动者在退休待遇上给予优惠；对有突出贡献的职工实行政府津贴或提高退休金制度；给予军人特殊待遇等。

三、养老保险制度的基本模式

从资金筹集管理和养老金发放方式看，现代养老保险制度可归纳为以下三种基本模式：

（一）国家统筹型养老保险

这种养老保险模式由国家（或国家和企业）负担雇员的全部养老费用，雇员不缴费，是一种典型的福利型养老保险制度。其特点是：(1) 工薪劳动者在年老丧失劳动能力之后均可享受国家法定的社会保险待遇，但国家不向劳动者本人征收任何老年保险费。

(2) 养老保险所需要的全部资金都来自于国家的财政拨款。(3) 劳动者领取养老金的资格一般是必须达到法定的退休年龄，具体领取标准还要看工龄的长短和职务的高低。该制度的缺点是资金来源单一，随着社会经济的发展和人口老龄化的加快，政府和企业的包袱越背越重。目前实行这一保险模式的国家主要有北欧国家、英国等国。

（二）投保资助型养老保险

这种养老保险模式的主要特点是：通过立法程序强制工薪劳动者加入养老保险计划，每一位工薪劳动者和未在职的普通公民都属于社会保险的参加者或受保对象。在职的企业雇员必须按工资的一定比例定期缴纳社会保险费，不在职的社会成员也可向社会保险机构缴纳一定的养老保险费，作为参加养老保险所履行的义务，才有资格享受社会保险。企业或雇主也必须按企业工资总额的一定比例定期缴纳保险费，政府在财政、税收方面给予资助。具体缴纳的比例各国有差别，例如，德国规定，雇主和雇员都缴纳工资额的9.25%，瑞士则各缴4.2%；还有的国家规定，雇主缴纳的比例要高于雇员缴纳的比例。

投保资助型养老保险制度对受保人的养老金规定了一定的层次性，也就是说，老年人所得到的养老金按投保情况分为高低不同的标准。具体可分为三个层次：第一个层次是普遍养老金，属于人人有份的养老金，即社会上每一个老年人都有权利享受的养老金，不管有无工作，也不论收入多少，享受的条件是达到老年人的年龄，并且向社会保险机构缴纳过一定的保险费。第二个层次是雇员退休金，是对在职劳动者即工薪领取者而言的。企业的雇员只要按规定缴纳保险费，达到法定退休年龄后，即可享受雇员退休金待遇。雇员缴纳的投保费是按工资的一定比例，工资过低者可以不缴，工资超过一定数额的部分也可以免缴。享受此种退休保险的只有企业的雇员。第三个层次的养老保险是指企业补充退休金。企业为调动职工的生产积极性，提高企业声誉，保证退休职工享受到更高水平的待遇而实行的退休金待遇。这种保险项目是在雇员退休保险的基础上，根据企业效益的好坏附加的保险项目，一般由企业单独投保，企业在不违背原则的前提下，可自行规定投保和领取的办法。

投保资助型养老保险具有很多优点，例如保险金来源比较丰富，由国家、企业和劳动者本人共同投保，层次较多，可以满足社会各个层次的不同需要，调动多方面投保的积极性，是当代主要的养老保险制度。我国自20世纪90年代以来对养老保险制度进行了改革，其基本目标就是向投保资助型养老保险的方向发展，根据我国经济水平和职工的承受能力，实行国家、企业和个人共同负担的投保资助型的养老保障模式。

（三）强制储蓄养老保险

强制储蓄养老保险模式也称“公积金模式”，是一种缴费模式。缴费由雇员和雇主共同承担，国家不予直接资助，仅仅给予一定的政策性优惠。缴费率有具体规定，缴费及利息积累在每个人的账户上。待遇由所缴费用以及利息决定。当投保人年老、伤残或死亡时，账户上的余额可一次或按月支付。该制度的优点是透明度较高，激励作用较强，强调个人的自我保障，因而政府的责任较小，负担较轻，同时对国家储蓄有利。但其存在的问题和不足之处也比较明显，如缺乏互助互济性，退休金比较单一，对低薪工人的老年生活保障不力。世界上只有少数亚非发展中国家实行这一制度，取得成功的是新加坡。

新加坡公积金保险制度的基本做法是：由中央政府制定颁布《中央公积金法》，为强制储蓄型老年社会保险制度在全国的实施打下牢固的法律基础；政府成立权威性的社会保险机构，即公积金局，制定老年社会保险方针政策，负责日常管理；为每个参加强制储蓄投保的雇员发放社会保险卡，记录投保事宜，在雇员账下登记雇主为雇员缴纳的保险费；一年一次地调整投保费率，随着企业经营状况的改善和工资水平的提高，相应调整投保比例。这种公积金式的社会保险制度取得了举世瞩目的成就，实现了无需国家财政拨款的养老保险。

四、我国城镇养老保险制度的主要内容

（一）城镇职工养老保险制度

20 世纪 90 年代末，我国开始全面推行城镇职工养老保险制度改革，其基本目标是建立起适应社会主义市场经济体制要求，适用城镇各类企业职工和个体劳动者、资金来源多渠道、保障方式多层次、社会统筹与个人账户相结合、权利与义务相对应、管理服务社会化的养老体系。国务院分别于 1997 年、1999 年和 2005 年颁布了《关于建立统一的企业职工基本养老保险制度的决定》、《社会保险费征缴暂行条例》、《完善企业职工基本养老保险制度的决定》，人力资源社会保障部和财政部于 2009 年发布了《城镇企业职工基本养老保险关系转移接续暂行办法》，确立了我国城镇职工养老保险制度的基本框架。

1. 基本养老保险覆盖范围。对城镇全体劳动者实行统一的社会化养老保险制度，即不分所有制、不分就业形式，对一切劳动者实行老有所养。《完善企业职工基本养老保险制度的决定》规定，城镇各类企业职工、个体工商户和灵活就业人员都要参加企业职工基本养老保险。当前及今后一个时期，要以非公有制企业、城镇个体工商户和灵活就业人员参保工作为重点，扩大基本养老保险覆盖范围。

2. 实行社会统筹与个人账户相结合的制度。养老保险实行社会统筹和个人账户相结合，养老保险基金由统筹基金和个人账户构成。养老保险费用由用人单位和职工双方共同缴纳，单位缴费比例不得超过工资总额的 20%。个人账户的规模从 2006 年 1 月 1 日起统一由本人缴费工资的 11% 调整为 8%，全部由个人缴费形成，单位缴费不再划入个人账户。城镇个体工商户和灵活就业人员参加基本养老保险的缴费基数为当地上年度在岗职工平均工资，缴费比例为 20%，其中 8% 记入个人账户，退休后按企业职工基本养老金计发办法计发基本养老金。

个人账户储存额只用于职工养老，不得提前支取。职工调动时，个人账户全部随同转移。职工或退休人员死亡，个人账户中的个人缴费部分可继承。

3. 基本养老保险关系的转移接续。参保人员跨省流动就业的，由原参保所在地社会保险经办机构开具参保缴费凭证，其基本养老保险关系随同转移到新参保地。参保人员达到基本养老保险待遇领取条件的，其在各地的参保缴费年限合并计算，个人账户储存额（含本息）累计计算；未达到待遇领取年龄前，不得终止基本养老保险关系并办理退保手续。

对于资金转移，个人账户储存额全部转移，即 1998 年 1 月 1 日之前按个人缴费累计

本息计算转移，1998 年 1 月 1 日后按计入个人账户的全部储存额计算转移。统筹基金转移则以本人 1998 年 1 月 1 日后各年度实际缴费工资为基数，按 12% 的总和转移，参保缴费不足 1 年的，按实际缴费月数计算转移。

参保人员转移接续基本养老保险关系后，符合待遇领取条件的，按照《国务院关于完善企业职工基本养老保险制度的决定》的规定，以本人各年度缴费工资、缴费年限和待遇领取地对应的各年度在岗职工平均工资计算其基本养老金。

农民工中断就业或返乡没有继续缴费的，由原参保地社保经办机构保留其基本养老保险关系，保存其全部参保缴费记录及个人账户，个人账户储存额继续按规定计息。农民工返回城镇就业并继续参保缴费的，无论其回到原参保地就业还是到其他城镇就业，均按前述规定累计计算其缴费年限，合并计算其个人账户储存额，符合待遇领取条件的，与城镇职工同样享受基本养老保险待遇。农民工不再返回城镇就业的，其在城镇参保缴费记录及个人账户全部有效，并根据农民工的实际情况，或在其达到规定领取条件时享受城镇职工基本养老保险待遇，或转入新型农村社会养老保险。

4. 发展企业年金。为建立多层次的养老保险体系，增强企业的人才竞争能力，更好地保障企业职工退休后的生活，具备条件的企业可为职工建立企业年金。企业年金基金实行完全积累，采取市场化的方式进行管理和运营。

5. 养老保险基金的管理。基本养老保险基金实行收支两条线管理，保证专款专用，全部用于职工养老保险，严禁挤占挪用和挥霍浪费。基金结余额除预留相当于 2 个月的支付费用外，应全部购买国家债券和存入专户，严格禁止投入其他金融和经营性事业。要建立健全社会保险基金监督机构。财政、审计部门要依法加强监督，确保基金的安全。

加快提高统筹层次。加强省级基金预算管理，明确省、市、县各级人民政府的责任，建立健全省级基金调剂制度，加大基金调剂力度。在完善市级统筹的基础上，尽快提高统筹层次，实现省级统筹，为构建全国统一的劳动力市场和促进人员合理流动创造条件。

（二）城镇老年居民养老保险制度

为了妥善解决城镇老年居民老有所养问题，进一步完善社会保障体系，自 2008 年以来，各地结合当地实际，为没有享受定期养老待遇的城镇老年居民建立城镇老年居民社会养老保险制度。截至 2012 年底，城镇居民社会养老保险制度已覆盖全国城镇居民。

城镇老年居民养老保险制度的基本做法如下：

1. 基本原则。遵循个人缴费和地方财政资助相结合的原则，遵循待遇水平与经济发展水平和财政承受能力相适应的原则。通过政府资助的经济杠杆，发挥和调动家庭成员为无定期养老待遇老人参保的积极性。

2. 适用对象。男年满 60 周岁，女年满 55 周岁，拥有本市户籍一定年限（通常为 10 年），没有享受定期养老待遇（含其他相关定期待遇）的城镇老年居民（按有关规定继续缴纳养老保险费和由社会福利机构收养的政府供养人员除外）。定期养老待遇包括机关、事业单位的离休费、退休费和退职费；城镇企业职工基本养老保险、农转居人员基本养老保险、被征地农民养老保险和农村社会养老保险的基本养老金和老年生活津贴；工伤保险定期待遇；自主择业军队转业干部退役金，移交地方管理军队干部退休金和无军籍职工退休金；其他政策规定的相关定期待遇。

3. 实行社会统筹与个人账户相结合的制度。以广州市为例，根据申请人参保时距75周岁的年限（距75周岁不足3年或已年满75周岁以上的按3年计算），按每月200元的标准一次性缴纳养老保险费。参保人也可以选择逐年缴纳养老保险费。孤寡老人免予缴费，最低生活保障对象及低收入困难家庭人员在享受最低生活保障或低收入困难家庭待遇期间免予缴费。城镇老年居民基本养老金自缴费到账的次月起按月享受（免予缴费人员从办理参保登记的第三个月起享受），标准为每月400元，其中200元从其个人账户中支付，另200元由财政安排资金支付，个人账户用完后由财政支付（免予缴费人员由财政全额支付）。

阅读资料

我国建立起世界上最大的基本养老保险制度，几千年来中国人老有所养的愿望初步实现。2012年7月1日，全国所有县级行政区全部开展新型农村和城镇居民社会养老保险工作，基本实现了制度全覆盖。截至2012年8月底，全国城乡居民参保人数达到4.32亿人，加上职工养老保险，总计覆盖超过7亿人，其中领取基本养老金的超过1.8亿人（城乡居民1.18亿人，离退休人员0.7亿人）。

实现城乡居民养老保险制度全覆盖，推进基本公共服务均等化发展，朝着实现社会公平正义目标迈进了一大步。截至目前，中央和地方政府在补贴新农保和城镇居民养老保险方面共拨付补助资金近2 000亿元。实现城乡居民养老保险制度全覆盖，进一步维护了社会稳定，夯实了社会和谐的基础。

我国基本养老保险制度坚持以人为本，民生优先；坚持保基本、广覆盖、有弹性、可持续方针；坚持公平普惠，统筹城乡发展；坚持试点先行，典型引路。

推动城乡居民社会养老保险事业的可持续发展，应完善政策体系，保证制度的平稳运行和可持续发展。重点推进新农保和城镇居民养老保险制度合并，主要考虑两项制度合并实施的时机及合并实施的政策如何进一步优化完善。解决制度衔接问题，主要考虑城乡居民养老保险与企业职工养老保险制度间的衔接。提高基金管理层次，主要考虑基金省级管理的目标任务、制度模式、支撑条件及责权利划分。强化参保激励机制，主要考虑如何进一步完善并落实多缴多补、长缴多得等参保缴费激励机制。再其次，提高保障水平，让城乡居民共享国家发展进步的成果。国家层面将根据经济发展水平和各方面承受能力，逐步加大公共财政对新型农村社会养老保险和城镇居民社会养老保险的投入，建立正常调整机制，稳步提高中央确定的基础养老金标准。最后是加强管理服务，切实把党的惠民政策落到实处。下一步，要重点加强基层平台建设。同时要重点加强提高信息化水平，还要提供优质的金融服务。

（资料来源：胡晓义："在全国城乡居民社会养老保险制度研讨会（重庆）的发言"，中华人民共和国人力资源和社会保障部网（http：//www.mohrss.gov.cn），发布日期为2012年9月5日。）

第二节

养老保险基金的筹集

养老保险基金是为了应付未来支付养老的需要，确保养老保险项目顺利实施而建立的专项资金。养老保险基金是一个综合的概念，它包括基本养老保险基金、企业补充养老保险基金和个人储蓄养老保险基金，是社会保险基金的重要组成部分。我国的养老保险制度分为城镇企业职工养老保险制度、国家机关事业单位工作人员养老保险制度、农村养老保险制度。其中，机关事业单位人员养老保险的资金来源主要是国家预算拨款，农村养老保险的资金来源主要是农民的投保。本节主要介绍我国城镇企业职工基本养老保险基金来源情况。

一、养老保险基金筹集的原则

我国养老保险基金筹集主要遵循以下几个原则：

（一）国家、企业、个人三方共同负担

从目前世界上实行养老保险的 100 多个国家看，养老保险资金的筹集渠道（负担主体）大致遵循四种原则：一是个人缴纳、政府担保；二是由企业（雇主）和个人（雇员）双方缴费；三是由国家、企业（雇主）和个人（雇员）三方共同出资；四是政府全部资助。

在上述四种原则中，第一种要求个人承担全部缴费，政府只在个人投资失败的时候提供最低限度的担保。换言之，个人有劳动能力的时候，承担个人年老的消费成本，这实际上是个人劳动工资的延期支付。完全积累制国家大多采用这种筹集资金的方式，以智利、阿根廷等国家为代表。第二种是世界各国养老保险资金筹集的主要方式。在企业与个人的缴费比例上，因不同的养老保险制度而有所不同。在以企业责任为主的国家中，企业缴纳的比率高一些，个人缴费的比例低一些。在实施个人缴费的初期或者职工工资较低的情况下，个人缴费的比率低一些，随着职工劳动工资的增长，将会逐步提高个人缴费的比率。第三种是企业、个人共同缴费的补充。在这种筹资方式中，政府可以承担一定比率的养老保险费用，也可以采取补贴的形式，将资金划入养老保险基金。第四种方式，养老保险所需要的资金全部由国家财政拨款，不需要企业、个人缴费。实行统筹型养老保险制度的国家采取这种筹资方式。这种缴费模式，国家负担较重。

目前，我国采取的三方共同负担原则，企业承担的基本养老保险缴费不超过工资总额的 20%，职工缴纳的养老保险费为职工工资的 8%，企业缴费不能满足退休职工的养老金需求时，政府采取不定期补贴的形式，向养老保险基金划拨资金。三方共同负担原则可以比较充分地体现社会保险的原则，从根本上缓解国家负担过于沉重的历史局面，有利于调动职工个人自我保障的积极性。这一原则体现了劳动者权利与义务相一致、贡献与待遇相

联系的分配原则，有利于在现实经济发展水平上，通过拓宽筹资渠道，保证养老保险基金的合理增长。

（二）以支定收、略有节余、留有部分积累的原则

我国基本养老金筹集的基本原则是以支定收、略有节余、留有部分积累。这一原则的基本含义是：在综合考虑“横向平衡”（即要求当年或近几年内提取的养老保险基金总和应与其所需支付的费用总和保持平衡）和“纵向平衡”（即要求参加保险的人员在全部缴费期间所提取的全部基金总和（含银行利息和运营收入）与其在全部享受养老保险待遇期间所需支付的费用总和保持大体平衡）的基础上，按照当前的实际需要，加上一定的储备因素，提取养老社会保险基金。

这实质上是一种低积累的部分基金式的养老保险金筹集原则。它适合于我国目前的实际情况。其理由如下：（1）可以缓解国家和社会的沉重负担，避免因提取比率不断上调而影响企业经营。（2）可以使现收现付额与积累额之间随时互相调剂，在经济状况好、工资水平高的时期，多提一些积累，或将现收现付的结余部分存入积累。在经济不景气、工资水平不高的时期，少提一些积累，甚至可以适当拨入现收现付部分，以满足当年的需要。（3）有利于实现稳定、可靠的生活保障。其中，现收现付部分可以每年调整比例，以支付当年的退休费用，减少通胀的影响；相当数量的积累基金由社会保险机构管理使用，可以不受企业经济效益的影响。（4）部分积累采取个人和企业共同缴纳养老保险费的方法，可以适用所有不同身份的劳动者，特别是个体工商户、灵活就业人员可以不受单位所有制和就业期限的制约，缴费只与收入相联系，退休待遇给付标准互相统一，不容易出现矛盾，有利于用工制度的改革，促进人员的合理流动和劳动力市场的形成及良性运行。

我国养老保险基金的筹集必须遵循“以支定收、略有节余、留有部分积累”的原则，从现在开始就必须“留有部分积累”，实行低积累的部分基金式，即在满足一定时期支出的前提下，留有一定的储备基金。

（三）社会统筹与个人账户相结合

社会统筹是社会保险共济性的具体体现，它要求养老保险资金由政府出面，按照社会统一的标准和原则，依法将分散在各部门、各企业的资金集中起来，统一调度，统一分配使用。社会统筹要达到两个目的：一是实现社会保险的社会化，逐步实现地区乃至全国、城镇乃至乡村社会保险的一体化，使每一个劳动者和每一个公民最终都享有同等的社会保障权利。二是解决分散管理下企业间出现的负担不均的问题。企业的情况各不相同，有的历史较长，有的则是新办企业，其职工年龄构成有很大差异。各种不同行业对经济波动的反应程度及其可能对工人造成的健康损害也不同，因此，各企业用于养老等方面的支出会有明显的负担差异。有的老企业需要负担很多退休工人，严重影响了企业的经济效益，挫伤了在职职工的劳动积极性。实行社会统筹，根据全社会的平均“负担率”，计算出一个供全社会、各个企业普遍适用的“统筹率”，集中到专门机构进行再分配，就可以有效地解决各企业间负担畸轻畸重的问题。各个企业都能在大致相同的保障负担比率下进行公平竞争，有利于经营效益的提高。

同时实行个人账户，专门用于记载和积累依法提存的个人基金。个人基金账户随人流动，与个人劳动贡献成正比例，劳动贡献大，劳动报酬高，相应积累的养老保险基金也就多。从基金待遇计发来看，个人待遇水平不仅与缴费工资基数挂钩，而且还与缴费比例挂钩，有利于调动个人投保的积极性。

二、养老保险基金的构成

我国基本养老保险基金由下列部分构成：企业和被保险人缴纳的基本养老保险费、养老保险基金存入银行的利息及运营收益、滞纳金、各种捐赠、政府拨给的资金、其他可以并入养老保险基金的收入。

（一）企业为职工缴纳基本养老保险费

企业为职工缴纳的基本养老保险费，按本企业职工工资总额和当地政府规定的比例在税前提取，由企业开户银行按月代为扣缴。职工基本养老保险费不得减免，企业应按规定期限缴纳基本养老保险费，逾期未缴或欠缴的，除责令补缴外，按日加收2‰的滞纳金；拒不缴纳的，社会保险机构有权通知银行划拨或申请人民法院强制执行，滞纳金并入基本养老保险基金。经济困难的企业，确无缴纳基本养老保险费能力时，在规定缴费期间可申请办理基本养老保险费的缓缴手续，经批准后执行。企业因破产或关停等原因无法继续履行缴纳基本养老保险费义务时，应按国家规定，在清算企业财产中优先向社会保险机构结缴欠缴的基本养老保险费和一次性拨付该企业离退休人员的离退休费。

（二）被保险人缴纳的基本养老保险费

企业职工个人以本人上一年月平均工资（或上月平均工资）为基础缴纳基本养老保险费。职工月平均工资收入超过当地平均工资300%，按职工平均工资的300%作为缴纳基本养老保险费的基数，职工工资收入低于平均工资60%的，按职工平均工资的60%缴纳基本养老保险费。职工个人缴纳的基本养老保险费全部计入职工个人账户。

城镇个体工商户和灵活就业人员参加基本养老保险的缴费基数为当地上年度在岗职工平均工资。

企业和职工个人缴纳的基本养老保险费是基本养老保险基金收入的主要部分和基础部分。企业职工个人缴纳的基本养老保险费用转入社会保险机构在银行开设的“养老保险基金专户”，实行专项储存、专款专用，任何单位和个人均不得擅自动用。

（三）基本养老保险基金的投资收益

基本养老保险基金的投资收益主要是利息收入，包括购买国家债券或存入银行所取得的利息收入。由于养老保险基金在银行设有专户，有利息收入，结余或积累的养老保险基金按规定可以存入银行或购买债券，也会产生一定利息收入，这些利息收入也作为基本养老保险基金的一部分来源。

（四）财政补贴收入

同级财政给予基本养老保险基金的补贴，体现了国家对养老保险事业的支持。随着我国市场经济体制逐步完善，为保障养老保险金的按时足额发放以及整个社会保障制度运行提供了中长期资金来源。在国家财政实行上述“明补”的同时，还通过税前列支进行“暗补”，企业缴纳的基本养老保险费在税前列支，计入成本，就意味着国家减少了这部分费用33%的所得税，职工个人缴纳的基本养老保险不计征个人所得税，实际上相当于国家承担了一部分基本养老保险费。

此外，还有上级补助收入、下级上解收入、转移收入等。其中，上级补助收入是指社会保险机构收到上级社会保险机构拨付的基本养老保险基金收入。下级上解收入是指社会保险机构收到下级社会保险机构上解的基本养老保险基金收入，上级社保机构可以根据有关规定要求下级社会保险机构上解一部分基本养老保险基金收入。转移收入是指企业职工在不同统筹范围内调动而划入的基本养老保险基金收入。

三、养老保险基金的计征

（一）计征范围

按照《社会保险费征缴暂行条例》和《完善企业职工基本养老保险制度的决定》的规定，基本养老保险费的征收范围包括城镇各类企业职工、个体工商户和灵活就业人员。

（二）计征依据

用人单位缴纳基本养老保险费以用人单位工资总额为依据。工资总额是指各单位在一定时期内直接支付给本单位全部职工的劳动报酬总额。工资总额由以下六个部分组成：(1) 计时工资；(2) 计件工资；(3) 奖金；(4) 津贴和补贴；(5) 加班加点工资；(6) 特殊情况下支付的工资。特殊情况下支付的工资包括：①根据国家法律、法规、政策规定，因患病、工伤、产假、计划生育假、婚丧假、探亲假、定期休假、停工学习、执行国家或社会义务等原因按计时工资标准的一定比例支付的工资；②附加工资、保留工资。

职工个人缴纳基本养老保险费的依据为本人缴费工资。缴费工资是以职工本人上一年月平均工资（或上月工资）为缴纳基本养老保费的依据。职工月平均工资按国家规定列入工资总额统计项目的实际收入计算。职工月平均工资收入超过当地职工平均工资 300% 的，按职工平均工资的 300% 作为个人缴费工资的基数计算缴纳；月平均工资低于当地职工平均工资 60% 的，按职工平均工资的 60% 作为本人缴费工资。个体工商户、私营企业主等非工薪收入者，可以当地上一年社会月平均工资作为缴纳基本养老保险费的依据，也就是说，缴费工资最高为当地上一年月平均工资的 300%，最低为当地上一年社会月平均工资 60%。

国有企业下岗职工的基本养老保险费，包括单位缴费和个人缴费，均由企业再就业服务中心按照当地上一年社会月平均工资的 60% 缴纳。

城镇个体工商户和灵活就业人员参加基本养老保险的缴费基数为当地上年度在岗职工平均工资。

（三）计征比例

企业缴纳的基本养老保险的比例，一般不得超过企业工资总额的 20%，个人账户从 2006 年 1 月 1 日起统一由本人缴费工资的 11% 调整为 8%，全部由个人缴费形成，单位缴费不再划入个人账户。城镇个体工商户和灵活就业人员参加基本养老保险的缴费基数为当地上年度在岗职工平均工资，缴费比例为 20%，其中 8% 记入个人账户，退休后按企业职工基本养老金计发办法计发基本养老金。

（四）计征方式

企业缴纳养老保险费按照劳动和社会保障部下发的《社会保险费申报缴纳管理暂行办法》的有关规定执行。其具体规定如下：（1）缴费单位在每月 5 日前向社会保险经办机构办理缴费申报，报送社会保险费申报、代扣代缴明细表以及社会保险经办机构规定的其他资料；（2）缴费单位必须在经办机构核准其缴费申报后 3 日内以货币形式全额缴纳养老保险费。缴费方式可采取到开户银行缴纳，也可以由缴费单位或缴费个人向社会保险经办机构按经办机构要求以支票或现金形式缴纳，或者按缴费单位与社会保险经办机构约定的其他方式缴纳。由于个体工商户本人、私营企业主等非工薪收入者的缴费基数在一年内没有变化，因此，其缴纳的养老保险费既可采取按月缴纳的方式，也可采取按季、按年缴纳的方式。具体缴费的方式可由各地根据实际自行确定。

第三节
养老保险基金的支出

一、养老金待遇给付的一般条件

养老保险待遇的享受条件是指享受养老金的资格条件。国际上一般包括年龄、工龄以及缴费年限等三个方面，但具体到每个国家又有所不同。有的国家规定，投保人达到一定的年龄或投保满年限，才有资格领取年金；有的国家要求养老金领取者要达到一定的年龄，并且有若干年的工龄；有的国家以年龄和投保人是否为公民或居住在该国的期限作为享受养老金的条件。另外，还有考虑职业条件和身体健康状况的。目前，以年龄和投保人年限作为条件的国家占大多数。对未达到规定条件的，则没有领取保险待遇的资格或只享受减额保险待遇的资格。

我国现行养老保险待遇享受资格既考虑到年龄条件，又涉及工龄和缴费年限。我国现行法律规定：被保险人男性满 60 周岁，女性满 50 周岁（长期从事技术管理工作的年满 55 周岁）应当退休，并享受养老保险待遇。对于缴费年限，按现行制度规定，职工个人最低缴费年限为 15 年，个人累计缴费满 15 年者，享受基本养老金。

二、养老保险金的给付方式

世界各国养老保险金给付的方式一般可分为三种：绝对金额制、统一比例制、薪资比例制。

（一）绝对金额制

绝对金额制是指有关管理部门根据缴费人及其供养的直系亲属，按不同标准划分为若干种类，对每一种类的人按同一金额发放养老金，而同缴费人退休前工资收入水平无关，普通国民保险或家庭补贴大多采用这种给付方法。例如，1989 年修改后的《日本国民年金制度》规定，每人每月获得的养老金为 55 500 日元；1996 年荷兰政府规定，单身老人每月养老金为 1 413.4 荷兰盾，年金随工资指数的变化一年调整两次。

（二）统一比例制

统一比例制是指按工资收入的一定比例或某一确定标准来给付，就是说职工退休前的养老保险缴费与职工退休后获得的养老保险资金的给付之间没有多大联系，这种支付制度即为统一比例制。职工领取养老金的公式为：

养老金 = 统一比例 × 基期工资

（三）薪资比例制

薪资比例制是指以被保险人退休前某一段时期内的平均工资或最高工资数额的一定百分比，并考虑被保险人的投保年限、缴费数额及就业年限，计算其应得的养老金。百分比可采取固定的、累进的方法。比例的高低一般由投保年限、工龄、工资收入等条件决定。

三、养老保险待遇的给付范围和项目

养老保险待遇给付范围的大小、项目的多少取决于国情、工业化程度、保险制度建立的早晚等因素。实行普遍保险的国家，养老金发放的范围适用于全体居民。与工作相关的国家养老金保险，其发放范围是否包括全体劳动者或者部分劳动者，一般取决于保险建立年代的长短。保险范围一般首先在工商业中实行，而后逐步扩大到所有的工薪收入者以及个体劳动者和农业工人；先是投保本人，后扩展到其家属；个别国家还包括了居住在本国国内的外籍公民。

世界各国养老保险金的项目也不尽相同，概括起来，除了基本退休金、企业补充退休金外，还包括低收入补助、护理津贴、配偶和未成年子女及直系亲属补贴等等。

我国基本养老保险基金支出的范围主要有：（1）离休费、退休费、养老金、退职生活费。这是指按国家有关规定给予的养老生活待遇。（2）各种补贴。指为了保障离退休人员的实际生活水平不致因物价上涨而降低而给予的各种补贴，如副食品价格补贴。（3）丧葬费。指离退休人员死亡时给予办理丧葬的费用。（4）抚恤金。指离退休人员死亡后，为了对其遗属慰问，减轻生活上的困难，国家规定给予的一次性抚恤金。（5）遗属生活困难补助费。指离退休人员死亡后，遗属生活有困难，给予定期或临时补助费。（6）其他费用。属于社会统筹项目内的其他费用。

四、我国基本养老金计付办法

我国基本养老金的最新计付办法实行“新人新制度、老人老办法、中人逐步过渡”的计付办法。

（一）“新人”新办法

《国务院关于建立统一的企业职工基本养老保险制度的决定》（1997 年）实施后，参加工作的参保人员（新人）缴费年限（含视同缴费年限，下同）累计满 15 年，退休后将按月发给基本养老金。基本养老金待遇水平与缴费年限的长短、缴费基数的高低、退休时间的早晚直接挂钩。

基本养老金由基础养老金和个人账户养老金组成。退休时的基础养老金月标准以当地上年度在岗职工月平均工资和本人指数化月平均缴费工资的平均值为基数，缴费每满1年发给1%，上不封顶。个人账户养老金月标准为个人账户储存额除以计发月数，计发月数根据职工退休时城镇人口平均预期寿命、本人退休年龄、利息等因素确定。退休时年龄越小，个人账户养老金就越少。

基本养老金计算公式如下：

"新人"基本养老金 = 基础养老金 + 个人账户养老金

基础养老金 =（参保人员退休时当地上年度在岗职工月平均工资 + 本人指数化月平均缴费工资）÷2×缴费年限（含视同缴费年限）×1%

其中，本人指数化月平均缴费工资 = 参保人员退休时上一年度当地职工月平均工资×本人月平均缴费工资指数；参保人员本人月平均缴费工资指数是指职工本人自参加社会保险缴费开始至退休时的月平均缴费工资指数的平均值。参保人员当年缴费工资指数为本人当年缴费工资额与当年全省职工平均工资的比值。

【例3－1】某市居民王先生是"新人"，60岁退休时，平均月缴费工资为3 000元，月平均缴费工资指数为2.5，缴费期限为35年。假设退休上一年度该市在岗职工月均工资为2 000元，个人账户储存额计发月数为139。问他能领到多少退休金呢？

计算如下：

个人养老账户的规模由本人缴费工资的11%调整为8%后，王先生退休后每月可领到的养老金 =（2 000 + 2 000×2.5）÷2×35% + 3 000×8%×12×35÷139 = 1 950.2（元）。

其中，［（2 000 + 2 000×2.5）÷2×35%］为基础养老金；［（3 000元×8%×12×35÷139）］为个人账户养老金。

（二）老人老办法

《关于建立统一的企业职工基本养老保险制度的决定》实施前已经离退休的人员"老人"，仍按国家原来的规定发给养老金，同时执行养老金调整办法。

（三）中人逐步过渡

对于《国务院关于建立统一的企业职工基本养老保险制度的决定》（1997年）实施前参加工作、2006年1月1日后退休的参保人员（"中人"），由于他们以前个人账户的积累很少，缴费年限累计满15年的，退休后在发给基础养老金和个人账户养老金的基础上，再发给过渡性养老金。各省、自治区、直辖市人民政府在认真测算的基础上，制订具体的过渡办法。在过渡期实行特殊的过渡政策，新办法计算的基本养老金低于老办法计算标准的，差额部分予以补齐；新办法计算的基本养老金高于老办法计算的基本养老金的，高出部分（以下简称"待遇差"）按一定比例逐年递增。过渡期结束，统一按新办法计算基本养老金。

基本养老金计算公式如下：

"中人"养老金 = 基础养老金 + 个人账户养老金 + 过渡性养老金

其中，过渡性养老金 = 参保人员退休时本人指数化月平均缴费工资×系数×建立个人账户前缴费年限（计算到月），系数指各地计发系数，其值在1%～1.4%之间，由各地测算后确定。

【例 3 - 2】某“中人”退休时，上年职工月平均工资为 2 000 元，本人平均月缴费工资平均指数为 1.8，缴费年限为 30 年，其中建立个人账户前缴费年限为 20 年，退休时个人账户储存为 2 万元，个人账户储存额计发月数为 139，该地区计算过渡性养老金的系数为 1.3%。计算该“中人”退休时，每月能够领取多少基本养老保险金？

计算如下：

（1）基础养老金 =（2 000 + 2 000 × 1.8）÷ 2 × 30% = 840（元）

（2）个人账户养老金 = 20 000 ÷ 139 = 144（元）

（3）过渡性养老金 =（2 000 × 1.8）× 1.3% × 20 = 936（元）

根据以上的计算，该“中人”退休时基本养老金为以上三项之和。

即：840 + 144 + 936 = 1 920（元）

第四节
养老社会保险基金的核算

为了完整地反映基本养老保险基金的筹集、支出、结余情况，保证基金的专款专用，应对基本养老保险基金进行会计核算，保证基金的安全、完整和合理使用。

一、基本养老保险基金收入的核算

（一）基本养老保险费收入的核算

1. 账户设置。为了反映收到的由缴费单位和缴费个人按缴费基数的一定比例缴纳的基本养老保险费，社会保险经办机构需要设置“基本养老保险费收入”账户。它属于收入类账户。贷方登记税务机关或经办机构征收的基本养老保险费，借方登记结转数。期末，应将本账户余额转入“基本养老保险基金”账户。期末结转后，本账户应无余额。“基本养老保险费收入”账户的结构如表 3 - 1 所示。

表 3 - 1　　基本养老保险基金收入

借方	贷方
期末结转“基本养老保险基金”账户	已征收的基本养老保险费

本科目设置“统筹养老基金收入”和“个人账户养老基金收入”两个明细账户，并在“个人账户养老基金收入”明细账户下按缴费个人设置明细账，进行明细核算。

2. 账务处理。基本养老保险费收入的账务处理包括收到基本养老保险费和期末将本期基本养老保险费收入转入基本养老保险基金两个方面。

（1）收到基本养老保险费的账务处理。收到税务机关征收的基本养老保险费，借记“财政专户存款”账户，贷记“基本养老保险费”账户。收到社会保险经办机构征收的基本养老保险费时，应分两种情形予以处理：按规定经办机构设置收入户的，借记“现金”、“收入户存款”账户，贷记“基本养老保险费收入”账户；按规定经办机构不设收入户的，借记“现金”、“财政专户存款”账户，贷记“基本养老保险费收入”账户。

【例 3-3】 某经办机构委托银行扣缴 7 月份全市全民劳动合同制工人养老保险金 38 万元。本月 31 日汇总委托收款通知时，共收到养老保险金 35 万元，尚有市纺厂 3 万元未收到账。

按规定经办机构设置收入户：

该经办机构凭委托收款通知或银行汇总委托收款原始凭证填制记账凭单，作会计分录如下：

借：收入户存款　　350 000

　　贷：基本养老保险费收入　　350 000

按规定经办机构不设置收入户的，作会计分录如下：

借：财政专户存款　　350 000

　　贷：基本养老保险费收入　　350 000

【例 3-4】 6 月 16 日，某钢管厂缴纳合同制职工养老金 18.5 万元，其中个人缴纳 3.7 万元，各单位用支票缴纳。

按规定经办机构设置收入户的：

该经办机构凭转账支票收款通知单填制记账凭单，作会计分录如下：

借：收入户存款　　185 000

　　贷：基本养老保险费收入——统筹养老基金收入　　148 000

　　　　　　　　　　　　——个人账户养老基金收入　　37 000

按规定经办机构不设置收入户的，作会计分录如下：

借：财政专户存款　　185 000

　　贷：基本养老保险费收入——统筹养老基金收入　　148 000

　　　　　　　　　　　　——个人账户养老基金收入　　37 000

【例 3-5】 某经办机构委托税务机关代征基本养老金，3 月底收到税务机关代扣代缴明细表，经汇总，养老保险费收入为 83 万元。根据代扣代缴明细表和银行收款单填记账凭证，其会计分录如下：

借：财政专户存款　　830 000

　　贷：基本养老保险费收入　　830 000

（2）结转基本养老保险费收入的账务处理。期末，应将“基本养老保险费收入”账户余款转入“基本养老保险基金”账户，借记“基本养老保险费收入”账户，贷记“基本养老保险基金”账户。结转后，本科目应无余额。

【例 3-6】 12 月 31 日，某社会保险经办机构将基本养老保险费收入 890 万元全部予以结转，作会计分录如下：

借：基本养老保险费收入　　8 900 000

　　贷：基本养老保险基金　　8 900 000

（二）利息收入的核算

1. 账户设置。为了反映基本养老保险基金购买国家债券或存入银行所取得的利息收入，经办机构应设置“利息收入”账户。本账户属于收入类科目，贷方登记收到的各项利息收入，借方登记结转数。期末，应将本账户余额转入“基本养老保险基金”账户，结转后，本账户应无余额。“利息收入”账户的结构如表 3 - 2 所示。

2. 账务处理。利息收入的账务处理包括收到利息收入和将本期利息收入结转失业保险基金两个方面。

（1）收到基本养老保险基金利息收入的账务处理。收到银行转来的财政专户利息时，借记“财政专户存款”账户，贷记“利息收入”账户；收到银行转来的收入户、支出户的利息时，借记“收入户存款”、“支出户存款”账户，贷记“利息收入”账户。

表 3 - 2　　利 息 收 入

借方	贷方
期末结转“基本养老保险基金”账户	已取得的利息收入

【例 3 - 7】 7 月 6 日某经办机构接到开户行的利息通知单，取得收入户存款的利息收入 1 000 元，支出户存款利息 2 000 元，财政专户存款利息收入 6 000 元。作会计分录如下：

借：财政专户存款　　6 000
　　收入户存款　　1 000
　　支出户存款　　2 000
　　贷：利息收入　　9 000

国家债券到期收回本息或债券未到期因急需资金而提前转让债券时，按实际收到的本息数，借记“财政专户存款”账户，按债券的账面价值贷记“债券投资”账户，按其利息收入贷记“利息收入”账户。

【例 3 - 8】 某社会保险经办机构将 3 年前购入的面值为 100 万元国债兑换成货币资金，通过银行划拨到财政专户上。收到货币资金 118 万元。根据银行收款凭证及国债利息结算凭证，作会计分录如下：

借：财政专户存款　　1 180 000
　　贷：债券投资　　1 000 000
　　　　利息收入　　180 000

收到分期付息的债券利息，按实际收到的利息，借记“财政专户存款”账户，贷记“利息收入”账户。

【例 3 - 9】 7 月 8 日，某经办机构接到银行通知，收到一笔利息款，该利息属于以前购入的国债分期付款债券利息，金额共计 8.9 万元，作会计分录如下：

借：财政专户存款　　89 000
　　贷：利息收入　　89 000

（2）期末，应将本账户余额转入“基本养老保险基金”账户，借记本账户，贷记“基本养老保险基金”账户。结转后，本账户应无余额。

【例 3－10】 12 月 31 日某经办机构年末利息收入余额 998.198 万元，办理年终结转，作会计分录如下：

借：利息收入　　9 981 980

　　贷：基本养老保险基金　　9 981 980

（三）财政补贴收入的核算

1. 账户设置。为了反映收到的同级财政部门给予基本养老保险基金的补贴，经办机构应设置“财政补贴收入”账户。它属于收入类账户。账户的贷方登记收到的同级财政部门给予基本养老保险基金的补贴；借方登记结转数。期末，应将本账户余额转入“基本养老保险基金”账户。结转后，本账户应无余额。“财政补贴收入”账户的结构如表 3－3 所示。

表 3－3　　财政补贴收入

借方	贷方
期末结转“基本养老保险基金”账户	已收到的财政补贴收入

2. 账务处理。财政补贴由国库直接划入财政专户，不经过收入户。因此，不论经办机构是否设置收入户，收到财政补贴，均直接通过财政专户核算，不通过收入户核算。经办机构依据财政部门出具的财政专户缴拨凭证和附加专用印章的原始凭证复印件进行账务处理；收到财政补贴收入时，按实际收到的款项，借记“财政专户存款”账户，贷记“财政补贴收入”账户；期末办理结转，应将“财政补贴收入”账户余额转入“基本养老保险基金”账户，结转时，借记“财政补贴收入”账户，贷记“基本养老保险基金”账户。

【例 3－11】 某市社保机构 5 月份收到同级财政部门拨付的基本养老保险基金补贴收入 21 万元。到当年 12 月底，本年累计收到财政部门拨付的基本养老保险基金补贴收入 43.6 万元。

根据银行收款凭证，作会计分录如下：

借：财政专户存款　　210 000

　　贷：财政补贴收入　　210 000

年终，将本年收到的同级财政补贴收入进行结转，作会计分录如下：

借：财政补贴收入　　436 000

　　贷：基本养老保险基金　　436 000

（四）转移收入的核算

1. 账户设置。为了反映基本养老对象跨统筹地区流动而划入的基本养老保险基金，经办机构应设置“转移收入”账户。它属于收入类账户，账户的贷方登记划入的转移收入，借方登记结转数。期末，应将本账户余额转入“基本养老保险基金”账户。结转后，本账户应无余额。“转移收入”账户的结构如表 3－4 所示。

表 3-4　　转移收入

借方	贷方
期末结转“基本养老保险基金”账户	已收到的转移收入

2. 账务处理。随异地保险对象调入本地而由异地经办机构转入的收入（含本金和利息），按规定经办机构设置收入户的，借记“收入户存款”账户，贷记本账户，按规定经办机构不设收入户的，借记“财政专户存款”账户，贷记本账户。期末，应将本账户余额转入“基本养老保险基金”账户，借记本账户，贷记“基本养老保险基金”账户。结转后，本账户应无余额。

【例 3-12】某市社保机构 10 月收到从外省调入本市的赵某省外保险机构转入的赵某个人账户的收入 1.85 万元。当年 12 月底，该市社保机构共收到从省外调入本市而划入的基本养老保险基金 10.09 万元，全部结转。

(1) 根据收款凭证及赵某个人账户资料，作会计分录如下：

若该市社保机构未设置收入户：

借：财政专户收入　　18 500

　　贷：转移收入　　18 500

若该市社保机构设置收入户的：

借：收入户存款　　18 500

　　贷：转移收入　　18 500

(2) 年终，将全年转移收入全部予以结转时，作会计分录如下：

借：转移收入　　100 900

　　贷：基本养老保险基金　　100 900

(五) 上级补助收入的核算

1. 账户设置。为了反映由上级经办机构拨入的基本养老保险基金，经办机构应设置“上级补助收入”账户。它属于收入类账户，账户的贷方登记收到的上级经办机构拨入的基本养老保险基金；借方登记结转数。期末，应将本账户余额转入“基本养老保险基金”账户。结转后，本账户应无余额。“上级补助收入”账户的结构如表 3-5 所示。

表 3-5　　上级补助收入

借方	贷方
期末结转“基本养老保险基金”账户	收到的上级经办机构拨入的基本养老保险基金

2. 账务处理。收到上级经办机构下拨的补助收入，按规定经办机构设置收入户的，借记“收入户存款”账户，贷记“上级补助收入”账户；按规定经办机构不设收入户的，借记“财政专户存款”账户，贷记“上级补助收入”账户。期末，将“上级补助收入”账户余额转入“基本养老保险基金”账户，借记“上级补助收入”账户，贷记“基本养老

保险基金”账户。结转后，本账户应无余额。

【例3－13】某市社会保险经办机构（设收入户）10月收到省社会保险经办机构补助的基本养老保险费收入123 500元，当年12月底，该社会保险经办机构共收到上级补助收入524 700元，全部予以结转。

（1）根据收款凭证，该市社会保险经办机构作会计分录如下：

借：收入户存款　　　　123 500

　　贷：上级补助收入　　　　123 500

（2）年终，将全年收到的上级补助收入全部予以结转，作会计分录如下：

借：上级补助收入　　　　524 700

　　贷：基本养老保险基金　　　　524 700

（六）下级上解收入的核算

1. 账户设置。为了反映由下级经办机构上解的基本养老保险基金，经办机构应设置“下级上解收入”账户。它属于收入类账户，账户的贷方登记收到的下级经办机构上解的基本养老保险基金，借方登记结转数。期末，应将本账户余额转入“基本养老保险基金”账户。结转后，本账户应无余额。“下级上解收入”账户的结构如表3－6所示。

表3－6　　　　下级上解收入

借方	贷方
期末结转“基本养老保险基金”账户	收到的下级经办机构上解的基本养老保险基金

2. 账务处理。收到下级经办机构上解的基本养老保险基金，按规定经办机构设置收入户的，借记“收入户存款”账户，贷记“下级上解收入”账户；按规定不设置收入户的，借记“财政专户存款”账户，贷记“下级上解收入”账户。期末，将“下级上解收入”账户余额转入“基本养老保险基金”账户，借记“下级上解收入”账户，贷记“基本养老保险基金”账户。

【例3－14】某市社会保险经办机构12月收到所属县社会保险经办机构上解基本养老保险基金收入163 450元。当年12月底，全年共收到下级上解养老保险基金收入433 850元，全部予以结转。

（1）该市社会保险经办机构收到下级上解收入，作会计分录如下：

借：收入户存款　　　　163 450

　　贷：下级上解收入　　　　163 450

（2）年终，将全年收到的基本养老保险基金收入433 850元全部予以结转，作会计分录如下：

借：下级上解收入　　　　433 850

　　贷：基本养老保险基金　　　　433 850

（七）其他收入核算

“其他收入”账户核算如下：

1. “其他收入”账户核算基本养老基金的滞纳金及财政部门核准的其他收入。滞纳金指因缴费单位拖欠缴纳基本养老保险费而按规定收取的款项。

2. 收到滞纳金及财政部门核准的其他收入，按规定经办机构设置收入户的，借记“收入户存款”账户，贷记“其他收入”账户；按规定经办机构不设收入户的，借记“财政专户存款”账户，贷记“其他收入”账户。

3. 期末，应将“其他收入”账户余额转入“基本养老保险基金”账户，借记“其他收入”账户，贷记“基本养老保险基金”账户。结转后，“其他收入”账户应无余额。

二、基本养老保险支出的核算

（一）基本养老金支出的核算

1. 账户设置。为了反映应由基本养老金开支的各项支出，经办机构应设置“基本养老金支出”账户。它属于支出类账户，借方登记按规定计入基本养老金的各项支出，贷方登记结转数。期末，应将本账户余额转入“基本养老保险基金”账户，借记“基本养老保险基金”账户，贷记本账户。结转后，本账户应无余额。“基本养老金支出”账户的结构如表 3－7 所示。

表 3－7　　基本养老金支出

借方	贷方
按规定已支付的基本养老金	期末结转“基本养老保险基金”账户

“基本养老金支出”账户应按资金去向设置下列明细分类账户，进行分类核算。

为了核算基本养老保险基金支出，在社会保险基金的支出类科目中设置“基本养老保险金支出”总账账户，核算基础性养老金、个人账户养老金、过渡性养老金、补贴。

2. 账务处理。按规定支付的基本养老金，借记“基本养老金支出”账户，贷记“现金”、“支出户存款”账户；期末，应将“基本养老金支出”账户余额转入“基本养老保险基金”账户，借记“基本养老保险基金”科目，贷记“基本养老金支出”账户。

【例 3－15】本月某市无线电一厂全民固定职工应征收统筹养老金总额为 10 万元，应支付离退休人员离退休费用 7.2 万元（其中离休 3 万元），假定已实际发生了以上会计事项。

经办机构根据相关凭证作会计分录如下：

（1）借：收入户存款　　100 000
　　　贷：基本养老保险金收入　　100 000
（2）借：基本养老保险金支出——离休金　　30 000
　　　　　　　　　　　　——退休金　　42 000
　　　贷：支出户存款　　72 000

（二）医疗补助金支出的核算

1. 账户设置。为了反映按规定支付给未实行医疗保险地区纳入基本养老保险开支范围的离休、退休、退职人员的医疗补助费用，经办机构应设置“医疗补助金支出”账户。它属于支出类账户，借方登记按规定已支付的医疗补助，贷方登记结转数。期末，应将本账户余额转入“基本养老保险基金”账户，借记“基本养老保险基金”账户，贷记本账户。结转后，本账户应无余额。“医疗补助金支出”账户的结构如表 3 - 8 所示。

表 3 - 8　　医疗补助金支出

借方	贷方
按规定已支付的医疗补助	期末结转“基本养老保险基金”账户

2. 账务处理。按规定支付的医疗补助，借记本账户，贷记“现金”、“支出户存款”账户；期末，应将本账户余额转入“基本养老保险基金”账户，借记“基本养老保险基金”账户，贷记本账户。

【例 3 - 16】 某县未实行医疗保险，12 月用现金支付给锦华电机厂离退休人员医疗费用 1 500 元。当年累计到 12 月份该县社保机构共支付医疗费用 51 360 元。

（1）支付给锦华电机厂离退休人员医疗费用，作会计分录如下：

借：医疗补助金支出　　1 500
　　贷：现金　　1 500

（2）年终，将本年支付的医疗补助金支出进行结转，作会计分录如下：

借：基本养老保险基金　　51 360
　　贷：医疗补助支出　　51 360

（三）丧葬抚恤补助支出

1. 账户设置。为了反映按规定支付给已纳入基本养老保险基金开支范围的离休、退休、退职人员死亡丧葬补助费用及其供养直系亲属的抚恤和生活补助费用，经办机构应设置“丧葬抚恤补助支出”账户。它属于支出类账户，借方登记按规定已支付的丧葬抚恤补助费，贷方登记结转数。期末，应将本账户余额转入“基本养老保险基金”账户，借记“基本养老保险基金”账户，贷记本账户。结转后，本账户应无余额。“丧葬抚恤补助支出”账户的结构如表 3 - 9 所示。

表 3 - 9　　丧葬抚恤补助支出

借方	贷方
按规定已支付的丧葬抚恤费	期末结转“基本养老保险基金”账户

2. 账务处理。按规定支付的丧葬抚恤补助费，借记本账户，贷记“现金”、“支出户存款”账户；期末，应将本账户余额转入“基本养老保险基金”账户，借记“基本养老保险基金”账户，贷记本账户。

【例 3 - 17】 某市社会保险经办机构 8 月份用现金支付野马厂退休职工王某死亡丧葬补助费 1 200 元，支付其供养直系亲属的抚恤和生活补助费 1 600 元。该市社会保险经办机构至当年 12 月份底，累计本年度共支付丧葬补助费 68 500 元。

（1）根据有关支付凭证，作会计分录如下：

借：丧葬补助支出　　2 800

贷：现金　　2 800

（2）年终，将本年支付的丧葬补助金支出进行结转，作会计分录如下：

借：基本养老保险基金　　68 500

贷：丧葬补助支出　　68 500

（四）转移支出的核算

1. 账户设置。为了反映基本养老保险对象跨统筹地区流动而转出的基本养老保险基金，经办机构应设置“转移支出”账户。它属于支出类账户，借方登记由于保险对象跨统筹地区流动而转出的支出，贷方登记结转数。期末，应将本账户余额转入“基本养老保险基金”账户，借记“基本养老保险基金”账户，贷记本账户。结转后，本账户应无余额。“转移支出”账户的结构如表 3－10 所示。

表 3－10　　转 移 支 出

借方	贷方
保险对象跨统筹地区流动而转出的支出	期末结转“基本养老保险基金”账户

2. 账务处理。（1）保险对象跨统筹地区流动时，经办机构将其基本养老保险基金相应转出，借记本账户，贷记“现金”、“支出户存款”账户。本账户应按保险对象设置明细账。（2）期末，应将本账户余额转入“基本养老保险基金”账户，借记“基本养老保险基金”账户，贷记本账户。

【例 3－18】某市社会保险经办机构 3 月份有 18 名职工调动统筹地区外工作。该市社会保险经办机构为这 18 名职工办理跨统筹地区转移的有关手续，并划出相应基本养老保险金共51 285元。

社会保险经办机构划出款后，作会计分录如下：

借：转移支出　　51 285

贷：支出户存款　　51 285

（五）补助下级支出的核算

1. 账户设置。为了反映上级经办机构拨付给下级经办机构的补助支出，经办机构应设置“补助下级支出”账户。它属于支出类账户，借方登记经办机构拨付给下级经办机构的补助，贷方登记结转数。期末，应将本账户余额转入“基本养老保险基金”账户，借记“基本养老保险基金”账户，贷记本账户。结转后，本账户应无余额。“补助下级支出”账户的结构如表 3－11 所示。

表 3－11　　补助下级支出

借方	贷方
拨付给下级经办机构的基本养老保险基金	期末结转“基本养老保险基金”账户

2. 账务处理。（1）拨付给下级经办机构的基本养老保险基金，如果下级经办机构设置收入户，先将基金从财政专户拨入同级支出户，借记“支出户存款”账户，贷记“财

政专户存款”账户，然后将基金从支出户拨入下级收入户的，借记本账户，贷记“支出户存款”账户；如果下级经办机构不设置收入户，经办机构将补助款项从本级财政专户直接划拨到下级财政专户，借记本账户，贷记“财政专户存款”账户。（2）期末，应将本账户余额转入“基本养老保险基金”账户，借记“基本养老保险基金”账户，贷记本账户。

【例 3－19】 某市社会保险经办机构（设收入户）5 月份拨付所属某县社会保险经办机构（设收入户）基本养老保险基金 20 万元。累计到当年 12 月份底，当年共补助下级支出 130 万元。

经办机构根据“用款申请书”，将基金从财政专户拨入同级支出户时，作会计分录如下：

借：支出户存款　　　　200 000
　　贷：财政专户存款　　　　200 000

将基金从支出户拨入下级收入户时，作会计分录如下：

借：补助下级支出　　　　200 000
　　贷：支出户存款　　　　200 000

年终，将本年支付的补助下级支出进行结转，作会计分录如下：

借：基本养老保险基金　　　　1 300 000
　　贷：补助下级支出　　　　1 300 000

（六）上解上级支出的核算

1. 账户设置。为了反映经办机构上解上级经办机构的基本养老保险基金，经办机构应设置“上解上级支出”账户。它属于支出类账户，借方登记已上解上级经办机构的基本养老保险基金，贷方登记结转数。期末，应将本账户余额转入“基本养老保险基金”账户，借记“基本养老保险基金”账户，贷记本账户。结转后，本账户应无余额。“上解上级支出”账户的结构如表 3－12 所示。

表 3－12　　上解上级支出

借方	贷方
已上解上级经办机构的基本养老保险基金	期末结转“基本养老保险基金”账户

2. 账务处理。（1）上缴给上级经办机构的基本养老保险基金，如果上级经办机构设置收入户，先将基金从财政专户拨入同级支出户，借记“支出户存款”账户，贷记“财政专户存款”账户，然后将基金从支出户划拨到上级收入户，借记本账户，贷记“支出户存款”账户；如果上级经办机构不设置收入户，经办机构将补助款项从本级财政专户直接划拨到上级财政专户，借记本账户，贷记“财政专户存款”账户。（2）期末，应将本账户余额转入“基本养老保险基金”账户，借记“基本养老保险基金”账户，贷记本账户。

【例 3－20】 某市社会保险经办机构 3 月向省社会保险经办机构上解基本养老保险金 30 万元，到当年 12 月底累计向省社会保险经办机构上解基本养老保险基金 1 850 370 元

(该市社会保险经办机构不设收入户)。

(1)该市社会保险经办机构上解上级支出,作会计分录如下:

借:上解上级支出　　300 000

　　贷:财政专户存款　　300 000

(2)年终,将本年支付的上解上级支出进行结转,作会计分录如下:

借:基本养老保险基金　　1 850 370

　　贷:上解上级支出　　1 850 370

(七)其他支出的核算

"其他支出"核算的内容如下:

1. 本账户核算经财政部门核准开支其他非基本养老保险待遇性质的支出。

2. 经财政部门批准在其他支出中列支的临时借款利息,借记本账户,贷记"财政专户存款"账户;支付的其他支出,借记本账户,贷记"支出户存款"账户。

3. 期末,应将本账户余额转入"基本养老保险基金"账户,借记"基本养老保险基金"账户,贷记本账户。结转后,本账户应无余额。

思考与拓展

一、不定项选择题

1. 现代养老保险制度的基本模式为(　　)。

A. 国家统筹型养老保险　　B. 投保资助型养老保险

C. 强制储蓄型养老保险　　D. 家庭养老保障

2. 养老保险的特点主要有(　　)。

A. 强制性　　B. 以缴费为前提

C. 以法定退休年龄为受益前提　　D. 收入再分配

3. 不列入城镇职工基本养老保险费计征依据的是(　　)。

A. 计时与计件工资　　B. 奖金

C. 津贴与补贴　　D. 工伤保险赔偿金

4. 养老金待遇给付的条件包括(　　)。

A. 年龄　　B. 工龄

C. 缴费　　D. 健康

5. 我国城镇职工基本养老保险给付方式为(　　)。

A. 绝对金额制　　B. 统一比例制

C. 薪资比例制　　D. 其他

6. 为了反映基本养老保险基金购买公债所得利息收入,经办机构应设置(　　)账户。

A. 基本养老保险费收入　　B. 其他收入

C. 利息收入　　D. 财政补贴收入

7. 为反映基本养老保险对象跨区流动而划入的养老基金，经办机构应设置（　　）账户。

A. 基本养老保险费收入　　B. 其他收入

C. 利息收入　　D. 转移收入

8. 为反映基本养老保险对象跨区流动而划出的养老基金，经办机构应设置（　　）账户。

A. 基本养老保险金支出　　B. 补助支出

C. 转移支出　　D. 其他支出

二、判断题

1. 我国城镇职工养老保险制度已基本覆盖全国各城镇居民。（　　）

2. 我国现行城镇职工养老保险制度为城镇职工基本养老保险制度。（　　）

3. 城镇职工基本养老保险制度关系转移时，统筹账户资金和个人账户余额可以并全部转移。（　　）

4. 我国城镇职工基本养老保险基金实行全国统筹。（　　）

5. 职工个人缴纳基本养老保险费的依据为本人缴费工资。缴费工资最高为当地上一年月平均工资的300%，最低为当地上一年社会月平均工资60%。（　　）

6. 基本养老保险经办机构收到财政补贴时，通过收入户核算。（　　）

7. 企业年金是基本城镇职工养老保险制度的重要组成部分。（　　）

三、简述题

1. 简述我国基本养老保险基金筹集的原则。

2. 简述基本养老保险金的计付办法。

四、案例分析题

创造老龄人口红利应从“十二五”规划做起

一、老龄人口红利从哪里来

人口统计显示，在2012—2017年间，中国15～64岁劳动人口开始下降，到2035年，65岁以上人口约有2.94亿，届时，将出现2个纳税人供养1个养老金领取者的局面，这种“父债子还、子难还”的局面将维持到2050年以后，此所谓中国老龄社会危机。

而老龄人口红利，是指由老龄人口的就业能力、消费能力和投资能力组成的经济贡献率。

先看老龄人口的就业能力，包括推迟退休年龄和达到退休年龄老人继续工作以获取报酬为目的的能力。2015年后，伴随劳动人口下降和老龄人口上升的发展趋势，开发老龄人口的就业能力是培育老龄人口红利的途径之一。

通常按5%计算退休率，退休年龄每推迟1年，退休人口即减少5%，就业人口即增加5%，在2035年时即可增加1 470万就业人口。

其次是老龄人口的消费能力，是指基于养老储蓄、老龄人口税前收入带来的消费能力，以及与GDP的比例。假设年养老储蓄为1 000亿元，从2010年满35岁的职工人群开始，按照5%贴现率计算，到2035年他们年满60岁退休时，其税前养老金收入将达到58 225亿元，假设2010年后GDP年均增长率为5%，则2035年GDP约为115万亿元，届时养老金产生的税前名义消费能力约占同期GDP的5.07%。

最后是老龄人口的投资能力，指养老储蓄形成的养老基金及其占资本市场市值的比重和相关影响。当养老基金达到一定规模时，投资收益每增加1%，养老缴费率即可大幅下降。

二、应在“十二五”规划中做好安排

第一，应调整养老金政策结构，完善统账结合的养老金制度。应明确中国养老金中央统筹基础养老金与个人账户储蓄养老金相结合的政策结构和制度模式，强化基础养老金的税收政策、财政预算、待遇调整和支付系统；强化职业养老金和居民个人养老储蓄的财政补贴、账户服务系统和养老基金投资的公共管理，确保养老基金保值增值；为制定养老金法奠定基础，从而走出养老金政策困境，建立全民统一的养老金制度体系。

第二，加快金融体制创新，强化养老基金监管。建立专门的养老基金受托人监管机构，规范养老金计划操作流程和养老基金管理；培育养老金文化，授权养老金计划成员从参与管理到选择受托人；培育养老金受托人，并授予其管理权限；增加养老基金投资项目，建立风险控制和保值措施；为养老基金打造正外部性环境，让养老金投资者分享经济进步成果，确保养老金受益人利益最大化。

第三，发展老年服务事业和产业。让老年进入社区和家庭，形成居家养老和公寓养老相结合的养老服务体系，降低老年人的生活成本，提高生活质量。

（资料来源：杨燕绥、鹿峰：《创造老龄人口红利应从“十二五”规划做起》，《第一财经日报》，2010年5月19日。）

仔细阅读上述资料并回答下列问题：

（1）什么是老龄社会危机和老年人口红利？

（2）如何确保养老基金保值增值？

（3）“推迟退休年龄、化解老龄社会危机”的办法在我国是否可行？为什么？

（4）简要评述中央统筹基础养老金与个人账户储蓄养老金相结合的养老保险模式。

第四章 失业保险业务

学习要点

- □ 失业保险的原则
- □ 失业保险基金的分担方式
- □ 失业保险基金的支出
- □ 失业保险基金的核算

第一节 失业保险概述

一、失业及其类型

维持充分就业在政府制定的经济目标中居于显著地位。在现行工资水平下，任何愿意有一份工作并有能力工作的劳动者都应该找到一个有报酬的职位。遗憾的是，现实中总存在失业现象和失业者。对失业者及其家庭而言，失业意味着经济拮据以及生活方式的改变；对经济而言，失业表明一部分资源没有得到有效利用并因此会牺牲一部分经济增长率。除个人和经济损失之外，失业也使社会付出沉重代价，严重的失业有时甚至引发一系列社会问题和政治问题。

（一）失业的含义

失业与就业相对应。**所谓失业，是指在劳动年龄之内，有劳动能力并愿意就业的部分人员尚未就业的一种社会现象。**失业必须同时具备以下条件：

1. 符合法定劳动年龄。失业者不包括不负有法定劳动义务的人，处于法定最低劳动年龄与退休年龄之内的人才有可能失业。一些人不负有法定的劳动义务。例如，我国法定最低劳动年龄是16周岁，法定退休年龄男性为60岁，女性为50岁或55岁。低于或超过法定劳动年龄期间没有职业的不属于失业的范畴。

2. 有劳动能力。有劳动能力是指失业人员具有从事正常社会劳动的行为能力。那些有严重疾病、丧失劳动能力的人或被收容管制的人，如精神病人、长期疗养者、监狱犯人等，不应纳入失业的范畴。

3. 有就业意愿。失业者必须愿意就业并积极寻找工作。失业者到规定的就业管理部门登记失业并接受合适的就业安置和职业培训，被视为有就业意愿。那些暂时没有就业要求的学生、待升学的人以及从事家务劳动的人应划到失业之外。

4. 无工作收入。劳动者没有机会从事有报酬的工作或以营利为目的的自营职业，没有收入或收入中断。

各国对失业人员进行登记或统计，凡达到法定年龄并有劳动能力，但由于各种原因没有工作，还在为谋取收入寻求工作的人员，或是期间被解雇而无工资收入的人员被称为“失业人员”。这些人数的总和为失业人口，**失业人口占全国劳动力人口总数的百分比称为“失业率”**。

（二）失业的类型

按失业原因分类，失业分为以下几种类型：

1. 摩擦性失业。它是指劳动力正常流动过程中所产生的失业。劳动力正常流动过程包括老工人退休、年轻人进入劳动力市场的新老交替过程，以及人们出于某种原因放弃原来的工作或被解雇寻找新工作的过程。无论是年轻人进入劳动力市场，还是原来有工作的人变换工作，寻找工作都需要花费一定的时间。在寻找工作的过程中，这部分人是处于失业状态。这种失业就是所谓的摩擦性失业。

摩擦性失业量大小取决于劳动力流动性的大小和寻找工作所需要的时间的长短。劳动力流动性越大，越频繁，寻找工作所需要的时间越长，则摩擦性失业量就越大。劳动力流动性的大小在很大程度上是由制度性因素、社会文化因素和劳动力的结构决定的。寻找工作所需要的时间则主要取决于获得有关工作机会的信息的难易程度和速度，以及失业的代价和失业者承受这种代价的能力。

2. 结构性失业。结构性失业是在经济结构的变化过程中，由于劳动力供求结构失衡而引起的失业。由于经济发展、技术进步、人口规模和构成的变化、消费者偏好的变化等都会引起经济结构的变化，进而引起对劳动力需求结构的变化，而劳动力供给结构的调整常常滞后于劳动力需求结构的变化，从而产生结构性失业。由于失业者缺乏新工作机会所要求的技能，通常在存在大量结构性失业的同时，也存在许多工作空缺。

3. 周期性失业。由于市场对劳动力的需求量小于社会劳动力的供给量而产生的失业称为“周期性失业”。市场对劳动力需求是一种“引致需求”，即是由对商品和劳务的需求而引起的需求。经济运行带有周期性，在不景气阶段，市场对商品和劳务的需求全面下降，对劳动力需求也随之下降。周期性失业具有不确定性、普遍性和规模性。周期性失业对不同的行业和工人有不同影响，对低工资和非熟练工人影响最为显著。

二、失业保险的含义和类型

（一）失业保险的含义

失业是个人、社会和国家的不幸，必须加以治理，一方面要在不牺牲效率的前提下尽可能增加就业，减少失业人数；另一方面要对失业者的基本生活给予切实保障。这就需要建立失业保险制度。**失业保险是针对劳动者失业风险而设立的保险项目，由社会集中建立基金，对遭遇失业风险的劳动者提供物质帮助和职业介绍服务相结合的制度。**失业保险具有如下特点：

1. 失业保险是针对劳动者可能遭受的失业风险而设立的保护机制，风险一旦出现，保险机制就自动发生效力。

2. 失业风险的核心是社会建立失业保险基金，分散这一劳动风险。

3. 失业保险为失业者及其家属提供的基本生活保障属于短期待遇。失业者超过一定的时限仍未找到工作的，就不能享受失业保险待遇。

4. 失业保险不是单纯的经济救济，更重要的是通过职业培训、职业介绍提高失业人员的竞争能力，为他们谋求新的职业创造条件，使其重新走上就业岗位。

（二）失业保险的类型

世界各国的失业社会保险制度大体可以分为以下几种类型：

1. 国家立法强制实施的失业社会保险制度。这是目前采用最多的失业保障模式。强制失业社会保险由政府直接管理或政府委托一个机构负责管理，凡属失业保险法覆盖范围的劳动者都必须依法参加，个人没有选择的自由。采取这种模式的主要有中国、美国等国家。

2. 非强制性的失业社会保险制度与失业救济制度并行。这种模式允许劳动者自愿选择是否参加失业保险。失业保险由工会组织建立，政府提供大量资金，失业保险的管理一般由失业基金会负责，工人一旦失业并且符合法定条件即可获得失业保险金。未参加失业保险的失业者，由政府提供数额和期限均低于前者的失业救济。采取这种模式的主要有瑞典等国家。

3. 强制性失业保险制度与非强制性失业保险制度相结合。一个国家既存在国家强制性建立的失业保险制度，也存在非强制性的失业保险制度，即为强制性与非强制性失业保险制度并存。例如，日本政府规定，强制性失业保险制度覆盖除了农业、林业、水产业之外的一切行业和所有规模的企事业单位，只有农业、林业、水产业暂时可以自愿参加，是强制性失业保险与非强制性失业保险制度并存的制度。

三、失业保险的原则

建立失业保险必须根据它自身的特点来设计是其遵循的原则。

（一）保障失业人员的基本生活

确定失业待遇应以保证失业者及其家属（按平均的赡养系数计算）享有基本生活的保障。只有确保失业者的基本生活保障，他们才能够正常地生活下去，保护劳动力，为以后重新就业创造条件。保险待遇应能刺激和激励失业者努力寻找一份适合本人技能的工作岗位，最终能促进国内劳动力市场的形成和经济的发展。这要求严格规定享受失业津贴的条件和待遇标准，合理计算和征缴失业社会保险费并要顾及企业的承担能力。失业津贴只能支付给非自愿失业者，并与职工失业前的工龄、原工资标准挂钩，工龄长、工资高、缴费时间长的，领取的失业津贴就高些，领取的时间就长些，否则亦然。

（二）失业津贴与促进再就业相结合

就业服务包括就业指导、职业介绍、转业训练、提供就业信息及生产自救等再就业活动。失业保险的最终目的是使那些被排除在劳动力市场以外的人员重新回到工作岗位，不再需要被动地接受收入支持。这就要求把必要的收入支持同提供工作机会结合起来，为那些愿意就业的人员提供帮助或咨询以及基本训练和职业培训。也就是说，把就业指导、职业介绍、职业培训等纳入失业保险运行机制，把基金的收费—管理—使用与失业人员就业—失业—再就业有机结合起来，保持两个循环系统之间的良性循环，把失业保险逐步完善，并以接受或拒绝职业培训为是否支付失业保险金或高低的条件之一。国际劳工组织曾建议：把失业津贴待遇的平均工资（45%）分出一部分作为职业培训津贴，并只对参加培训者才提供，不参加者不应给予，通过它刺激失业者好好学习、掌握技能，以便上岗后符合社会的需要。与此同时，还应该扶持失业人员进行生产自救，广开就业门路，缓解其生活困难，减轻国家负担。

四、失业保险的覆盖范围

失业社会保险是为遭遇失业风险、收入暂时中断的失业者设置的一道安全网。显然，它的覆盖范围应包括社会经济活动中的所有劳动者。但综观世界各国，失业社会保险的覆盖范围最初都仅覆盖职业比较稳定的工薪阶层，把职业不稳定的季节工、临时工、家庭雇工、农业工人以及职业相当稳定的公务员和自我雇佣的个体劳动者排除在外。随着社会经济的发展以及国际社会对失业理解的变化，覆盖范围逐步发展扩大。很多国家的失业社会保险覆盖范围逐步扩展到几乎所有的工资劳动者。

从立法上看，各国失业保险覆盖范围有所不同，从共同点来说，基本上有以下四点：（1）必须是劳动者，并且收入中止；（2）必须达到规定的资格期限，这包括就业期限和投保期限；（3）必须是非自愿性失业；（4）必须有劳动能力又有主观就业愿望。国际劳工组织对失业的界定是：**凡达到一定年龄具有劳动能力，但没有职业，或工作负荷未达到一定标准，而正在为获取收入寻找工作，并已向职业介绍机构登记者，均为失业者。**这一界定反映出失业保险的覆盖更为宽泛。

五、失业保险的社会意义

失业保险制度的建立是保障失业者基本生活的主要手段，也是缓解由失业引起的社会矛盾的重要措施。其在社会经济发展中的重要意义主要体现在以下方面：

第一，保障失业人口的基本生活，起到稳定社会的作用。劳动者由于一些主观和客观的原因失去工作之后，他们通过劳动来获取收入、满足生存需要的机会没有了，从而使其受宪法保护的生存权受到威胁。这种状况如果政府不予重视，势必引起严重的社会问题。由政府出面建立失业社会保险制度，为暂时失去工作的人提供基本的生活保障，可以在一定程度上缓和社会矛盾，将社会关系维持在一种稳定健康的氛围之内。

第二，为劳动力再生产创造条件，有利于失业者再就业。劳动力再生产是社会再生产的重要方面。这种再生产是劳动者的素质按照社会经济发展的要求不断提高和完善的过程。如前所述，失业社会保险除具有保障失业者基本生活需要的功能之外，还具有促进失业者重新就业的功能和作用。这种功能和作用是通过对失业者的再就业培训来实现的，即针对社会经济发展对劳动者技术和技能的要求，采取各种形式对失业者进行培养和训练，使其尽快掌握社会所需要的劳动技术和技能，为重新就业创造条件。

第三，发挥“自动稳定器”的功能，有利于经济的稳定增长。在现实生活中，社会总需求与总供给之间很难达到均衡，通常的情况表现为要么总需求大于总供给，要么总需求小于总供给。在总需求大于总供给的情况下，社会可能提供的资源总量难以满足社会需求形成的购买力的需要，结果是物资紧缺、经济膨胀、物价上涨，形成资源配置效率损失；而在社会总需求小于总供给的情况下，由于需求不足会引起商品积压、资源闲置、经济衰退。以上两种情况都属于经济的不正常波动，都会给经济的正常发展带来不利影响，因此，政府往往通过各种手段来调节社会需求与社会供给的对比关系，使其保持基本平衡。失业保险制度就是政府调节社会需求的一种有效的手段，它在经济调节过程中对经济波动具有“自动稳定器”的功能，主要表现为：当社会总需求大于总供给，经济发展过热时，就业岗位增加，失业人口减少，失业保险金给付数额自动减少，从而产生收缩社会需求、抑制经济过快增长的作用；而当社会总需求小于总供给，经济发展处于萧条状态的情况下，失业人口增加，失业保险金给付金额自动增加，从而对社会需求和经济增长产生一定的刺激作用。可见，失业社会保险是国家宏观经济调节的重要手段。

六、我国现行失业保险制度的基本内容

经过十几年的反复实践和修改，我国已经初步建立起具有失业预防、失业补救和失业保险多功能的现代社会保障制度。我国政府 1999 年初颁布的《失业保险条例》具体规定如下：

第一，覆盖范围包括城镇的企业和事业单位，其中，城镇企业是指国有企业、城镇集体企业、外商投资企业、城镇私营企业以及其他城镇企业。

第二，失业保险基金的来源为企业事业单位按本单位工资总额的 2% 缴纳失业保险费、职工按本人工资的 1% 缴纳失业保险费、政府提供的补贴、失业保险基金的利息和依法纳入失业保险基金的其他资金。

第三，失业保险基金的开支范围是失业保险金、领取失业保险金期间的医疗补助金、丧葬补助金、抚恤金；领取失业保险金期间接受的职业培训补贴和职业介绍补贴；国务院规定或批准的与失业保险有关的其他费用。

第四，享受失业保险待遇的条件为所在单位和本人按规定履行缴费义务满 1 年，非本人意愿中断就业，已办理失业登记并有求职要求，同时具备以上三个条件者才有申请资格。

第五，失业保险金的标准按照低于当地最低工资标准、高于城市居民最低生活保障标准的水平，由省、自治区、直辖市政府确定。

第六，失业保险金的给付期限最长为 24 个月，最短为 12 个月，其中，累计缴费时间满 1 年不足 5 年的，给付期最长 12 个月；满 5 年不足 10 年的，给付期最长 18 个月；10 年以上的，给付期最长 24 个月。对连续工作满 1 年的农民合同工，根据其工作时间长短

支付一次性生活补助。

第七，国务院劳动保障行政部门主管全国的失业保险工作，县级以上地方政府劳动保障行政部门主管本行政区域内的失业保险工作。

第二节
失业保险基金的筹集

失业保险基金是国家和社会依法通过各种渠道筹集的用于给付失业待遇和促进就业的专项资金。社会集中建立失业保险基金是失业保险制度的核心内容。本节主要讨论失业保险基金的筹集原则、构成和计征方式。

一、失业保险基金筹集的原则

失业保险基金是确保失业保险制度存在和运行的物质基础，而失业保险基金的有效筹集是形成稳定、可靠的失业保险基金的关键。因此，失业保险基金的筹集问题在失业保险制度中具有特别重要的意义。失业保险基金的筹集应遵循以下原则：

（一）强制性原则

强制性是社会保险的重要特征，也是失业保险基金筹集应遵循的重要原则；即要以国家立法为手段，依法强制实施，使失业保险基金的筹集制度化、规范化，减少和避免各种人为的障碍和偏差，克服依靠行政手段的主观随意性和局限性。

（二）社会性原则

社会性原则主要包括以下三个方面：

1. 国家、单位、个人三方合理负担失业保险费。

2. 保费互济。失业风险不同于年老、疾病等其他劳动风险，劳动者一生中遭遇的失业风险的次数、损失是不同的，劳动者所缴纳的失业保险费与其所可能享受到的失业津贴之间的数量对应关系具有较大的不确定性。因此，失业保险基金的筹集更应体现互济性原则，凡纳入失业保险覆盖范围的工资劳动者都必须照章缴纳保险费，而不论其个人境况如何。只有如此，才能形成对劳动者的保护机制。

3. 社会统筹。一般而言，失业风险涉及的对象比疾病风险、老年风险涉及的对象少得多，失业风险经历的时间也短得多，所需失业保险基金也少得多。与此相适应，失业保险基金的筹集应不分资金来源渠道，由政府统一标准、统一征集、统一管理，并尽可能提高失业保险基金的统筹层次，以充分发挥失业保险基金的规模效应，增强失业保险的保障功能。

（三）适度性原则

所谓适度性原则，是指失业保险基金的筹集要按照“以支定收、收支平衡、略有节余”的原则确定缴费水平，使基金规模既能补偿失业者的部分收入损失，又能控制在社会经济可以承受的范围之内。适度性原则的内涵包括两个方面：

1. 失业保险基金收支平衡是多年度的平衡。失业风险的形成机制不同于老年风险，它受大量社会的和经济的不确定因素的影响，如经济周期、失业率及其变化规律，很难准确预测。因此，失业保险基金不可能像养老保险基金那样着眼于长期的基金平衡。另一方面，失业率受经济周期的影响较大，失业保险基金不可能采取年度平衡方式，而宜采取多年度的中期平衡方式，随着经济周期和失业率的变化对保险缴费率进行较灵活的调整。

2. 缴费水平的确定应以补偿失业者的部分收入损失为准则。首先，失业人员得到的失业津贴不能太低，否则就会影响劳动力资源的生产和再生产；其次，失业津贴也不能过高，过高的失业津贴一方面会导致更多的失业，另一方面也会超过生产力水平。因此，缴费率的确定应以失业津贴与失业者失业前收入之间的合理的、科学的替代关系为主要依据。

二、失业保险基金的构成

（一）国外失业保险基金的构成

国外失业保险基金的构成决定于失业保险基金的筹集方式。目前，在实行失业保险的国家中，筹集失业保险基金的方式有政府、雇主、雇员共同负担的，也有其中一方或两方负担的。与此相适应，有些国家或地区失业保险基金由政府拨款、雇主缴纳的失业保险费、雇员缴纳的失业保险费三个方面构成，有些国家或地区失业保险基金则由其中一个或两个方面构成。

1. 雇主、雇员、政府三方负担模式。依据政府负担程度，政府负担方式主要有政府按一定比例承担费用或纳入政府财政预算管理；政府负担某一方面或某几方面费用；政府只在失业保险金入不敷出时给予补贴或根据需要给予补贴。

2. 政府、雇主分担模式。即雇员不参与缴费，绝大多数国家政府只在非常情况下被动提供补贴或资助，因而实际是由雇主单方负担。

3. 雇主雇员分担模式。雇主负担比例一般不低于雇员，但也有少数国家雇员缴费比例高于雇主。

4. 政府负担模式。即雇主雇员都不参与缴费，完全由政府从公共基金中解决资金来源。

国外失业保险基金的构成有如下特点：第一，政府拨款一般用于支付行政管理费和弥补失业保险基金赤字。政府拨款与失业率的走势存在着密切关系，失业率较低的时期，政府拨款有限；而在失业率攀升的时期，政府拨款相当可观，在某些情况下，甚至高达失业保险总开支的2/3。第二，个人参与负担的国家多数有如下做法：个人负担不超过全部费用的50%，这也是国际劳工组织的限定；个人缴费基数设定上、下限，在上、下限范围以外的工资或收入不作为缴费基数。第三，个人以个人所得税完税收入为基数缴费。第四，特定身份的人可免缴保险费，主要是国家公务员、临时工、破产企业职工和养老金领取者。

（二）我国失业保险基金的构成

我国失业保险基金实行三方负担方式，失业保险基金的构成主要有以下四个方面：

1. 城镇企业事业单位和城镇企业事业单位职工缴纳的失业保险费。它是失业保险基金的主要来源。按《失业保险条例》的规定，城镇企业包括国有企业、城镇集体企业、外商投资企业、城镇私营企业以及其他城镇企业，而城镇企业事业单位招用的农民合同制工人本人不缴纳失业保险费。

2. 失业保险基金的利息收入。失业保险基金存入财政部门在国有商业银行开设的失业保险基金专户，专项储存，专款专用，任何部门、单位和个人不得挪用。失业保险基金存入银行或购买国债后，按照城乡居民同期存款利息和国债利息计息，所得利息纳入失业保险基金，这是失业保险基金的补充部分。

3. 财政补贴。这是指失业保险基金入不敷出时，由地方财政给予补贴，是保险基金的补助部分。

4. 依法纳入失业保险基金的其他基金。如失业保险基金储备金投资运营后的收入、运用生产自救费开展生产自救活动所获的纯收入、滞纳金的收入等。

三、失业保险基金的计征

失业保险基金的资金来源不同，相应的计征方式也有所不同。下面重点介绍社会保险缴款和政府补贴的计征方式。

（一）失业保险缴款的计征方式

1. 雇员。雇员的失业保险缴款方式有三种：（1）定额负担费用。这种计征方式要求参加失业保险的每一个缴款人都缴纳金额相等的保险费，而与缴款者的收入无关。以瑞典为例，瑞典的受保人向失业保险项目缴纳固定费用，每月为 35～100 瑞典克朗（1995 年），约负担基金支出的 25%。（2）按工资比例缴款。这种方式要求雇员以其工资总额的一定比例负担保险费用，但各国负担比例的规定不尽相同，一般都在 2%～3%之间。（3）按收入比例缴款。该方式以雇员总收入作为计征雇员保险缴款的基数，因而更加趋于公平，多数发达国家采用这种方式。在以工资总额或收入为缴费（纳税）基数时，一些国家规定了基数的上限或下限，或同时规定上下限。确定下限是为了保证劳动者对失业保险基金的供款达到一个最低额度；确定上限可以对高收入劳动者产生一定的激励作用。如法国政府规定，雇员与雇主缴费收入上限为 620 640 法郎/年（1995 年）。

2. 企业或雇主。企业或雇主的失业保险缴款基本上都是按职工工资总额的一定比例缴纳，但也有一些国家实行了类似浮动费率的制度，以鼓励企业尤其是大公司尽量保留雇员，限制解雇行为，形成内部劳动力市场。如在美国的大多数州，雇主是按各自的就业稳定记录缴费，即根据雇主支付以前雇员的失业保险费用确定当期应缴费用；还有少数州根据企业解雇人数决定企业失业保险费率，该企业职工失业率越高，适用的保险费率就越高。这样，企业获得一定的激励，相对公平合理。从目前世界各国的统计数字来看，企业的缴费率相对较高，以 1995 年为例，法国为 4.18%，加拿大约为 4.2%，德国为 3.25%。但也有少数国家企业负担较轻，如日本企业在发达国家中负担率是最低的，仅负担职工工资总额的 0.75%。

（二）政府补贴

目前，政府介入的方式主要是以下两种：

1. 负担部分费用。从总体来看，政府部分负担仍是比较普遍的做法，虽然负担的份额有所不同，但都只占小部分。低者如英国，为 14.5%，日本为 25%，加拿大和瑞典是政府负担份额较高的国家，但一般也不超过 50%。

2. 提供融资或负担赤字。政府提供融资方便，主要是针对失业保险制度运营的管理费用，以及因延长给付所需费用。在失业保险给付出现困难或赤字额时予以扶持是政府最常用的负担手段。

（三）我国失业保险基金的计征

我国失业保险基金，以“以支定收、收支平衡、略有节余”为筹集的基本准则，由国家、单位、个人三方共同负担。社会失业保险基金实行以职工工资为基数的缴款方式。按规定，城镇企业事业单位按照本单位工资总额的 2% 缴纳失业保险费；城镇企业事业单位职工按照本人工资的 1% 缴纳失业保险费，城镇企业事业单位招用的农民合同制工人本人不缴纳失业保险费。同时，失业保险基金的统筹地区可以依法应当征收的失业保险费为基数，按照省、自治区人民政府规定的比例筹集建立失业保险调剂金，如北京市规定，企业缴费率为 1.5%，个人缴费率为 0.5%。

阅读资料

参加失业保险的单位和个人应缴纳的失业保险费如何计算？

《失业保险条例》规定：城镇企业事业单位按照本单位工资总额的 2% 缴纳失业保险费。城镇企业事业单位职工按照本人工资的 1% 缴纳失业保险费。城镇企业事业单位招用的农民合同制工人本人不缴纳失业保险费。

计算应缴纳的失业保险费数额，要考虑两个因素：一是缴费基数，即明确缴费的范围。如企业所得税的基数是企业所得额。从国外有关规定看，失业保险费的缴费基数一般为工资，单位为工资总额，个人为本人工资。二是费率，即缴费义务人按照规定的缴费基数缴纳失业保险费的比例。定率征收失业保险费是我国失业保险制度建立以来一直采用的做法，也是国际通行做法。

《失业保险条例》规定，城镇企业事业单位的缴费基数为本单位工资总额，个人缴费基数为本人工资额。单位工资总额按照国家有关工资政策予以认定其构成和计算方式。它是指单位在一定时期内直接支付给本单位全部职工的劳动报酬总额。包括计时工资、计件工资、奖金、津贴和补贴、加班加点工资以及特殊情况下支付的工资。本人工资是指由单位支付的劳动报酬，包括计时工资或计件工资、奖金、津贴和补贴、加班加点工资等，不包括其他来源的收入。

在确定缴费基数时，各地可以根据情况统一规定各单位以哪一个时期的工资总额和工资额为缴费基数。如：可以上一年度单位工资总额为基数，平摊到本年度各个月份，每月按相同数额征收；可以上月单位工资总额为基数，按实际发生数确定征收数额；对工资总额不易认定的，可由负责征缴的机构参照当地工资水平和该单位生产经营状况核定缴费基数。个人缴费基数的确定方法应与单位相一致。

上述工资总额，包括了单位招用的农民合同制工人的工资部分，但农民合同制工人个人不缴费，合同期满不再续订或提前解除劳动合同的，支付给一次性生活补助。这样规定，主要考虑农民合同制工人流动性较强，且离开原单位后可以回乡务农，有一定生活保障，应与城镇失业人员有所区别，采取支付一次性生活补助的办法较为可行。对农民合同制工人采取不同办法，既维护了他们的合法权益，也与目前尚不具备城乡一体、待遇统一的现实相适应，这是对失业保险制度的一项重要政策。

（资料来源：中国劳动咨询网，http：//www.51Labour.com/2013.1.13。）

第三节 失业保险基金的支出

失业保险基金支出主要用于给付失业待遇和促进就业，其目的是保障失业者基本生活，维护劳动力资源的再生产，并促使劳动者尽快重新走上工作岗位。本节主要阐述失业保险基金的给付范围、开支项目和计发标准。

一、失业保险基金的给付范围与条件

（一）失业保险基金的给付范围

失业社会保险是国家和社会是为一些具有劳动能力却遭遇失业风险、暂时丧失生活来源的劳动者提供的经济保障。失业保险基金的给付范围应是所有劳动者。但从世界各国的立法看，失业保险基金的给付范围仅限于符合法定条件的劳动者。从世界各国的实践看，失业保险基金的给付范围一开始只涉及有稳定职业的部分工资劳动者，随着社会经济的发展，失业保险基金的给付范围逐步扩大，把职业不稳定的季节工、临时工、家庭佣人、学徒、农业工人以及公务员和自我雇佣的劳动者也包括进来。

（二）失业保险基金的给付条件

纳入失业保险基金给付范围的劳动者并不一定能够享受到失业保险待遇。作为失业保险基金给付的具体给受者必须符合规定条件。从世界各国的实践看，需要具备的共同条件包括：

1. 必须处于法定劳动年龄且具备劳动能力。失业保险是一种在职保险，未达到劳动就业年龄的人即使有过非法就业的经历，也不在失业保险基金的给付范围；对超过法定劳动年龄而仍在工作的劳动者，原则上不列入失业保险基金的给付范围。

2. 失业前必须有符合法律规定的就业或缴费的记录。失业保险是一种缴费的保障制度，各国都要求被保险人依法履行法定义务，包括投保或缴纳保费时间达到最低期限，失

业前有过就业经历且就业时间达到规定下限。对这两个条件的具体规定，各国有三种方法：只规定缴费时间、只规定工作时间或缴费时间和工作时间都规定。对缴费时间的规定，各国多以失业前缴费时间符合法定期限为标准。对工作时间的规定有两种做法，一种是要求失业前一年或几年内至少工作过一定时间；另一种是依据不同的年龄规定不同的工作时间。

3. 失业必须是非自愿的，具体体现为由于企业经营破产而失去工作者；由于工作技能不够而被解雇者；由于经济不景气、企业裁员而失业者等。各国一般都把无正当理由自动离职或因渎职违法而被解雇开除，或参加劳资争议而罢工离职者排除在失业保险对象之外。

4. 失业者有就业意愿。即失业者在领取失业保险金之前，必须在职业介绍所登记、要求就业，并且愿意接受职业介绍所提供的合适的就业机会。

按照《失业保险条例》规定，我国失业保险基金的给付条件是：（1）按照规定参加失业保险，所在单位和本人已按照规定履行缴费义务满 1 年的；（2）非因本人愿意中断就业的；（3）已办理失业登记，并有求职要求的。另外，《失业保险条例》规定，有下列情形之一的，不能作为失业保险基金的给付对象：应征服兵役的；移居境外的；享受基本养老保险待遇的；被判刑收监执行或者被劳动教养的；无正当理由，拒不接受当地人民政府指定的部门或者机构介绍的工作的。

二、失业保险基金的开支项目

失业保险基金的开支主要用于给付待遇和促进就业两个方面。我国失业保险基金的使用重视把失业保险制度与就业制度密切地结合起来，变消极的失业保护为积极的促进再就业，这也符合当今世界各国失业保险制度的发展趋势。与此相适应，我国失业保险基金的使用结构确定为：以失业津贴为主，积极促进再就业，在保证及时足额发放各项失业津贴的同时，运用一定比例的基金扶助失业职工再就业，包括转业培训、生产自救、职业介绍等。

按照《失业保险条例》的规定，我国失业保险基金的开支项目包括：失业保险金，领取失业保险金期间的医疗补助金，领取失业保险金期间死亡的失业人员的丧葬补助金和其供养的配偶、直系亲属的抚恤金，领取失业保险金期间接受职业培训、职业介绍的补贴，补贴的办法和标准由省、自治区、直辖市人民政府规定；国务院规定或者批准的与失业保险有关的其他费用。

三、失业保险基金的计发标准

失业保险基金的计发标准主要涉及两个方面的问题：一是失业保险基金的给付标准；二是失业保险基金的给付期限。下面，我们着重介绍失业保险金的计发标准。

（一）失业保险金的给付标准

1. 给付标准。失业保险肩负保障劳动者基本生活和促进就业双重任务。因此，确定失业保险金的给付标准应以兼顾公平和效率为原则，一方面，给付标准不能过低，应使暂时失业的劳动者及其家属得到必要的收入补偿，以避免其生活水平的急剧下降；另一方面，给付标准不能过高，过高的给付标准会为更长或更频繁的失业提供利益刺激。依据这一原则，失业保险金的给付标准应限定在失业者失业前的工资标准之内，上限不超过失业前的工资收入，以刺激失业者尽快重新就业；而下限不应低于维持失业者及其家庭最低生活所必需的收入。国际劳工组织将失业保险金给付标准界定为失业者以前收入的 50% 以上。从实践上看，现在各国的给付标准差距不大，如以占离职前工资的比例来看，发达国家达 50% ~60%，发展中国家一般稍低，为 40% ~50% 左右。

如前所述，我国失业保险待遇由失业保险金、医疗补助金、丧葬补助金及其供养直系亲属的抚恤金组成。其中，失业保险金由失业保险经办机构按月发给失业职工，标准按照低于当地最低工资标准、高于城市居民最低生活标准的水平，由省、自治区、直辖市人民政府确定；失业职工医疗补助金的发放标准，由省、自治区、直辖市人民政府规定；失业人员在领取失业保险金期间死亡的，参照当地对在职职工的规定，对其家属一次发给丧葬补助金和抚恤金；单位招用的农民合同制工人连续工作满一年，本单位已缴纳失业保险费，劳动合同期满未续订或者提前解除劳动合同的，由社会保险经办机构根据其工作时间长短，对其支付一次性生活补助，补助办法和标准由省、自治区、直辖市人民政府确定。

2. 确定失业保险金给付标准的方法。失业保险金的计算方法影响着给付标准。确定给付标准的方法主要有五种：（1）按近期社会平均工资标准的一定比例统一给付，又称等额津贴给付。这种计算给付方法运用比较普遍。（2）按本人失业前工资的一定比例定额给付。这种方法将失业者失业前日工资额划分为若干区域，每个区域设定不同的给付比例。这种方法通常又规定保险金给付额的上限。（3）按政府规定的定额给付。如英国规定凡符合资格条件的失业者可获下列标准的等额给付：单身者每周 30.8 英镑，有配偶者每周 49.8 英镑，另每抚养一个孩子每周另增加 7.25 英镑。（4）结合按本人失业前工资的一定比例和定额给付的混合给付。如法国就采用了这种方法。法国的失业保险给付是离职前工资的 40%，再加上定额 46.32 法郎（1993 年），合算约占离职前工资的 58%。这种给付方法兼顾了公平与效率。（5）按失业者的失业期间长短决定给付额。这种方法虽不多见，但有其长处，实际是鼓励再就业，因为它实施给付的标准是失业期间越短给付就越高，反之就越低，从而限制了失业者对失业津贴的长期依赖。

（二）失业保险金的给付期限

失业保险的给付期限包括两个方面：给付失业保险金的等待期和失业保险金给付期上限。

1. 给付失业保险金的等待期。劳动者失业之后一般不会立刻领到失业津贴，而是要经历一段等待期。设置给付失业保险金的等待期主要有两个方面的作用：一是留给社会保险管理机构一定时间，对失业者进行待遇资格调查，防止冒领失业保险金的行为；二是排除期限很短的给付，减少处理短期、小额失业津贴申请的行政负担，减轻工作量，节约管理费。

等待期的长短，各国有各国的做法，但一般取决于这个国家的就业政策以及失业保险基金的规模和财政状况。国际劳工组织规定等待期原则上不得超过每次失业后 3 天的期限，或者不得超过每年失业后 6 天的期限。目前各国的等待期一般都在 3 ~7 天之内，如澳大利亚为6天，芬兰为5天，希腊为6天，爱尔兰为5天，英国为3天，瑞典为5天，也有不少国家取消了等待期。

2. 失业保险金给付期上限。确定失业保险金的给付期上限，应以大多数失业者重新就业前不过多地减少收入为原则。国际劳工组织规定，失业保险金给付期上限每年至少156个工作日，在任何情况下，也不能少于78个工作日。据此确定的最低水平失业保险金至少支付13周。各国规定的失业保险金给付期上限一般为26周。

确定失业保险金给付期上限的方法主要有三种：（1）把失业保险金的支付期与取得资格期结合起来，根据失业前缴纳保险费的持续时间或受保时间长短，分别规定领取救济金的连续时间上限。（2）根据失业者的缴费时间和年龄并考虑老年工人的具体困难，规定最长给付期。（3）将失业保险金给付期与失业率相联系，视失业的严重程度作出相应调整。如美国的失业津贴给付期是按正常时期和非正常时期分别规定，正常时期的给付期上限由各州规定，分别为20～36周；非正常时期的给付期，联邦政府规定为52周。

3. 我国失业保险金的给付期限。城镇企业事业单位职工失业后，应当持本单位为其出具的终止或者解除劳动关系的证明，及时到指定的社会保险经办机构办理失业登记。失业保险金自办理失业登记之日起计算。失业人员领取失业待遇的期间根据失业职工失业前累计缴费时间确定。失业职工失业前所在单位和本人按照规定累计缴费时间满1年不足5年的，领取失业保险金的期限最长为12个月；累计缴费满5年不足10年的，领取失业保险金的期限最长为18个月；累计缴费时间10年以上的，领取失业保险金的期限最长为24个月。重新就业后再次失业的，缴费时间重新计算，领取失业保险金的期限可以与前次失业应领取而尚未领取的失业保险金合并计算，但最长不得超过24个月。

第四节 失业保险基金的核算

失业保险基金的核算是社会保险基金会计核算的一项重要内容。通过失业保险基金的核算，可以全面、完整地反映基金收支的构成及其规模，为考核失业保险基金预算执行情况、加强基金的管理提供有价值的会计信息。我国失业保险基金实行社会统筹办法，失业保险基金按照收入来源渠道和支出去向设置总账科目，不设个人账户。

一、失业保险基金收入的核算

失业保险基金收入是失业保险基金的资金来源，也是失业保险基金会计核算的主要内容。失业保险基金收入主要包括失业保险费收入、利息收入、财政补贴收入、上级补助收入、下级上解收入和其他收入。

（一）失业保险费收入的核算

1. 账户设置。为了反映收到的由缴费单位和缴费个人按缴费基数的一定比例缴纳的失业保险费，社会保险经办机构需要设置“失业保险费收入”账户。它属于收入类账户，贷方登记税务机关或经办机构征收的失业保险费，借方登记结转数。期末，应将本账户余额转入“失业保险基金”账户。结转后，本账户应无余额。“失业保险费收入”账户的结构如表4－1所示。

表4－1　　失业保险费收入

借方	贷方
期末结转“失业保险基金”账户	征收的失业保险费

2. 账务处理。失业保险费收入的账务处理包括收到失业保险费和期末将本期失业保险费收入转入失业保险基金两个环节。

（1）收到失业保险费的账务处理。收到税务机关征收的失业保险费，借记“财政专户存款”账户，贷记“失业保险费收入”账户。收到社会保险经办机构征收的失业保险费时，应分两种情形予以处理：按规定经办机构设置收入户的，借记“现金”、“收入户存款”账户，贷记“失业保险费收入”账户；按规定经办机构不设收入户的，借记“现金”、“财政专户存款”账户，贷记“失业保险费收入”账户。

【例4－1】 8月3日，某经办机构收到税务机关征收的失业保险费一笔，共计398 000元，财政部门已出具有关凭证，作会计分录如下：

借：财政专户存款　　398 000

　　贷：失业保险费收入　　398 000

【例4－2】 8月5日，某社会保险经办机构（按规定设有收入户）收到某企业通过银行转账方式缴来的失业保险费5 000元，作会计分录如下：

借：收入户存款　　5 000

　　贷：失业保险费收入　　5 000

（2）结转失业保险费收入的账务处理。期末，应将“失业保险费收入”账户余款转入“失业保险基金”账户，借记“失业保险费收入”账户，贷记“失业保险基金”账户。结转后，本账户应无余额。

【例4－3】 12月31日，某经办机构“失业保险费收入”账户贷方余额2 986 000元办理结转，作会计分录如下：

借：失业保险费收入　　2 986 000

　　贷：失业保险基金　　2 986 000

（二）利息收入的核算

1. 账户设置。为了反映失业保险基金购买国家债券或存入银行所取得的利息收入，经办机构应设置“利息收入”账户。本账户属于收入类科目，贷方登记收到的各项利息收入，借方登记结转数。期末，应将本账户余额转入“失业保险基金”账户，结转后，本账户应无余额。“利息收入”账户的结构如表4－2所示。

表 4－2 利 息 收 入

借方	贷方
期末结转“失业保险基金”账户	已收到的利息收入

2. 账务处理。利息收入的账务处理包括收到利息收入和将本期利息收入结转失业保险基金两个环节。

（1）收到失业保险基金利息收入的账务处理。收到银行转来的财政专户利息时，借记“财政专户存款”账户，贷记“利息收入”账户；收到银行转来的收入户、支出户的利息时，借记“收入户存款”、“支出户存款”账户，贷记“利息收入”账户。国家债券到期收回本息或债券未到期因急需资金而提前转让债券时，按实际收到的本息数，借记“财政专户存款”账户，按债券的账面价值贷记“债券投资”账户，按其利息收入贷记“利息收入”账户。收到分期付息的债券利息，按实际收到的利息，借记“财政专户存款”账户，贷记“利息收入”账户。

【例 4－4】9 月 5 日，某经办机构接到开户行的利息通知单，取得财政专户利息收入 2 万元，作会计分录如下：

借：财政专户存款	20 000	
贷：利息收入		20 000

【例 4－5】9 月 10 日，某经办机构接到银行通知，取得收入户存款、支出户存款的利息分别是 3 400 元和 2 000 元，作会计分录如下：

借：收入户存款	3 400	
支出户存款	2 000	
贷：利息收入		5 400

【例 4－6】9 月 16 日，某经办机构五年期国债 5 万元兑现，年利率 10%，本息已存入专户，作会计分录如下：

借：财政专户存款	75 000	
贷：债券投资		50 000
利息收入		25 000

【例 4－7】9 月 20 日，某经办机构接到银行通知，收到一笔国债分期付款债券利息，金额为 2 万元，作会计分录如下：

借：财政专户存款	20 000	
贷：利息收入		20 000

【例 4－8】9 月 29 日，某经办机构按规定将 60 万元债券向外转让，取得本息收入共计 628 000 元，款已存入银行，作会计分录如下：

借：财政专户存款	628 000	
贷：债券投资		600 000
利息收入		28 000

（2）结转利息收入的账务处理。期末，应将本账户余额转入“失业保险基金”账户，

借记“利息收入”账户，贷记“失业保险基金”账户。结转后，本账户应无余额。

【例4-9】12月31日，某经办机构“利息收入”账户贷方余额78.9万元，按规定办理结转，作会计分录如下：

借：利息收入　　789 000

　　贷：失业保险基金　　789 000

（三）财政补贴收入的核算

1. 账户设置。为了反映收到的同级财政部门给予失业保险基金的补贴，经办机构应设置“财政补贴收入”账户。它属于收入类账户，贷方登记收到的同级财政部门给予失业保险基金的补贴，借方登记结转数。期末，应将本账户余额转入“失业保险基金”账户，结转后，本账户应无余额。“财政补贴收入”账户的结构如表4-3所示。

表4-3　　财政补贴收入

借方	贷方
期末结转“失业保险基金”账户	已收到的财政补贴收入

2. 账务处理。财政补贴由国库直接划入财政专户，不经过收入户。因此，不论经办机构是否设置收入户，收到财政补贴，均直接通过财政专户核算，不通过收入户核算。这是财政补贴收入核算的主要特点之一。经办机构依据财政部门出具的财政专户缴拨凭证和附加专用印章的原始凭证复印件进行账务处理；收到财政补贴收入时，按实际收到的款项，借记“财政专户存款”账户，贷记“财政补贴收入”账户；期末办理结转，应将财政补贴收入账户余额转入“失业保险基金”账户，结转时，借记“财政补贴收入”，贷记“失业保险基金”账户。

【例4-10】8月5日，某经办机构经申请，财政部门批准拨入补贴款50万元，根据财政专户缴拨款凭证入账，作会计分录如下：

借：财政专户存款　　500 000

　　贷：财政补贴收入　　500 000

【例4-11】12月31日，某经办机构办理年终结账，将“财政补贴收入”期末余额500万元予以结转，作会计分录如下：

借：财政补贴收入　　5 000 000

　　贷：失业保险基金　　5 000 000

（四）上级补助收入的核算

1. 账户设置。为了反映由上级经办机构拨入的失业保险基金，经办机构应设置“上级补助收入”账户。它属于收入类账户，贷方登记收到的上级经办机构拨入的失业保险基金；借方登记结转数。期末，应将本账户余额转入“失业保险基金”账户，结转后，本账户应无余额。“上级补助收入”账户的结构如表4-4所示。

2. 账务处理。收到上级经办机构下拨的补助收入，按规定经办机构设置收入户的，借记“收入户存款”账户，贷记“上级补助收入”账户；按规定经办机构不设收入户的，借记“财政专户存款”账户，贷记“上级补助收入”账户。期末，将“上级补助收入”账户余额转入“失业保险基金”账户，借记“上级补助收入”账户，贷记“失业保险基金”账户。

表 4-4 **上级补助收入**

借方	贷方
期末结转“失业保险基金”账户	收到的上级经办机构拨入的失业保险基金

【例 4-12】 11 月 9 日，某经办机构（按规定设置收入户）由于资金周转困难，上级经办机构拨入调剂金 20 万元，已存入银行，作会计分录如下：

借：收入户存款　　200 000

　　贷：上级补助收入　　200 000

【例 4-13】 11 月 20 日，某经办机构（按规定不收入户）接银行通知，收到上级经办机构拨入失业保险调剂补助收入 45 万元，作会计分录如下：

借：财政专户存款　　450 000

　　贷：上级补助收入　　450 000

【例 4-14】 12 月 31 日，某经办机构将“上级补助收入”账户贷方余额 897.8 万元办理结转，作会计分录如下：

借：上级补助收入　　8 978 000

　　贷：失业保险基金　　8 978 000

（五）下级上解收入的核算

1. 账户设置。为了反映由下级经办机构上解的失业保险基金，经办机构应设置“下级上解收入”账户。它属于收入类账户，贷方登记收到的下级经办机构上解的失业保险基金，借方登记结转数。期末，应将本账户余额转入“失业保险基金”账户，结转后，本账户应无余额。“下级上解收入”账户的结构如表 4-5 所示。

表 4-5 **下级上解收入**

借方	贷方
期末结转“失业保险基金”账户	收到的下级经办机构上解的失业保险基金

2. 账务处理。收到下级经办机构上解的失业保险基金，按规定经办机构设置收入户的，借记“收入户存款”账户，贷记“下级上解收入”账户；按规定不设置收入户的，借记“财政专户存款”账户，贷记“下级上解收入”账户。期末，将“下级上解收入”账户余额转入“失业保险基金”账户，借记“下级上解收入”账户，贷记“失业保险基金”账户。

【例 4-15】 6 月 6 日，某经办机构（按规定设置收入户），接银行通知，收到下级经办机构按规定上缴的调剂金 8 万元，作会计分录如下：

借：收入户存款　　80 000

　　贷：下级上解收入　　80 000

【例 4－16】6 月 18 日，某经办机构（不设收入户）接银行通知，收到下级经办机构按规定上缴的养老保险基金 56.8 万元，作会计分录如下：

借：财政专户存款　　568 000

　　贷：下级上解收入　　568 000

【例 4－17】12 月 31 日，某经办机构将全年“下级上解收入”账户贷方余额 35.6 万元办理年终结转，作会计分录如下：

借：下级补助收入　　356 000

　　贷：基本养老保险基金　　356 000

（六）其他收入的核算

1. 账户设置。为了反映失业保险基金的滞纳金及经财政部门核准的其他收入，经办机构应设置“其他收入”账户。滞纳金是指因缴费单位拖欠失业保险费而按规定收取的款项。本科目属于收入类账户，贷方登记收到的失业保险基金滞纳金及经财政部门核准的其他收入，借方登记结转数。期末，应将本账户余额转入“失业保险基金”账户，结转后，本账户应无余额。“其他收入”账户的结构如表 4－6 所示。

表 4－6　　其 他 收 入

借方	贷方
期末结转“失业保险基金”账户	失业保险基金的滞纳金及经财政部门核准的其他收入

2. 账务处理。经办机构收到滞纳金或经财政部门核准的其他收入时，按规定经办机构设置收入户的，借记“收入户存款”账户，贷记“其他收入”账户；按规定经办机构不设收入户的，借记“财政专户存款”账户，贷记“其他收入”账户。期末，应将“其他收入”账户余额转入“失业保险基金”科目，借记“其他收入”账户，贷记“失业保险基金”账户。

【例 4－18】7 月 25 日，某经办机构（设收入户）对某公司未按《社会保险征缴暂行条例》规定及时缴纳失业保险金，加收滞纳金 1 500 元，款已存入银行，作会计分录如下：

借：收入户存款　　1 500

　　贷：其他收入　　1 500

如果上述经办机构不设置收入户，则作会计分录如下：

借：财政专户存款　　1 500

　　贷：其他收入　　1 500

【例 4－19】12 月 31 日，某经办机构按规定办理“其他收入”贷方余额 1 万元结转，作会计分录如下：

借：其他收入　　10 000

　　贷：失业保险基金　　10 000

二、失业保险基金支出的核算

失业保险基金支出是失业保险基金的资金使用，也是失业保险基金会计核算的重要内容。失业保险基金支出包括失业保险金支出、医疗补助支出、丧葬抚恤补助支出、职业培训和职业介绍补贴支出、基本生活保障补助支出、其他费用支出、补助下级支出、上解上级支出和其他支出。

（一）失业保险金支出的核算

1. 账户设置。为了反映按规定支付给失业人员在失业期间的基本生活费用，经办机构应设置“失业保险金支出”账户。它属支出类账户，借方登记按规定支出的失业保险金，贷方登记结转数。期末，应将本账户借方余额转入“失业保险基金”账户，结转后，本账户应无余额。“失业保险金支出”账户的结构如表 4－7 所示。

表 4－7　　失业保险金支出

借方	贷方
支付的失业保险金	期末结转“失业保险基金”账户

2. 账务处理。按规定经办机构支付失业保险金时，以现金支付的，借记“失业保险金支出”账户，贷记“现金”账户；以银行存款转账支付的，借记“失业保险金支出”账户，贷记“支出户存款”账户。期末，按规定将“失业保险金支出”账户借方余额转入“失业保险基金”账户，借记“失业保险基金”，贷记“失业保险金支出”。

【例 4－20】 6 月 11 日，某社会保险经办机构以银行转账方式支付失业保险金 5.5 万元，以现金方式支付失业保险金 1 000 元，作会计分录如下：

借：失业保险金支出　　56 000
　　贷：支出户存款　　55 000
　　　　现金　　1 000

【例 4－21】 12 月 31 日，某经办机构“失业保险金支出”账户借方余额 189.73 万元办理结转，作会计分录如下：

借：失业保险基金　　1 897 300
　　贷：失业保险金支出　　1 897 300

（二）医疗补助金支出的核算

1. 账户设置。为了反映按规定支付给失业人员领取失业保险金期间的医疗费用，经办机构应设置“医疗补助金支出”账户。它属于支出类账户，借方登记按规定支付的医疗补助，贷方登记结转数。期末，应将本账户借方余额转入“失业保险基金”账户，结转后，本账户应无余额。“医疗补助金支出”账户的结构如表 4－8 所示。

表 4－8　　医疗补助金支出

借方	贷方
支付的医疗补助费	期末结转“失业保险基金”账户

2. 账务处理。按规定经办机构支付医疗补助时，借记“医疗补助金支出”账户，贷记“现金”账户或“支出户存款”账户。期末，按规定将“失业保险金支出”账户借方余

额转入“失业保险基金”账户，借记“失业保险基金”账户，贷记“医疗补助金支出”账户。

【例 4－22】 12 月 11 日，某经办机构为失业保险对象报销医药费 5 500 元。其中，4 000 元以银行存款付讫，另外 1 500 元以现金支付，作会计分录如下：

借：医疗补助金支出　　5 500

　　贷：支出户存款　　4 000

　　　　现金　　1 500

【例 4－23】 12 月 31 日，某经办机构“医疗补助金支出”账户余额 89.8 万元办理年终结转，作会计分录如下：

借：失业保险基金　　898 000

　　贷：失业保险金支出　　898 000

（三）丧葬抚恤补助支出的核算

1. 账户设置。为了反映按规定支付领取失业保险金期间死亡的失业人员的丧葬补助费用及由其供养的配偶、直系亲属的抚恤金，经办机构应设置“丧葬抚恤补助支出”账户。它属于支出类账户，借方登记按规定支付的丧葬抚恤补助费，贷方登记结转数。期末，应将“丧葬抚恤补助支出”账户的借方余额转入“失业保险基金”账户，结转后，本账户应无余额。“丧葬抚恤补助支出”账户的结构如表 4－9 所示。

表 4－9　　**丧葬抚恤补助支出**

借方	贷方
支付的丧葬抚恤补助费	期末结转“失业保险基金”账户

2. 账务处理。按规定经办机构支付丧葬抚恤补助费时，借记“丧葬抚恤补助支出”账户，贷记“现金”账户或“支出户存款”账户。期末，按规定将“丧葬抚恤补助支出”账户借方余额转入“失业保险基金”账户，借记“失业保险基金”账户，贷记“丧葬抚恤补助支出”账户。

【例 4－24】 9 月 25 日，某经办机构向纳入失业保险的某失业人员家属支付丧葬费、抚恤金 3 500 元。其中，3 000 元以银行转账支付，500 元以现金支付，作会计分录如下：

借：丧葬抚恤补助支出　　3 500

　　贷：支出户存款　　3 000

　　　　现金　　500

【例 4－25】 12 月 31 日，某经办机构年终“丧葬抚恤补助支出”账户借方余额 36 万元办理年终结转，作会计分录如下：

借：失业保险基金　　360 000

　　贷：丧葬抚恤补助支出　　360 000

（四）职工培训和职工介绍补贴支出的核算

1. 账户设置。为了反映按规定支付失业人员领取失业保险金期间接受职业培训、职业介绍的补贴，经办机构应设置“职业培训和职业介绍补贴支出”账户。它属于支出类账户，借方登记支付的职业培训和职业介绍补贴，贷方登记结转数。期末，应将“职业培训和职业介绍补贴支出”账户的借方余额转入“失业保险基金”账户，结转后，本账户应无余额。“职业培训和职业介绍补贴支出”账户的结构如表4－10所示。

表4－10　职业培训和职业介绍补贴支出

借方	贷方
支付的职业培训介绍补贴	期末结转“失业保险基金”账户

2. 账务处理。按规定经办机构支付的职业培训介绍补贴，借记“职业培训和职业介绍补贴支出”账户，贷记“现金”账户或“支出户存款”账户。期末，按规定将“职业培训和职业介绍补贴支出”账户借方余额转入“失业保险基金”账户，借记“失业保险基金”账户，贷记“职业培训和职业介绍补贴支出”账户。

【例4－26】 7月8日，某经办机构以银行转账方式向人才交流中心支付补贴款5 000元，作会计分录如下：

借：职业培训和职业介绍补贴支出　　5 000

　　贷：支出户存款　　5 000

【例7－27】 12月31日，某经办机构年终“职工培训和职业介绍补贴支出”账户借方余额35万元办理年终结转，作会计分录如下：

借：失业保险基金　　350 000

　　贷：职工培训和职业介绍补贴支出　　350 000

（五）基本生活保障补助支出的核算

1. 账户设置。为了反映按规定从失业保险基金中调剂用于进入企业再就业服务中心的国有企业下岗职工基本生活保障的支出，经办机构应设置“基本生活保障补助支出”账户。它属于支出类科目，借方登记按规定支付的国有企业下岗职工基本生活保障补助，贷方登记结转数。期末，应将“基本生活保障补助支出”账户的借方余额转入“失业保险基金”账户，结转后，本账户应无余额。“基本生活保障补助支出”账户的结构如表4－11所示。

表4－11　基本生活保障补助支出

借方	贷方
支付的国有企业下岗职工基本生活保障补助	期末结转“失业保险基金”账户

2. 账务处理。按规定经办机构支付的国有企业下岗职工基本生活保障补助，借记“基本生活保障补助支出”账户，贷记“现金”账户或“支出户存款”账户。期末，按规定将“基本生活保障补助支出”账户借方余额转入“失业保险基金”账户，借记“失业保险基金”账户，贷记“基本生活保障补助支出”账户。

【例4－28】 7月11日，某社会保险经办机构从失业保险基金中调剂用于进入企业再就业服务中心的国有企业下岗职工基本生活保障支出 36 万元，作会计分录如下：

借：基本生活保障补助支出　　360 000

　　贷：支出户存款　　360 000

【例 4 – 29】12 月 31 日，某社会保险经办机构"基本生活保障补助支出"账户借方余款 36 万元办理年终结转，作会计分录如下：

借：失业保险基金　　360 000

　　贷：基本生活保障补助支出　　360 000

（六）其他费用支出的核算

1. 账户设置。为了反映支付给农民合同制工人的一次性生活补助金及国家规定的其他费用，经办机构应设"其他费用支出"账户。它属于支出类账户，借方登记按规定支付的农民合同制工人一次性生活补助金及国家规定的其他费用，贷方登记结转数。期末，应将"其他费用支出"账户的借方余额转入"失业保险基金"账户，结转后，本账户应无余额。"其他费用支出"账户的结构如表 4 – 12 所示。

表 4 – 12　　其他费用支出

借方	贷方
支付的一次性生活补助金及其他费用	期末结转"失业保险基金"账户

2. 账务处理。按规定经办机构支付的农民合同制工人一次性生活补助金及国家规定的其他费用，借记"其他费用支出"账户，贷记"现金"账户或"支出户存款"账户。期末，按规定将"其他费用支出"账户借方余额转入"失业保险基金"账户，借记"失业保险基金"账户，贷记"其他费用支出"账户。

【例 4 – 30】9 月 24 日，某经办机构以现金一次性支付提前解除合同的农民合同制工人的生活补助费 3 000 元，作会计分录如下：

借：其他费用支出　　3 000

　　贷：现金　　3 000

【例 4 – 31】12 月 31 日，某经办机构将月终"其他费用支出"账户余额 1.5 万元办理结转，作会计分录如下：

借：失业保险基金　　15 000

　　贷：其他费用支出　　15 000

（七）补助下级支出的核算

1. 账户设置。为了反映上级经办机构拨付给下级经办机构的补助支出，经办机构应设置"补助下级支出"账户。它属于支出类账户，借方登记拨付给下级经办机构的失业保险基金，贷方登记结转数。期末，应将"补助下级支出"账户的借方余额转入"失业保险基金"账户，结转后，本账户应无余额。"补助下级支出"账户的结构如表 4 – 13 所示。

2. 账务处理。补助下级支出视下级经办机构是否设置收入户，采用不同的账务处理办法。

表 4 - 13　补助下级支出

借方	贷方
拨给下级的补助支出	期末结转“失业保险基金”账户

（1）按规定下级经办机构设置收入户。上级经办机构在拨付补助款项时，先将基金从财政专户划入同级支出户，借记“支出户存款”账户，贷记“财政专户存款”账户；然后将基金从支出户划拨到下级收入户，借记“补助下级支出”账户，贷记“支出户存款”账户。期末，将“补助下级支出”账户余额转入“失业保险基金”账户，借记“失业保险基金”账户，贷记“补助下级支出”账户。

【例 4 - 32】 8 月 15 日，某经办机构拨给下级经办机构（设收入户）失业保险基金 56.8 万元，作会计分录如下：

先将基金拨入支出户：

借：支出户存款　　568 000

　　贷：财政专户存款　　568 000

再将基金从支出户拨入下级收入户：

借：补助下级支出　　568 000

　　贷：支出户存款　　568 000

（2）按规定下级经办机构不设置收入户。上级经办机构在拨付补助款项时，将基金从上级财政专户直接拨入下级财政专户，借记“补助下级支出”账户，贷记“财政专户存款”账户。

【例 4 - 33】 8 月 27 日，某经办机构拨给下级经办机构（不设收入户）失业保险基金 89.7 万元，作会计分录如下：

借：补助下级支出　　897 000

　　贷：财政专户存款　　897 000

期末，无论采用上述哪一种账务处理办法，都应将“补助下级支出”账户余额转入“失业保险基金”账户，借记“失业保险基金”账户，贷记“补助下级支出”账户。

（八）上解上级支出核算

1. 账户设置。为了反映下级经办机构上解上级经办机构的支出，经办机构应设置“上解上级支出”账户。它属于支出类账户，借方登记上解上级经办机构的失业保险基金，贷方登记结转数。期末，应将“上解上级支出”账户的借方余额转入“失业保险基金”账户，结转后，本账户应无余额。“上解上级支出”账户的结构如表 4 - 14 所示。

表 4 - 14　上解上级支出

借方	贷方
上解的失业保险基金	期末结转“失业保险基金”账户

2. 账务处理。上解上级支出视上级经办机构是否设置收入户，采用不同的账务处理办法。

（1）按规定上级经办机构设置收入户。经办机构上解款项时，先将基金从财政专户拨入同级支出户，借记“支出户存款”账户，贷记“财政专户存款”；然后将基金从支出户拨入上级收入户，借记“上解上级支出”，贷记“支出户存款”账户。

【例 4－34】 11 月 8 日，某社保经办机构（设置收入户）向其上级经办机构上解失业基金 45.5 万元，作会计分录如下：

先将基金拨入支出户：

借：支出户存款　　455 000

　　贷：财政专户存款　　455 000

再将基金从支出户拨入上级收入户：

借：上解上级支出　　455 000

　　贷：支出户存款　　455 000

（2）上级经办机构不设置收入户。下级经办机构在上解款项时，将基金从下级财政专户直接拨入上级财政专户，借记“上解上级支出”账户，贷记“财政专户存款”账户。

【例 4－35】 12 月 31 日，某经办机构（不设收入户）向其上级经办机构上解事业保险基金 89 万元，作会计分录如下：

借：上解上级支出　　890 000

　　贷：财政专户存款　　890 000

期末，无论采用上述哪一种账务处理办法，都应将“上解上级支出”账户余额转入“失业保险基金”账户，借记“失业保险基金”账户，贷记“上解上级支出”账户。

（九）其他支出的核算

1. 账户设置。为了反映经财政部门核准开支的其他非失业保险待遇性质的支出，经办机构应设“其他支出”账户。它属于支出类科目，借方登记经财政部门批准在其他支出列支的临时借款利息及其他支出，贷方登记结转数。期末，应将“其他支出”账户的借方余额转入“失业保险基金”账户，结转后，本账户应无余额。“其他支出”账户的结构如表 4－15 所示。

表 4－15　　其　他　支　出

借方	贷方
支付的非失业保险待遇性质的支出	期末结转“失业保险基金”账户

2. 账务处理。按规定，经财政部门批准的在其他支出中列支的临时借款利息，借记“其他支出”账户，贷记“财政专户存款”账户；支付的其他支出，借记“其他支出”账户，贷记“支出户存款”账户。期末，将“其他支出”账户余额转入“失业保险基金”，借记“失业保险基金”账户，贷记“其他支出”账户。

思考与拓展

一、不定项选择题

1. 按原因分类，失业保险分为（　　）。

A. 结构性失业　　B. 摩擦性失业

C. 周期性失业　　D. 自愿性失业

2. 失业是一种社会现象，下列不属于失业的构成印数为（　　）。

A. 法定劳动年龄　　B. 劳动能力

C. 就业意愿　　D. 登记手续

3. 我国失业保险基由（　　）构成。

A. 失业保险费　　B. 利息收入

C. 财政补贴　　D. 其他收入

4. 我国失业保险基金的开支项目包括（　　）。

A. 医疗补助　　B. 职业培训与介绍

C. 丧葬补助　　D. 生产自救

5. 我国失业保险给付方式为（　　）。

A. 定额给付　　B. 按社会平均工资的一定比例给付

C. 按缴费期限长短确定给付　　D. 按本人失业前工资的一定比例给付

6. 依据我国失业保险条例规定，一名累计缴费满 5 年不足 10 年的失业者，最长可领取（　　）个月的失业保险金。

A. 24　　B. 18

C. 12　　D. 6

7. 为反映按规定支付给人才交流中心职业培训费，失业保险经办机构应设置（　　）账户。

A. 其他费用支出　　B. 失业保险金支出

C. 职工培训与介绍补贴支出　　D. 医疗补助支出

8. 为反映收到的由缴费单位缴纳的失业保险费，经办机构应设置（　　）账户予以核算。

A. 社会保险费收入　　B. 失业保险费收入

C. 其他收入　　D. 财政补贴

二、判断题

1. 我国失业保险金按照本人失业前工资的一定比例发放。（　　）

2. 财政补贴是我国失业保险基金的主要来源。（　　）

3. 失业保险基金主要用于失业保险待遇。（　　）

4. 国际劳工组织将失业保险金给付标准界定为失业者以前收入的 45% 以上。（　　）

5. 职工个人缴纳失业保险养费为的本人缴费工资的2%。（　　）
6. 失业保险养经办机构收到财政补贴时，通过收入户核算。（　　）
7. 经办机构给农民工支付一次性生活补助金时，应通过失业保险金支出账户核算。（　　）

三、简述题

1. 简述我国失业保险基本原则。
2. 简述失业保险金的计付办法。

四、案例分析题

单位应以本单位工资总额为基数缴纳失业保险费

在一次社会保险执法大检查中，劳动保障行政部门发现某公司缴纳失业保险费的基数与其工资总额存在很大的差距。劳动保障部门询问其原因，企业解释说，该企业是按支付给本企业所招用的城镇职工的工资为基数缴纳失业保险费的，基数中未包括支付给农民合同制工人的工资，劳动保障部门指出了该企业的错误，并作出了责令其补缴应缴而未缴的失业保险费的决定。

问题：劳动保障部门做出的决定妥否，为什么？

（资料来源：www. he. lss. go. cn。）

第五章
医 疗 保 险

学习要点

- ☐ 医疗保险的含义和特点
- ☐ 医疗保险模式
- ☐ 社会统筹与个人账户
- ☐ 医疗保险业务的核算

第一节
医疗保险概述

一、什么是医疗保险

医疗保险是指由国家立法，通过强制性社会保险原则和方法筹集医疗资金，向法定范围内的劳动者及其供养的亲属提供适当医疗服务的社会保险项目。

由于疾病风险的特征和医疗服务需求与供给的特殊性，使得医疗社会保险与其他社会保险项目有明显区别，具有自身的特点：

（一）医疗保险覆盖面广

医疗保险的覆盖对象原则上应是全体公民，因为疾病的风险是每个人都难以回避的，而养老、失业、工伤、生育风险的对象主要是劳动者，不是每个人都会遇到失业，发生工伤的概率更小。因此，医疗保险是社会保险体系中覆盖面最广、作用最频繁的险种。

（二）医疗保险具有服务性

医疗保险的服务性表现在：一方面，用于医疗方面的费用必须保证用于患者治病而不能移作他用，因此，医疗保险主要以免费以及部分“付费”的形式直接向被保险人提供服务或凭医疗单据支付现金补助。另一方面，医疗服务对患者一律机会均等，被保险人患病时，就医和用药都是依病情而定的，不受被保险人的收入、经济状况、职业、地位等的限制和影响。对于符合条件的每一个被保险人来说，享受医疗服务的机会和待遇是平等的。

（三）医疗保险互济性强

由于疾病的发生是随机的、突发性的，医疗保险提供的补偿也只能是短期性、随机性的，不像其他社会保险如养老保险或生育保险那样是长期性的、可预测的或一次性的。因此，医疗保险在财务处理方式上也与其他社会保险不同。医疗保险是通过在较大的群体范围内，集中社会力量，广泛筹集医疗保险基金，由医疗保险经办机构统筹并使用互助互济的手段向患病的被保险者提供医疗服务，从而保护被保险者的健康。

（四）具有复杂性

医疗保险不仅与国家的经济发展阶段及生产力发展水平有关，还涉及医疗保健服务的需求和供给。为了确保医疗保险基金的合理使用和正常运转，医疗保险还存在着设计必要的制度机制，以便对医疗服务的享受者和提供者的行为进行合理引导和控制的问题。这些是其他社会保险所没有的。

二、医疗社会保险的模式

在实行医疗保险制度的世界各国中，由于经济发展水平不同、社会制度不同，其实行的医疗社会保险制度也不同。目前，概括起来主要有以下几种模式：

（一）国家（政府）医疗保险模式

国家（政府）医疗保险模式是指政府直接举办医疗社会保险事业，通过税收等形式筹集医疗社会保险资金，采用国家财政预算的形式将医疗社会保险资金分配给医疗机构，向本国居民提供免费或低收费的服务。这种模式也称为“免费型医疗社会保险”，主要存在于西方福利国家，我国公费医疗改革之前也曾实行过这种模式。

这种模式是社会保险机构或公共医疗系统将医疗费直接支付给提供服务的医疗和其他服务提供者，患者本人同提供服务的医生和医院之间不发生经济关系。这种模式的主要特点是：医疗社会保险资金绝大部分来源于国家财政预算，政府可以根据资金投入来控制医疗费用总量，提供免费或低收费的医疗服务；医疗机构向全体人民提供免费或者低收费的医疗服务，体现了福利国家医疗保险制度的公平性和福利性；卫生资源的配置具有较高的计划性，市场机制基本不起调节作用。

这种国家保险、计划配置医疗资源的优点是，医疗保障无风险，可以最大限度地保护劳动者的健康，着眼于治病救人、救死扶伤的社会效益，符合医疗保险制度社会福利的特点。这种模式的突出问题是，医疗保障水平过高、财政不堪重负，对于经济发展的制约作用较大；医疗卫生资源的配置效率低，难以满足国民不断增长的医疗需求。

（二）医疗保险模式

医疗保险是国家通过立法的形式强制实施，要求雇主、雇员按照一定的比例缴纳医疗社会保险费，建立医疗保险基金，用于支付雇员（也包括其抚养的直系亲属）医疗费用的一种医疗保险制度。实行医疗保险的国家有德国、日本等国，我国目前基本医疗保险也属于这种模式。

医疗保险模式具有以下特点：（1）医疗保险资金主要来源于企业、个人缴纳的医疗保险费，国家一般不给予直接补贴，国家的负担相对减轻；（2）医疗保险资金的使用具有互济互助的功能。医疗保险资金由医疗保险经办机构统一筹集、管理和使用，以国家立法的形式强制推行，可以发挥社会成员互济互助的功能；个人自付一定比例的医疗费用；医疗保险大多采用现收现付制，根据“以支定收、收支平衡”的原则来确定医疗保险的缴费和支付。

这种模式的优点是，社会统筹可以充分发挥互济互助、风险分担的功能。医疗保险机构和医疗单位可以建立起约束供求双方行为的契约关系，促使医疗单位提高医疗服务质量；个人自付一定比例的医疗费用，可以增强个人节约医疗费用意识，约束医疗单位，防止造成医疗资源的浪费。

（三）储蓄型医疗保险制度

储蓄型医疗保险制度是按国家法律规定，强制个人或单位建立储蓄医疗保险基金，存入个人医疗储蓄账户，逐年积累，用于支付医疗保险费用的制度。这种医疗保险模式主要运用于完全积累制国家，如新加坡等国。

储蓄型医疗保险制度具有如下特点：医疗保险费用全部个人自付；医疗保险资金的使用不存在社会成员的转移分配；政府负担医疗社会保险费用转移支付的资金较少。

这种医疗保险制度的优点是强调了自我保障的作用，减轻了政府的负担。其缺点有两方面：一是不具备社会成员之间互济互助、风险分摊的功能；二是医疗储蓄账户积累的资金，面临着贬值的风险，有可能在将来不够应付个人医疗费用的支出。

三、医疗保险的社会意义

世界各国之所以普遍重视医疗保险，其原因在于健康不仅是每个劳动者个人的幸福，也是国家的巨大财富。当劳动者因病致使劳动能力受到限制或暂时丧失时，通过医疗保险提供的医疗服务和收入补偿等物质帮助，使其尽快恢复健康。这对劳动者个人、用人单位以及社会来说，都具有重要的意义。

首先，实施医疗保险，有利于提高劳动生产率，促进生产的发展。医疗保险是社会进步、生产发展的必要结果。反过来，医疗保险制度的建立和完善又会进一步促进社会的进步和生产的发展。一方面医疗保险解除了劳动者的后顾之忧，使其安心工作，从而可以提高劳动生产率，促进生产的发展；另一方面也保证了劳动者的身心健康，保证了劳动力正常再生产。

其次，实施医疗保险，使劳动者因病丧失劳动能力，不能参加劳动致使工资收入中断时，通过医疗保险所提供的一定程度的收入补偿，对患者的基本生活给予保障，有利于保障患病劳动者的正常生活与康复，使其能安心养病，解除由于患病带来的经济上、精神上的后顾之忧，这对调动劳动者的工作积极性，促进社会安定有着重要意义。

再次，调节收入差别，维护社会安定。医疗保险是一种重要的收入再分配的手段。通过征收医疗保险费（税）和偿付医疗保险服务费用来调节收入差别，可以促进社会公平。医疗保险对患病的劳动者给予经济上的帮助，有助于消除因疾病带来的社会不安定因素，是调整社会关系和社会矛盾的重要社会机制。

最后，促进社会文明和进步的重要手段。医疗保险是社会互助共济的社会制度，通过在参保人之间分摊疾病费用风险，体现了“一方有难、八方支援”的新型社会关系，有利于促进社会文明和进步。

四、医疗保险项目

医疗保险不仅保障疾病给人带来的直接经济损失（如医疗费用），而且为公民提供疾病预防、健康维护等公共医疗卫生服务。

医疗保险提供的保障由以下几个项目构成：

1. 医疗服务。包括住院服务、通科医师服务、专科医师服务、辅助性服务（如 X 光、化验等）、视力检查和配镜、救护车服务、护理服务、康复服务等。

2. 预防保健服务。预防保健服务一般包括牙科保健，妇女产前、产中、产后保健，计划免疫，健康体检，精神卫生等。

3. 医疗药品费用。医疗药品费用一般包括药品费和医生处方费。

4. 医疗服务设施。指与医疗技术活动非直接相关的辅助性医疗设施，如病房条件、就诊环境等。

上述各种医疗项目，具体哪些应该成为医疗保险的给付项目，取决于以下因素：经济资源的可得性；目前的医疗服务基础设施和服务质量；对卫生保健优先重点的评估；保险人群的疾病类型及其对各类服务的利用率；费用分担的水平和种类；卫生服务的成本等。

一般来说，各国的医疗保险项目，包括各种治疗性服务、辅助性服务和基本药物等。为达到个人安逸的医疗服务、美容性质的医疗服务、特殊需求的医疗服务、滋补药品等，都不在医疗保险给付项目之列。

医疗保险给付项目的发展趋势是：（1）医疗给付项目从过去单纯的治疗性服务向包括预防、康复在内的综合性医疗服务发展。（2）在发展中国家，由于卫生资源的缺乏，医疗保险给付将“初级医疗保健”或“一揽子基本医疗服务”作为核心项目。（3）医疗保险给付对药物的范围加强限制。许多国家的医疗保险项目中，只有处方药才是给付项目，非处方药则不是给付项目。有些国家的给付只包括世界卫生组织规定的基本药物。

总之，医疗保险给付的趋势是提供更加全面的医疗待遇，同时通过基本医疗保险项目，限制花钱较多又非基本的各种项目。

五、我国现行城镇职工与居民医疗保险制度的主要内容

1998 年底，国务院在总结各地医疗保险制度改革试点经验的基础上，颁布了《国务院关于建立城镇职工基本医疗保险制度的决定》，在全国范围内进行城镇职工医疗保险制度改革。2007 年 7 月国务院下发《关于开展城镇居民基本医疗保险试点的指导意见》，逐步在全国城镇全面实行城镇居民基本医疗保险制度。经过多年探索与努力，截至 2011 年底，全国参加城镇基本医疗保险人数为 47 343 万人，比上年末增加 4 080 万人。其中，参加城镇职工基本医疗保险人数 25 227 万人，比上年末增加 1 492 万人；参加城镇居民基本医疗保险人数为 22 116 万人，比上年末增加 2 588 万人，覆盖城镇居民的基本医疗保险制度已初步建立。

（一）城镇职工基本医疗保险制度

1. 原则。基本医疗保险的水平要与社会主义初级阶段生产力发展水平相适应；城镇所有用人单位及其职工都要参加基本医疗保险，实行属地管理；基本医疗保险费由用人单位和职工双方共同负担；基本医疗保险基金实行社会统筹和个人账户相结合。

2. 覆盖范围与统筹单位。城镇所有用人单位，包括企业（国有企业、集体企业、外商投资企业、私人企业等）、机关、事业单位、社会团体、民办非企业单位及其职工，都要参加基本医疗保险。乡镇企业职工、城镇个体经济组织业主及其从业人员是否参加基本医疗保险，由各省、自治区、直辖市人民政府决定。

基本医疗保险原则上以地级以上行政区（包括地、市、州、盟）为统筹单位，也可以县（市）为统筹单位（以下简称统筹地区）。所有用人单位及其职工都要按照属地管理原则参加所在统筹地区的基本医疗保险，执行统一政策，实行基本医疗保险基金的统一筹集、使用和管理。铁路、电力、远洋运输等跨地区流动性较大的企业及其职工，可以相对集中的方式异地参加统筹地区的基本医疗保险。

3. 缴费办法。基本医疗保险费由用人单位和职工共同缴纳。用人单位缴费率应控制在职工工资总额的6%左右，职工缴费率一般为本人工资收入的2%。随着经济的发展，用人单位和职工缴费率可作相应调整。

4. 实行建立基本医疗保险统筹基金和个人账户。基本医疗保险基金由统筹基金和个人账户构成。职工个人缴纳的基本医疗保险费，全额计入个人账户；用人单位缴纳的基本医疗保险费分个两部分，一部分用于建立统筹基金，另一部分划入个人账户。划入个人账户的比例一般为用人单位缴费的30%左右，具体比例由统筹地区根据个人账户的支付范围和职工年龄等因素确定。

统筹基金和个人账户要划定各自的支付范围，分别核算，不得互相挤占。要确定统筹资金的起付标准和最高支付限额，起付标准原则上控制在当地职工年平均工资的10%左右，最高支付限额原则上控制在当地职工年平均工资的4倍左右。起付标准以下的医疗费用，从个人账户中支付或由个人自付。起付标准以上、最高支付限额以下的医疗费用，主要从统筹基金中支付，个人也要承担一定比例。超过最高支付限额的医疗费用，可以通过商业医疗保险等途径解决。统筹基金的具体起付标准、最高支付限额以及在起付标准以上和最高支付限额以下医疗费用的个人负担比例，由统筹地区根据以收定支、收支平衡的原则确定。

5. 健全基本医疗保险基金的理和监督机制。基本医疗保险基金纳入财政专户管理，专款专用，不得挤占挪用。

社会保障经办机构负责基本医疗保险基金的筹集、管理和支付，并要建立健全预决算制度、财务会计制度和内部审计制度。社会保险经办机构的事业经费不得从基金中提取，由各级财政预算解决。

基本医疗保险基金的银行计息办法：当年筹集的部分，按活期存款利率计息；上年结转的基金本息，按3个月期整存整取银行存款利率计息；存入社会保障财政专户的沉淀资金，比照3年期零存整取储蓄存款利率计息，并不低于该档次利率水平。个人账户的本金和利息归个人所有，可以结转使用和继承。

各级劳动保障和财政部门，负责对基本医疗保险基金的监督管理；审计部门负责定期对社会保险经办机构的基金收支情况和管理情况进行审计。统筹地区设立由政府有关部门代表、用人单位代表、医疗机构代表、工会代表和有关专家组成的医疗保险基金监督组织，负责对基本医疗保险基金实施社会监督。

6. 医疗服务项目。劳动保障部会同卫生部、财政部等有关部门制定基本医疗药品的范围、标准和医药费用结算办法，制定国家基本医疗保险药品目录、诊疗项目、医疗服务设施标准及相应的管理办法；各省、自治区、直辖市劳动保障行政管理部门根据国家规定，会同有关部门制定本地区相应的实施标准和办法。

基本医疗保险实行定点医疗机构（包括中医医院）和定点药店管理。劳动保障会同卫生部、财政部等有关部门制定定点医疗机构和定点药店的资格审定办法。社会保险经办机构根据中西医并举，基层、专科和综合医疗机构兼顾，方便职工就医的原则，负责确定定点医疗机构和定点药店，并同定点医疗机构和定点药店签订合同，明确各自的责任、权利和义务。在确定定点医疗机构和定点药店时，职工可选择若干定点医疗机构就医、购药，也可持处方在若干定点药店购药。国家药品监督管理局会同有关部门制定定点药店购药管理办法。

（二）城镇居民基本医疗保险制度

1. 原则。坚持低水平起步，根据经济发展水平和各方面承受能力，合理确定筹资水平和保障标准，重点保障城镇非从业居民的大病医疗需求，逐步提高保障水平；坚持自愿原则，充分尊重群众意愿；明确中央和地方政府的责任，中央确定基本原则和主要政策，地方制订具体办法，对参保居民实行属地管理；坚持统筹协调，做好各类医疗保障制度之间基本政策、标准和管理措施等的衔接。

2. 参保范围。不属于城镇职工基本医疗保险制度覆盖范围的中小学阶段的学生（包括职业高中、中专、技校学生）、少年儿童和其他非从业城镇居民，都可自愿参加城镇居民基本医疗保险。

3. 缴费和补助。城镇居民基本医疗保险以家庭缴费与政府补助相结合。参保居民按规定缴纳基本医疗保险费，享受相应的医疗保险待遇，有条件的用人单位可以对职工家属参保缴费给予补助。国家对个人缴费和单位补助资金实行税收鼓励政策。

对参保居民，政府每年按不低于人均40元给予补助，其中，中央财政从2007年起每年通过专项转移支付，对中西部地区按人均20元给予补助。在此基础上，对属于低保对象的或重度残疾的学生和儿童参保所需的家庭缴费部分，政府原则上每年再按不低于人均10元给予补助，其中，中央财政对中西部地区按人均5元给予补助；对其他低保对象、丧失劳动能力的重度残疾人、低收入家庭60周岁以上的老年人等困难居民参保所需家庭缴费部分，政府每年再按不低于人均60元给予补助，其中，中央财政对中西部地区按人均30元给予补助。中央财政对东部地区参照新型农村合作医疗的补助办法给予适当补助。财政补助的具体方案由财政部门商劳动保障、民政等部门研究确定，补助经费要纳入各级政府的财政预算。

4. 费用支付。城镇居民基本医疗保险基金重点用于参保居民的住院和门诊大病医疗支出，有条件的地区可以逐步试行门诊医疗费用统筹。

阅读资料

基本医疗卫生

国家建立基本医疗卫生制度，为城乡居民提供安全、有效、方便、价廉的基本医疗卫生服务，切实保障人民群众身体健康。

“十二五”时期，政府提供如下基本医疗卫生服务：

◆ 为城乡居民免费提供居民健康档案、健康教育、预防接种、传染病防治、儿童保健、孕产妇保健、老年人保健、高血压等慢性病管理、重性精神疾病管理、卫生监督协管等国家基本公共卫生服务；

◆ 实施国家免疫规划，艾滋病和结核病、血吸虫病等重大传染病防治，农村妇女住院分娩补助、适龄妇女宫颈癌乳腺癌检查等重大公共卫生项目；

◆ 实施国家基本药物制度，基本药物全部纳入基本医疗保障药物报销目录，并实行零差率销售；

◆ 为公众安全用药提供保障，确保药品质量和安全。

按照人人享有基本医疗卫生服务的目标要求，加快建立健全公共卫生服务体系、城乡医疗服务体系、药品供应和安全保障体系，提高基本医疗卫生服务的公平性、可及性和质量水平。

——公共卫生服务。全面实施国家基本公共卫生服务项目，逐步提高人均基本公共卫生服务经费标准。实施国民健康行动计划，根据经济社会发展水平和疾病防治工作需要，逐步增加重大公共卫生服务项目。完善重大疾病防控、计划生育、妇幼保健等专业公共卫生服务网络，提高对严重威胁人民健康的传染病、慢性病、地方病、职业病和出生缺陷等疾病的监测、预防和控制能力。完善卫生监督体系，建立食品安全标准及风险评估、监测预警、应急处置体系和饮用水卫生监督监测体系。依托县级医院实施农村院前急救网络建设。加强突发公共事件紧急医学救援能力和突发公共卫生事件监测预警、应急处理能力建设。积极发展中医预防保健服务。

——医疗服务。完善区域卫生规划。按照“大病不出县”、“小病不出社区”的要求，加强以县级医院为龙头、乡镇卫生院和村卫生室为基础的农村三级医疗卫生服务网络建设，健全以社区卫生服务为基础，社区卫生服务机构、医院和预防保健机构分工协作的城市医疗卫生服务体系。扩大城乡医院对口支援力度，推行乡村卫生服务一体化管理。加快建立分级诊疗、双向转诊和全科医生首诊制度。巩固和完善国家基本药物制度，推进基层医疗卫生机构综合改革，建立多渠道补偿机制，完善人事分配制度、考核和激励机制。积极推动公立医院改革，完善医院管理体制、法人治理机制、补偿机制和医疗机构分类管理制度。加强医疗服务监管，制定实施鼓励医疗卫生人才到基层服务的政策措施。推动形成多元化办医格局。统筹利用中西医卫生资源，加强中医（民族医）医疗服务机构能力建设，提高综合医院和专科医院中西医结合的服务能力。

——药品供应和安全保障。建立和完善以国家基本药物制度为基础的药品供应保障体系。政府办基层医疗卫生机构集中采购、统一配送、全部配备使用和零差率销售基本药物，逐步将村卫生室纳入基本药物制度实施范围，鼓励在非政府办基层医疗卫生机构实施基本药物制度，推动其他医疗机构优先使用基本药物。完善基本药物价格形成机制和调整机制，动态调整基本药物目录。鼓励提供与使用中医药。完善基本药物报销办法，逐步提高实际报销水平。全面提高国家药品标准，建立健全基本药物质量评价标准。完善药品检验检测体系，实行国家基本药物全品种覆盖抽验和全品种电子监管，提升对基本药物从生产到流通全过程追溯的能力。健全药品安全应急体系，强化快速通报和快速反应机制，完善药品不良反应监测和发布制度。

（资料来源：《国务院关于印发国家基本公共服务体系“十二五”规划的通知》，中国政府网。）

第二节 医疗保险基金的筹集

医疗保险基金是国家和社会依法通过各种渠道筹集的用于支付被保险人医疗服务开支的专项资金。医疗保险基金的筹集是医疗保险制度运行的起点。但是，医疗保险模式不同，基金的筹集机制又有所不同。本节主要讨论医疗社会保险模式下的医疗保险基金的筹集原则、构成和计征方式。

一、医疗保险基金筹集的原则

医疗社会保险是将法定范围内的医疗保险费集中起来，建立医疗保险基金，用于支付被保险人医疗费用的一种社会保险制度。为了保证医疗社会保险制度的有效性，医疗保险基金筹资应遵循以下两个原则：

（一）个人、单位、国家三方合理负担原则

医疗社会保险是以社会劳动者的身体健康和疾病医疗作为特定保障内容的，其在消费过程中具有明显的准公共产品的性质。对患有疾病的人来说，医疗服务的受益人是确定的。从这个角度看，医疗服务具有私人消费的特征，患者是应该付费的。但是，医疗服务又具有显著的外部性，客观上也需要以社会保险的形式出现，并由国家和社会为之适当付费；疾病发生的随机性、突发性和医疗费用的难以预料性要求社会成员来共同防范疾病风险。对雇主来说，职工身体健康是人力资本的重要组成部分，职工身体的好坏直接影响到企业劳动生产率的高低。对于国家和民族而言，劳动者身体健康是国家强盛的根本，它直接意味着劳动力素质的提高、经济的增长、社会的稳定和民族的昌盛。所以，医疗社会保险是一种公共需要，对被保险人本人、雇主和国家都是必要的。因此，医疗社会保险基金的负担方式应该是：（1）个人和单位作为医疗保险服务的直接或间接受益人，应承担医疗保险资金的主要部分；个人缴纳的最高保险费应控制在不致其生活困难的范围之内；单位缴纳的保险费应适当高于职工缴纳的保险费总额，但不能妨碍资本的正常积累。

（2）政府作为医疗保险的总担保人承担最终的经济责任，在特殊的情况下对医疗保险提供补贴。政府补贴的主要形式包括：用于弥补社会保险基金赤字的补贴；为政府雇员缴纳保险费；对没有能力缴费的个人（如老人、低收入者）提供补贴等。

（二）以支定收、收支平衡、略有节余原则

由于疾病发生的随机性、突发性，医疗保险基金支出不像其他社会保险那样可以预先确定，医疗保险应采用现收现付制，即通过以支定收，实现社会保险收支出在年度内基本平衡、略有节余的筹资模式。这样做的必要性是：（1）由于科学技术的进步，医疗保险支出呈跳跃式的超速增长态势，客观上需要经常调整保险费率；（2）有助于保险费随物价或收入的波动而调整，可以避免货币贬值的风险；（3）通过收入调节与再分配，在一定程度上有助于体现社会保险的共济性与福利性；（4）为防止短期内可能出现的收支波动采取现收现付制的医疗保险基金一般也要保留必要的储备基金。如德国的流动储备基金一般在0.5%～1%之间。

二、医疗保险基金的构成

为了尽量扩大保险覆盖面，保证医疗服务的资金需要，多数实行社会医疗保险制度的国家都建立起了混合型的筹资机制。一般而言，医疗社会保险基金由以下几项构成：（1）单位（雇主）缴纳部分；（2）职工（雇员）缴纳部分；（3）自由职业者缴纳部分；（4）其他公民缴纳部分；（5）政府补助和税收减免；（6）利息收入；（7）其他。

从医疗社会保险基金的内部比例看，单位与职工的共同缴款、政府补助和税收减免是医疗社会保险的主要资金来源，其他各项资金来源仅仅是辅助性的来源，其中单位与职工的共同缴款是最重要的资金来源。例如，在以社会保险筹资为主的国家（德国、法国、荷兰、日本等国），医疗保险基金的50%以上来自雇主与雇员的共同缴款。1990年，德国的这一比例为63%，法国为71%，荷兰为73%。

三、医疗保险基金的计征

（一）医疗保险基金计征的一般方式

医疗社会保险基金的资金来源不同，相应的计征方式也有所不同。下面重点介绍社会保险缴款和政府补贴的计征方式。

1. 社会医疗保险缴款的计征方式。社会医疗保险缴款的计征方式主要有与工资挂钩的保险缴款、以收入为基础的保险缴款和统一费额的保险缴款等。

（1）与工资挂钩的保险缴款。该方式是指单位和职工按工资总额的一定比例缴纳保险金。这种方式目前在世界上最为普遍，它可以按照统一的比率征收，也可以采用对不同水平的工资征收不同数量缴款的办法。与工资挂钩的保险缴款计征方式的优点是：能够充分考虑每个人的支付能力，使每个人都能支付得起医疗保险费；有利于控制医疗保险筹资与工资收入的相对水平；有利于建立随工资水平变化而相应调整医疗保险筹资水平的自然调整机制；具有较强的收入再分配作用；计算简单，易于操作。

医疗社会保险缴费额的计算公式为：

医疗社会保险缴费额＝工资总额×缴费率

$$医疗社会保险缴费率=\frac{医疗保险待遇+管理费+必要的储备基金}{被保险人的工资总额}$$

但是，与工资挂钩的保险缴款方式也具有明显的缺点：第一，收入不同的人在缴款额上可能存在很大的差异，从而违反了投保者权利与义务相对等的原则；第二，非劳动收入（如分红、利息、租金、资本收益）不纳入保险缴款的征收基数，当职工有较多工资外收入时，这种缴款方式就有失公平。所以，采用这一筹资方式，公平性是主要问题。

（2）以收入为基础的保险缴款。该方式同与工资挂钩的保险缴款方式类似，主要区别是计算保险金的基础不同。工资只是个人总收入的一个组成部分，所以以收入为基础的保险缴款方式更加趋于公平。但是，由于个人总收入难以估算，特别是对于那些自营职业者，所以，该方式的公平作用难以有效发挥。

（3）统一费额的保险缴款。该方式是指法律规定的参加医疗保险的每一个缴款人都必须缴纳金额相等的保险费，而与缴款者的收入无关。这一计征方法的优点是简便易行、便于操作；缺点是，一些社会人群（如穷人、残疾人等）无力支付保险费，全面征收会遇到一定的困难，存在严重的累退性，对收入再分配作用较弱。

2. 政府补贴形式。政府补贴的主要形式包括：

（1）用于弥补保险基金赤字的补贴。这只能作为一种临时性措施，一旦成为长期的措施，政府补贴就会越来越多，这既会增加政府的财政负担，也会使医疗保险的筹资机制发生实质性转变，即从以社会筹资为主转化为以政府补贴为主，社会医疗保险名存实亡。

（2）用于弥补某些人群医疗费用的补贴。这是政府为收入低下而无力缴纳正常保险费的人（如老年人、残废人、低收入家庭等）支付的保险费。这种补贴的目的在于扩大医疗保险覆盖面，保证医疗保险筹资的相对公平性。

（3）用于某些投资项目的补贴。其本身并不直接补贴社会医疗保险计划，目的在于调节医疗保险服务的供给能力。补贴规模取决于一国的经济体制、财政状况、卫生支出在预算中的优先地位等。

（4）用于弥补由社会医疗保险计划提供某些服务项目（如计划免疫等）的补贴。目的是支付无保险者的相关费用，或支付一些与医疗并无太大关系而出于政治动机提供服务的费用（如生育补贴）。这种补贴不常发生，但很重要。

（5）税收减免。这是一种间接的政府补贴。例如，如果保险缴款在税前所得中缴纳，会减少政府的税收收入，这就等于政府拿出了同等数量的资金补贴医疗保险。税收减免在公平性方面存在一些问题，因为如果福利计划只覆盖相对富裕的人群，这些富裕人群就同时享受了非常可观的税收减免，而贫穷人群既享受不了医疗保险，更享受不到这些税收优惠。

（二）我国城镇医疗社会保险基金的计征

我国城镇职工医疗社会保险基金以“以支定收、略有节余”为筹集原则，由国家、单位、个人三方共同缴纳。医疗社会保险缴款实行与工资挂钩的保险缴款方式。其中，城镇职工基本医疗保险费用由用人单位和职工个人共同缴纳，具体缴费率由各地根据实际消费水平和经济发展情况确定，但缴费率不超过在职工工资的10%。一般来说，用人单位的缴费率控制在职工工资总额6%左右，职工本人的缴费率一般为个人工资收入的2%，并随经济发展和工资水平的逐步提高而调整。城镇个体户医疗保险费由个人缴纳。

与个人账户和社会统筹相结合的医疗保险制度相适应，医疗保险缴费分别计入个人账户和社会统筹基金。其中，职工个人缴纳的全部基本医疗保险费和用人单位为职工缴纳的基本医疗保险费的30%左右，计入个人账户，用于支付职工本人的医疗费用；用人单位为职工缴纳的其他基本医疗保险费，用于建立社会统筹基金，实行统一筹集、统一管理、统一调剂、统一使用。建立职工基本医疗保险统筹基金，可以实现医疗保险基金的互助共济、统筹调剂，较好地分散风险、均衡负担，有助于实现社会公平。个人医疗账户有利于强化对供需双方的制约作用。

第三节
医疗保险基金的支出

医疗社会保险基金支出，是医疗社会保险机构作为付款人，依法为被保险人支付医疗费用，对相应的医疗服务机构进行经济补偿的行为和过程。医疗社会保险基金支出涉及医疗服务提供者、患者和医疗社会保险机构（第三方付费人）三方的经济关系。医疗保险资源通过费用支付环节流向医疗服务提供者，成为后者的经济来源。

一、医疗保险基金支出的原则

医疗保险基金支出的规模与结构合理与否，直接关系到医疗保险的保障能力和水平，影响到医疗保险的成败。世界各国医疗保险的经验与教训表明：医疗费用急剧增长是世界各国共同面临的难题，医疗保险的支出方式是影响医疗费用的最重要的因素。因此，选择合理的支出方式是提高医疗保险支出效率的关键。为此，医疗社会保险支出应遵循以下原则：前瞻性付费、个人适当分担医疗费用以及严格医疗给付原则。

（一）前瞻性付费原则

前瞻性付费或预付制原则，是指医疗社会保险机构作为第三方付费人，预先确定医院、被保险人以及费用标准，定期向医院或医生支付一笔数量的医疗费用。实行前瞻性付费原则，医疗保险机构可以有效控制医疗费用的过快增长，强迫医疗服务提供者承担经济风险，自觉规范医疗行为。同时，医疗保险通过预先付款，又可使医疗服务提供者获得一笔相对稳定并可预见的周转资金。由于把这部分资金的使用、管理权交给了医院和医生，可以调动供方合理使用医疗保险资源的积极性，从而能达到既控制费用又保证医疗服务质量的目的。目前，多数国家都采用了前瞻性付费制度。

前瞻性付费具体有总额预算制、按人头付费、定额付费和按病种分类付费等支付方式。

1. 总额预算制。总额预算制是指由医疗保险机构根据与医院协商确定的年度预算总额进行支付。特点是医院必须为前来就诊的所有被保险人提供合同规定的服务，但收费不能随服务量的增加而增加；如果服务费用超出了年度总预算，医疗保险机构不再追加支付，亏损由医院自负。实行这种支付方式的优点是，保险机构能够较好地控制医疗费用，但必须合理确定医院的年度预算，考虑的因素包括医院的规模、服务数量和质量、设备设施的情况、服务地区的人口密度、人群死亡率情况、通货膨胀等。预算总额一般一年协商调整一次。

2. 按人头付费。即由医疗保险机构根据医院或医生服务的被保险者人数，定期向医院或医生支付一笔固定的费用。在此期间，医方负责提供合同规定的一切医疗服务，不再另行收费。按人头定额付费是一定时期一定人数的医疗费用包干制。其特点是，医疗服务提供方服务的被保险者人数越多，收入就越多；提供的医疗服务越多，收益越少。这种支付方式能够鼓励医疗机构和医生以较低的医疗费用为更多的人提供服务，鼓励医疗资源流向预防服务。但是，按人头付费制也有缺点，即可能出现提供者为节省费用而减少服务提供或降低服务质量的现象。

3. 定额付费。是指按照预先确定的住院日费用标准支付住院病人每天的费用，按预定的每次费用标准支付门诊病人的费用。特点是对同一医院所有病人的每日住院或每次门诊费用支付都是相同的、固定的，与每个病人每日或每次治疗的实际花费无关。实行这种支付方式，能够鼓励医院或医生降低每住院日和每次门诊的成本，但不利于缩短平均住院日和减少就诊的次数。因此，也可同时核定住院天数，即对每一出院病人支付相同数额的费用。

4. 按病种分类付费。即按诊断的住院病人的病种进行定额预付，其特点是医疗保险支付给每个住院病人的费用只与诊断的病种有关，而与服务质量和每个病人的实际费用无关。因此，这种支付方式可以激励医院为获得利润而主动降低成本，缩短平均住院日，有利于费用控制。缺点是当诊断界限不明时，容易诱使医生让病人住院或手术，以获得较多的费用支付；制定费用标准的过程复杂，调整频繁，管理成本过高。

（二）个人适当分担医疗费用原则

个人适当分担医疗费用，是指社会保险机构让接受医疗保险服务的被保险人自付部分医疗费，其目的是防止因被保险人对医疗服务过度需求而造成的医疗费用过快增长。个人分担医疗费用的方式有：

1. 定额自付，指被保险人每得到一次门诊或住院服务，都自付一定数量的医疗费用。

2. 扣除保险，指被保险人在就医时先支付一笔固定的费用，其余费用全部或部分由社会保险机构支付。自付的医疗费用水平又称“起付线”或“起保线”。实行这种办法，可以减少处理大量的小额支付手续和管理成本，也有利于控制参保人可能出现的浪费行为。

3. 共付保险，指被保险人在医疗服务机构为其支付医疗费用的同时，本人也要支付一定比例的费用。其优点是在降低医疗服务价格的同时，仍能促使病人去寻求较便宜的医疗服务。

4. 限额保险，指保险机构设立最高支付限额，超出这一限额的医疗费用由病人自己负担。这个最高支付限额是医疗社会保险支付的“封顶线”。

医疗社会保险费用分担的各种形式并不是完全独立的，通常被结合起来加以运用。

（三）严格医疗给付原则

医疗社会保险基金支出规模与医疗保险的给付有着直接的关系。因此，医疗保险基金支出应坚持严格医疗给付原则。

医疗保险的给付，是指被保险人生病后，医疗保险机构按照事先规定的条件和待遇标准，向被保险人提供医疗服务或为其报销医疗费用。医疗保险的给付条件是：被保险人获得医疗服务给付的资格、履行必要的手续及遵守相关规章制度，如凭证医疗、定点就医、逐级转诊等。被保险人生病时，只有符合事先规定的给付条件，才能获得医疗保险的医疗给付。医疗保险待遇标准是指法律规定的被保险人能够享受的医疗给付水平。这里有两层含义：一是在法律上，所有被保险人都有享有同等待遇的权利。如果被保险人被剥夺了这种权利，可以去法庭申诉。这是医疗保险的法律基础。二是被保险人实际得到的待遇，依被保险人的病情需要而定，并非人人均等。医疗保险给付的待遇标准不是一成不变的，随着医疗需要的变化以及经济的发展，标准也可以作相应的调整，但在某一特定时点，待遇标准必须得到完全执行。

二、医疗保险基金支出的管理

1998 年，《国务院关于建立城镇职工基本医疗保险制度的决定》（下面简称《决定》）的颁布，标志着一个新的以统账结合为特征的医疗社会保险制度的建立和医疗保险基金的形成。对医疗保险基金支出的管理通常包括以下内容：

（一）划定社会统筹基金和个人账户的支付范围

社会统筹基金和个人账户的支付范围要分别核算，不能相互挤占。个人账户主要支付门诊或小病医疗费，统筹基金支付住院或大病医疗费。为了有效遏制浪费医疗保险资源的行为，实行统账结合的基本医疗保险制度，还必须明确统筹基金的起付标准和最高支付限额。按照《决定》，统筹基金起付线原则上控制在当地职工年平均工资的10%左右，封顶线原则上控制在当地职工年平均工资的 4 倍左右。

（二）明确基本医疗保险的服务范围和标准

如前所述，基本医疗保险的服务范围和标准直接制约着医疗社会保险基金支出的规模。因此，制定合理的服务范围和标准是加强医疗社会保险基金支出管理的一项基础性工作。

我国基本医疗保险的服务范围和标准包括保险药品、诊疗项目、医疗服务设施。国家通过制定基本医疗保险药品目录、诊疗项目范围和医疗服务设施标准来对之实施管理。（1）药品范围和标准。纳入国家《基本医疗保险药品目录》的药品，是临床必需、安全有效、价格合理、使用方便、市场能够保证供应的药品，并具备下列条件之一：《中华人民共和国药典》收载的、符合国家药品监督管理部门颁发标准的、国家药品监督管理部门批准正式进口的药品。（2）保险诊疗项目。纳入国家《基本医疗保险药品目录》的诊疗项目是临床诊疗必需、安全有效、费用适宜的诊疗项目；由物价部门制定了收费标准的诊疗项目；由定点医疗机构为参保人员提供的定点医疗服务范围。（3）医疗服务设施的范围和标准。基本医疗保险服务设施是指由定点医疗机构提供的参保人员在接受诊断、治疗和护理过程中必需的生活服务设施，主要包括病房、病床等。基本医疗保险基金的支付标准由各统筹地区劳动保障行政部门制定。

（三）将基本医疗保险基金纳入单独的社会保障基金财政专户，实行“收支两条线”管理

为了加强对基本医疗保险基金的管理和监督，保证职工基本医疗保险基金的专款专用和合理有效使用，在国家社会保障预算制度建立以前，职工基本医疗保险基金纳入单独的社会保障基金财政专户，实行“收支两条线”管理。其必要性是：（1）职工基本医疗保险基金是以政府信誉强制征收的、用于职工基本医疗保险的专项基金，财政应该对职工基本医疗保险实行严格的管理和有效的监督。（2）财政要对医疗保险基金承担最后责任，部分职工基本医疗保险基金也直接或间接来源于国家财政。（3）将职工基本医疗保险基金纳入财政专户管理，可以将职工基本医疗保险基金支出置于财政部门、劳动保障部门和金融部门的监控之下，有利于建立起完善有效的相互制约机制。

（四）加快医疗机构改革，提高医疗保险基金支出的使用效益

1. 对提供基本医疗服务的医疗机构和药店实行定点管理，引进竞争机制，职工可以在定点医院就医、购药，也可以在定点药店购药。

2. 对医院实行医药分开核算，分别管理，节余上缴，合理返还的管理办法，遏制“以药养医”、医药不分、垄断经营和药品经销中的不正之风。

3. 对医疗机构进行调整、改革，分流富余人员，并在进行经济运行分析和成本核算的基础上，合理提高医疗技术收费价格，体现劳务技术价值。

4. 积极发展社区卫生服务，将社区卫生服务中的一些项目纳入基本医疗保险范围，实现“小病在社区，大病进医院”。

阅读资料

2009年版国家基本医疗保险药品目录

人力资源社会保障部2009年11月30日正式发布了2009年版《国家基本医疗保险、工伤保险和生育保险药品目录》（以下简称《药品目录》），将《国家基本药物目录》中的治疗性药品全部纳入《药品目录》甲类部分。

新版《药品目录》是基本医疗保险、工伤保险和生育保险基金支付参保人员药品费用和强化医疗保险医疗服务管理的政策依据及标准。《药品目录》分西药、中成药和中药饮片三部分。其中，西药部分和中成药部分用准入法，规定基金准予支付费用的药品，基本医疗保险支付时区分甲、乙类，工伤保险和生育保险支付时不分甲、乙类；中药饮片部分用排除法，规定基金不予支付费用的药品。

按照规定，统筹地区对于甲类药品，各地需按照基本医疗保险的规定全额给付，不得再另行设定个人自付比例。对于乙类药品各地可根据基金承受能力，先设定一定的个人自付比例，再按基本医疗保险的规定给付。

新版《药品目录》中，西药和中成药品种共2 151个。西药部分共有药品1 164个，其中甲类349个，乙类791个，另有20个仅限工伤保险用药，4个仅限生育保险用药；中成药部分共有药品987个，其中甲类154个、乙类833个。

据人力资源社会保障部医疗保险司有关人员介绍，与2004年版《药品目录》相比，新版《药品目录》主要有以下几个方面的变化：

一是把《国家基本药物目录》中的药品，全部纳入《药品目录》甲类部分。按照规定，甲类目录的药品参保人员不设个人自付比例且各地不得进行调整，保证了国家基本药物的报销比例高于非基本药物。

二是适当增加了新药品种。与2004年版药品目录相比，新版《药品目录》共增加了260个药品，增幅为13.7%，其中甲类药品增加了53个，增幅为11.8%。

三是对原《药品目录》中部分可以被更好的药物替代或无人使用的药品予以调出，使《药品目录》的结构更趋合理。

四是加强对医疗机构用药的管理。明确每一最小分类下的同类药品不得叠加使用，对部分易滥用的药品在支付范围上进行了限定。

五是对目录外的临床紧急抢救和特殊疾病治疗必需的药品，要求各地要建立定点医疗机构申报制度并明确相应的审核管理办法，保证参保患者的治疗需要。

（资料来源：人民网，2009年11月30日。）

第四节　医疗保险基金的核算

医疗保险基金的核算，可以全面、完整地反映基金收支的构成及其规模，为考核医疗保险基金的预算执行情况、加强基金的管理提供有价值的会计信息。依据“统账结合”的原则，我国基本医疗保险基金分别按社会统筹和个人账户设置收支类总账科目；在总账账户中，再按收入来源渠道和支出去向设置明细账户。

一、医疗保险基金收入的核算

医疗保险基金收入是医疗保险基金的资金来源，也是医疗保险基金会计核算的主要内容。我国基本医疗保险基金收入包括基本医疗保险费收入、利息收入、财政补贴收入、转移收入、上级补助收入、下级上解收入和其他收入。按“统账结合”原则，基本医疗保险基金收入分别形成基本医疗保险统筹基金收入和医疗保险个人账户基金收入。

基本医疗保险统筹基金收入包括按规定计入统筹账户的缴费单位缴纳的基本医疗保险费、统筹账户基金利息收入、财政补贴收入、上级补助收入、下级上解收入和其他收入；医疗保险个人账户基金收入包括按规定计入个人账户的缴费单位缴纳的基本医疗保险费、缴费个人缴纳的基本医疗保险费、个人账户利息收入和转移收入。

为了核算基本医疗保险基金的收入业务，需要设置基本医疗统筹基金收入、医疗保险个人账户基金收入、待转保险费收入和待转利息收入这4个收入类总账账户。

（一）基本医疗保险统筹基金收入的核算

为了反映按规定计入基本医疗保险统筹基金的各项收入，经办机构应设置“基本医疗保险统筹基金收入”账户。它属于收入类账户。贷方登记按规定记入基本医疗保险统筹基金的各项收入，借方登记结转数。期末，应将本账户余额转入“基本医疗保险统筹基金”账户，借记“基本医疗保险统筹基金收入”账户，贷记“基本医疗保险统筹基金”账户。结转后，本账户应无余额。“基本医疗保险统筹基金收入”账户的结构可用表5－1表示。

表5－1　　基本医疗保险统筹基金收入

借方	贷方
期末结转“医疗保险统筹基金”账户	收到的各项医疗保险统筹收入

“基本医疗保险统筹基金收入”账户按资金来源设置下列6个明细分类账，进行分类核算：

- 基本医疗保险费收入，核算税务机关或经办机构向缴费单位征收的、按规定计入基本医疗保险统筹基金的基本医疗保险费。
- 利息收入，核算用基本医疗保险基金购买国家债券或存入银行取得、按规定计入基本医疗保险统筹基金的利息收入。
- 财政补贴收入，核算同级财政给予基本医疗保险基金的补贴。
- 上级补助收入，核算下级经办机构接收上级经办机构拨付的基本医疗保险基金补助收入。
- 下级上解收入，核算上级经办机构接收下级经办机构上解的基本医疗保险基金收入。
- 其他收入，核算基本医疗保险基金的缴纳金及其他经财政部门核准的收入。滞纳金是指因用人单位拖欠缴纳基本医疗保险费而按规定收取的款项。

具体核算方法如下：

1. “基本医疗保险统筹基金收入——基本医疗保险费收入”明细账户的核算。由税务机关征收医疗保险费的地区，应将税务机关提供的专用缴款凭证作为基本医疗保险费收入的记账凭据。由经办机构征收医疗保险费的地区，应把银行转来的进账单作为基本医疗保险费收入的记账凭据。

（1）收到税务机关征收的基本医疗保险费，将其中按规定记入基本医疗保险统筹基金的基本医疗保险费记入本账户，借记“财政专户存款”账户，贷记本账户。

收到经办机构征收的基本医疗保险费，将其中按规定记入基本医疗保险统筹基金的基本医疗保险费记入本账户，按规定经办机构设置收入户的，借记“现金”、“收入户存款”账户，贷记本账户；按规定经办机构不设收入户的，借记“现金”、“财政专户存款”账户，贷记本账户。

【例5－1】 6月28日，某社会保险经办机构收到税务机关代扣代缴的基本医疗保险费收入10万元。经计算应划入社会统筹基金收入7万元，应划入个人账户3万元。

借：财政专户存款　　100 000

　　贷：基本医疗保险统筹基金收入——基本医疗保险费收入　　70 000

医疗保险个人账户基金收入——基本医疗保险费收入　　30 000

【例 5－2】8 月 10 日，某经办机构接银行通知，收到某企业职工交来基本医疗保险费 3 万元。按规定划入统筹基金 2.1 万元，划入个人账户 9 000 元。

经办机构应根据是否设置收入户，作不同的账务处理。

- 经办机构按规定设置收入户的：

借：收入户存款　　30 000

　　贷：基本医疗保险统筹基金收入——基本医疗保险费收入　　21 000

　　　　医疗保险个人账户基金收入——基本医疗保险费收入　　9 000

- 经办机构按规定不设置收入户的：

借：财政专户存款　　30 000

　　贷：基本医疗保险统筹基金收入——基本医疗保险费收入　　21 000

　　　　医疗保险个人账户基金收入——基本医疗保险费收入　　9 000

（2）税务机关征收的基本医疗保险费，对于尚未确定归属的，暂记入“待转保险费收入”账户，借记“财政专户存款”账户，贷记“待转保险费收入”账户；待确定归属后，再自“待转保险费收入”账户转入相关收入账户，借记“待转保险费收入”账户，贷记本账户和“医疗保险个人账户基金收入”账户。

经办机构征收的基本医疗保险费，对于尚未确定归属的，暂记入“待转保险费收入”账户，按规定经办机构设收入户的，借记“现金”、“收入户存款”账户，贷记“待转保险费收入”账户；按规定经办机构不设收入户的，借记“现金”、“财政专户存款”账户，贷记“待转利息收入”账户。待确定归属时，再自“待转保险费收入”账户转入相关收入账户，借记“待转保险费收入”账户，贷记本账户和“医疗保险个人账户基金收入”账户。

【例 5－3】11 月 15 日，某经办机构收到由税务机关征收的基本医疗保险费 8 万元。尚无法划分个人账户和统筹基金。

借：财政专户存款　　80 000

　　贷：待转保险费收入　　80 000

【例 5－4】10 月 15 日，某经办机构接银行通知，收到某公司交来基本医疗保险费 4.5 万元。经办机构应根据是否设置收入户，作不同的账务处理。

- 经办机构按规定设置收入户的：

借：收入户存款　　45 000

　　贷：基本医疗保险统筹基金收入　　45 000

- 经办机构按规定不设置收入户的：

借：财政专户存款　　45 000

　　贷：基本医疗保险统筹基金收入　　45 000

2. “基本医疗保险统筹基金收入——利息收入”明细账户的核算。经办机构收到基本医疗保险基金收入户和支出户的利息，应把银行转来的计息通知单作为记账凭证；收到财政专户的利息，把财政部门出具的财政专户缴拨凭证，并附有加盖专用印章的原始凭证复印件作为记账凭据；国债到期或按规定转让未到期国债所取得的利息，将银行或国债经营部门出具的计息凭证作为记账凭据。

经办机构在年度内取得的利息收入先在“待转利息收入”账户进行归集，收到的医疗保险基金收入户、支出户的利息时，借记“收入户存款”、“支出户存款”账户，贷记“待转利息收入”账户；收到财政专户的利息则借记“财政专户存款”账户，贷记“待转利息收入”账户；国债到期收回本息或转让时，按实际收到的金额，借记“财政专户存款”账户，按债券面值贷记“债券投资”账户，按其差额贷记“待转利息收入”账户。期末，再将利息收入从“待转利息收入”账户先后分配计入基本医疗保险统筹基金和医疗保险个人账户基金。分配计入基本医疗保险统筹基金的利息，借记“待转利息收入”账户，贷记“基本医疗保险统筹基金收入——利息收入”账户。

【例 5－5】 7 月 18 日，某经办机构收到银行计息通知单，利息收入共计 9.8 万元，其中，基本医疗保险基金财政专户存款利息 8 万元，收入户存款利息 1 万元，支出户存款利息 8 000 元。

借：财政专户存款	80 000	
收入户存款	10 000	
支出户存款	8 000	
贷：待转利息收入		98 000

【例 5－6】 某经办机构于 11 月 14 日收到用基本医疗保险基金购买分期付息债券利息 9 万元；同日，原用基本医疗保险基金购买的 5 年期国债 20 万元到期，实际收到 30 万元。

借：财政专户存款	390 000	
贷：债券投资		200 000
待转利息收入		190 000

【例 5－7】 12 月 31 日，某经办机构按照规定计息办法，分配本年度待转利息收入 60 万元，经计算医疗保险个人账户利息为 20 万元，基本医疗保险统筹基金账户利息为 40 万元。

借：待转利息收入	600 000	
贷：医疗保险个人账户基金收入——利息收入		200 000
基本医疗保险统筹基金收入——利息收入		400 000

3. “基本医疗保险统筹基金收入——财政补贴收入”明细账户的核算。收到同级财政所给予的补贴时，借记“财政专户存款”账户，贷记本账户。

4. “基本医疗保险统筹基金收入——上级补助收入”明细账户的核算。下级经办机构收到上级机构拨付的补助收入时，按规定经办机构设置收入户的，借记“收入户存款”账户，贷记本账户；按规定经办机构不设收入户的，借记“财政专户存款”账户，贷记本账户。

【例 5－8】 7 月 25 日，某经办机构接受到上级经办机构拨付的基本医疗保险基金收入 20 万元，存入银行。

- 该经办机构设置收入户时：

借：收入户存款	200 000	

贷：基本医疗保险统筹基金收入——上级补助收入　200 000

• 该经办机构不设置收入户时：

借：财政专户存款　200 000

贷：基本医疗保险统筹基金收入——上级补助收入　200 000

5. "基本医疗保险统筹基金收入——下级上解收入"明细账户的核算。下级上解收入的核算与上级补助收入核算方法基本相同，当收到下级上解收入时，也应区分经办机构是否设置收入户进行账务处理。

【例5-9】 11月23日，某经办机构收到下级经办机构按规定上缴基本医疗保险基金收入10万元。

• 该经办机构设置收入户时：

借：收入户存款　100 000

贷：基本医疗保险统筹基金收入——下级上解收入　100 000

• 该经办机构不设置收入户时：

借：财政专户存款　100 000

贷：基本医疗保险统筹基金收入——下级上解收入　100 000

6. "基本医疗保险统筹基金收入——其他收入"明细账户的核算。经办机构收到其他收入时，按规定经办机构设置收入户的，借记"现金"、"收入户存款"账户，贷记"基本医疗保险统筹基金收入——其他收入"账户；按规定经办机构不设收入户的，借记"财政专户存款"账户，贷记本账户。

【例5-10】 2月15日，某经办机构接到银行通知，收取某公司基本医疗保险费滞纳金500元。

• 经办机构设置收入户时：

借：收入户存款　500

贷：基本医疗保险统筹基金收入——其他收入　500

• 经办机构不设置收入户时：

借：财政专户存款　500

贷：基本医疗保险统筹基金收入——其他收入　500

（二）医疗保险个人账户基金收入

为了反映按规定计入医疗保险个人账户基金的各项收入，经办机构应设置"医疗保险个人账户基金收入"账户。它属于收入类账户，贷方登记按规定记入医疗保险个人账户基金的各项收入，借方登记结转数。期末，应将本账户余额转入"医疗保险个人账户基金"账户，借记本账户，贷记"医疗保险个人账户基金"账户。结转后，本账户应无余额。"医疗保险个人账户基金收入"账户的结构如表5-2所示。

"医疗保险个人账户基金收入"账户应按资金来源设置下列三个明细分类账户，进行分类核算：

• 基本医疗保险费收入，核算税务机关或经办机构向缴费单位或个人征收的、按规定记入医疗保险个人账户基金的基本医疗保险费。

表 5－2　　医疗保险个人账户基金收入

借方	贷方
期末结转“医疗保险个人账户基金”账户	收到的各项医疗保险个人账户基金收入

• 利息收入，核算用基本医疗保险基金购买国债或存入银行取得的、按规定记入医疗保险个人账户基金的利息收入。

• 转移收入，核算保险对象跨统筹地区流动时，个人基本医疗保险基金随同转入的收入。

具体核算方法如下：

1. 基本医疗保险费收入的核算。记入医疗保险个人账户基金的基本医疗保险费收入由两部分组成：一是按职工个人工资收入 2% 缴纳的基本医疗保险费；二是用人单位缴纳的、划入个人账户的基本医疗保险费（30% 左右）。基本医疗保险费收入的核算可按以下情况办理：

（1）收到税务机关征收的基本医疗保险费，将其中按规定记入基本医疗保险统筹基金的基本医疗保险费记入“医疗保险个人账户基金收入——基本医疗保险费收入”账户，借记“财政专户存款”账户，贷记本账户。

收到经办机构征收的基本医疗保险费，将其中按规定记入个人账户的基本医疗保险费记入“医疗保险个人账户基金收入——基本医疗保险费收入”账户，按规定经办机构设置收入户的，借记“现金”、“收入户存款”账户，贷记本账户；按规定经办机构不设收入户的，借记“现金”、“财政专户存款”账户，贷记本账户。

（2）税务机关征收的基本医疗保险费，收到时尚未确定归属的，暂记入“待转保险费收入”账户，借记“财政专户存款”账户，贷记“待转保险费收入”账户；待确定归属时，再自“待转保险费收入”账户转入相关收入账户，借记“待转保险费收入”账户，贷记本账户和“基本医疗保险统筹基金收入”账户。

经办机构征收的基本医疗保险费，收到时尚未确定归属的，暂记入“待转保险费收入”账户，按规定经办机构设置收入户的，借记“现金”、“收入户存款”账户，贷记“待转保险费收入”账户；按规定经办机构不设收入户的，借记“现金”、“财政专户存款”账户，贷记“待转利息收入”账户，待确定归属时，再自“待转保险费收入”账户转入相关收入账户，借记“待转保险费收入”账户，贷记本账户和“基本医疗保险统筹基金收入”账户。

2. 利息收入的核算。对于用基本医疗保险基金购买国家债券或存入银行取得的利息收入，收到时先在“待转利息收入”账户进行归集。按期分配计入基本医疗保险统筹基金和医疗保险个人账户基金时，再自“待转利息收入”账户转入有关收入账户。分配计入个人账户的利息，借记“待转利息收入”账户，贷记“医疗保险个人账户基金收入——利息收入”账户。

3. 转移收入的核算。随异地保险对象调入本地而由异地经办机构转入的收入（含本金和利息）按规定经办机构设置收入户的，借记“收入户存款”账户，贷记“医疗保险个人账户基金收入——转移收入”账户；按规定经办机构不设收入户的，收到转移收入，直接记入财政专户，借记“财政专户存款”账户，贷记“医疗保险个人账户基金收入——转移收入”账户。

【例5－11】 3月25日，某经办机构接银行通知，某职工跨统筹地区流动，由外地调入本市，其个人账户金额1万元，随同转入。

- 经办机构按规定设置收入户时：

借：收入户存款　　10 000
　　贷：医疗保险个人账户基金收入——转移收入　　10 000

- 经办机构按规定不设置收入户时：

借：财政专户存款　　10 000
　　贷：医疗保险个人账户基金收入——转移收入　　10 000

（三）待转保险费收入

1. 账户设置。为了核算收到时尚未确定归属于基本医疗保险统筹基金和医疗保险个人账户基金的基本医疗保险费收入，社会保险经办机构应设置“待转保险费收入”账户。它属于收入类账户，贷方登记收到时尚未确定归属的基本医疗保险费收入，借方登记已分配计入基本医疗保险统筹基金和医疗保险个人账户基金的基本医疗保险费收入。月末余额，反映尚未确定归属的基本医疗保险费。年末，年度终了，本账户应无余额。“待转保险费收入”账户的结构如表5－3所示。

表5－3　　待转保险费收入

借方	贷方
分配计入统筹基金和个人账户基金的基本医疗保险费收入	尚未确定归属的基本医疗保险费收入
	月末余额：待转基金

2. 账务处理。

（1）税务机关征收的基本医疗保险费。按规定，经办机构收到税务机关尚未确定归属的基本医疗保险费收入，暂记入本账户，借记“财政专户存款”账户，贷记本账户；待确定归属时，再自本账户转入相关收入账户，借记“待转保险费收入”账户，贷记“基本医疗保险统筹基金收入”、“医疗保险个人账户基金收入”账户。

（2）经办机构征收的基本医疗保险费。经办机构征收的尚未确定归属的基本医疗保险费收入，暂记入本账户，按规定经办机构设置收入户的，借记“现金”、“收入户存款”账户，贷记本账户；按规定经办机构不设收入户的，借记“现金”、“财政专户存款”账户，贷记本科目。待确定归属时，再自本科目转入相关收入账户，借记本账户，贷记“基本医疗保险统筹基金收入”、“医疗保险个人账户基金收入”账户。

年末，未确定归属的基本医疗保险费，根据经验比例划分基本医疗保险基金和医疗保险个人账户基金，自本账户结转到“基本医疗保险统筹基金收入”和“医疗保险个人账户基金收入”账户，借记本账户，贷记“基本医疗保险统筹基金收入”、“医疗保险个人账户基金收入”账户；下年初再作相反的分录予以转回。

（四）待转利息收入

1. 账户设置。为了反映尚未分配计入基本医疗保险统筹基金和医疗保险个人账户基金的利息收入，经办机构应设置“待转利息收入”账户。它属于收入类账户，收到用基本医疗保险基金购买国债或存入银行取得的利息收入时，先在本账户进行归集，借记相关账户，贷记本账户。年末分配转入“医疗保险个人账户基金收入”和“基本医疗保险统筹基金收入”账户时，借记本账户。本账户月末余额，反映尚未分配计入基本医疗保险统筹基金和医疗保险个人账户基金的待转利息收入。年度终了，本账户应无余额。“待转利息收入”账户的结构如表5－4所示。

表5－4　　　　待转利息收入

借方	贷方
分配计入统筹基金和个人账户基金的利息收入	尚未分配计入基本医疗保险统筹基金和医疗保险个人账户基金的利息收入
	月末余额：待转基金

2. 账务处理。为了简化核算手续，用基本医疗保险基金购买国债和存入银行所取得的利息收入，一般暂不进行分配，而是在年末一次性给个人账户和统筹基金计算利息。在年度中间取得的各项利息收入，先在“待转利息收入”账户进行归集。收到财政专户的利息，借记“财政专户存款”账户，贷记本账户；收到收入户、支出户的利息，借记“收入户存款”、“支出户存款”账户，贷记本账户。国家债券到期收回本息或转让时，按实际收到的金额，借记“财政专户存款”账户，按债券账面价值，贷记“债券投资”账户，按其差额，贷记本账户；收到分期付息债券利息，借记“财政专户存款”账户，贷记本账户。

年末，将取得的各项利息收入先按规定的银行计息方法计算医疗保险个人账户基金利息，自本账户转入医疗保险个人账户基金，借记本账户，贷记“医疗保险个人账户基金收入”账户；然后将取得的各项利息收入扣除计入医疗保险个人账户基金的利息，剩余部分自本账户转入基本医疗保险统筹基金，借记本账户，贷记“基本医疗保险统筹基金收入”账户。

【例5－12】12月31日，某经办机构“待转利息收入”贷方余额56万元。按银行的利率及个人账户储存额计算确认，本年度应分配给个人账户的利息为20万元。

借：待转利息收入　　　　200 000
　　贷：医疗保险个人账户基金收入——利息收入　　　　200 000
借：待转利息收入　　　　360 000
　　贷：基本医疗保险统筹基金收入——利息收入　　　　360 000

二、医疗保险基金支出的核算

按照“统账结合”的原则，基本医疗保险支出划分为基本医疗保险统筹基金支出和医疗保险个人账户基金支出。为了完整地反映基本医疗保险基金的支出情况，应设置两个总账账户，即“基本医疗保险统筹基金支出”和“医疗保险个人账户基金支出”账户。

（一）基本医疗保险统筹基金支出的核算

为了反映由基本医疗保险统筹基金开支的各项支出，经办机构应设置“基本医疗保险统筹基金支出”账户。它属于支出类账户，借方登记按规定计入基本医疗保险统筹基金的各项支出，贷方登记结转数。期末，应将本账户余额转入“基本医疗保险统筹基金”账户，借记“基本医疗保险统筹基金”账户，贷记本账户。结转后，本账户应无余额。“基本医疗保险统筹基金支出”账户的结构如表5-5所示。

表5-5　　基本医疗保险统筹基金支出

借方	贷方
统筹基金的各项支出	期末结转“基本医疗保险统筹基金”账户

“基本医疗保险统筹基金支出”账户应按资金去向设置下列四个明细分类账户，进行分类核算：

- “医疗保险待遇支出”，核算按规定在基本医疗保险统筹基金支付范围以内，并在起付标准以上、最高支付限额以下由基本医疗保险统筹基金支付的医疗费支出。
- “上解上级支出”，核算下级经办机构上解上级经办机构的基本医疗保险基金支出。
- “补助下级支出”，核算上级经办机构拨付给下级经办机构的基本医疗保险基金支出。
- “其他支出”，核算经财政部门核准开支的除上述支出以外的其他支出。

具体核算方法如下：

1. 医疗保险待遇支出的核算。医疗待遇支出的核算程序与医疗费用的付费方式直接相关。目前，我国各地医疗费用的付费方式主要采用预付制。

在预付制下，经办机构向定点医疗机构和定点药店预付的医疗费，借记“暂付款”账户，贷记“支出户存款”账户；经办机构定期与定点医疗机构和定点药店结算医疗费款项时，根据审核的医疗保险享受人员的医疗费支出数额，应由基本医疗保险统筹基金开支的部分，借记本账户，贷记“暂付款”账户。

【例5-13】10月1日，某社会保险经办机构向定点医疗机构预付医疗费20万元。10月31日该经办机构依据定点医疗机构报来的当月参保职工的医疗费报告单，经审核予以报销，其中应由社会统筹医疗基金开支的为10万元，由个人账户负担的为8万元。

- 预付医疗费时：

借：暂付款——×××定点医疗机构　　20 000
　　贷：支出户存款　　20 000

- 予以报销时：

借：基本医疗保险统筹基金支出——医疗保险待遇支出　　100 000
　　医疗保险个人账户基金支出——医疗保险待遇支出　　80 000
　　贷：暂付款——×××定点医疗机构　　180 000

若采用其他结算方式支付的基本医疗保险费，根据经审核的医疗费报销凭证，借记该账户，贷记“现金”、“支出户存款”等账户。

【例 5－14】 11 月 30 日，某社会保险经办机构对定点药店采用后付制结算办法，经审核应支付定点药店药费 80 万元，以银行存款付讫。

借：基本医疗保险统筹基金支出——医疗保险待遇支出　　800 000
　　贷：支出户存款　　800 000

2. “上解上级支出”的核算。上解上级经办机构的基本医疗保险基金，应视上级经办机构是否设置收入户，分两种情况进行账务处理。按规定上级经办机构设置收入户的，先将基金从财政专户拨入同级支出户，借记“支出户存款”账户，贷记“财政专户存款”账户，然后将基金从支出户上解上级收入，借记本账户，贷记“支出户存款”账户；按规定上级经办机构不设收入户的，将基金从上级财政专户直接拨入下级财政专户，借记本账户，贷记“财政专户存款”账户。

【例 5－15】 8 月 15 日，某经办机构按规定上缴上级医疗保险调剂金 2 350 万元，以银行转账支付。

- 若上级单位按规定设置收入户：

借：支出户存款　　23 500 000
　　贷：财政专户存款　　23 500 000
借：基本医疗保险统筹基金支出——上解上级支出　　23 500 000
　　贷：支出户存款　　23 500 000

- 若上级单位按规定不设置收入户：

借：基本医疗保险统筹基金支出——上解上级支出　　23 500 000
　　贷：财政专户存款　　23 500 000

3. “补助下级支出”的核算。拨付下级经办机构的基本医疗保险基金，应视下级经办机构是否设置收入户，分两种情况进行账务处理。按规定下级经办机构设置收入户的，先将基金从财政专户拨入同级支出户，借记“支出户存款”账户，贷记“财政专户存款”账户，然后将基金从支出户拨入下级收入户，借记本账户，贷记“支出户存款”账户；按规定下级经办机构不设收入户的，将基金从上级财政专户直接拨入下级财政专户，借记本账户，贷记“财政专户存款”账户。

【例 5－16】 10 月 6 日，某经办机构补助下级经办机构医疗保险基金 25 万元，银行转账付讫。

- 若下级经办机构按规定设置收入户：

借：支出户存款　　250 000
　　贷：财政专户存款　　250 000
借：基本医疗保险统筹基金支出——补助下级支出　　250 000
　　贷：支出户存款　　250 000

- 若下级经办机构按规定不设置收入户：

借：基本医疗保险统筹基金支出——补助下级支出　　250 000
　　贷：财政专户存款　　250 000

4. “其他支出”的核算。经财政部门核准在“其他支出”开支的临时借款利息支出，借记本账户，贷记“财政专户存款”账户；支付其他支出，借记本账户，贷记“支出户存款”账户。

（二）医疗保险个人账户基金支出的核算

为了反映核算按规定应由医疗保险个人账户基金开支的医疗费支出，经办机构应设置“医疗保险个人账户基金支出”账户。它属于支出类账户，借方登记按规定记入医疗保险个人账户基金的各项支出，贷方登记结转数。期末，应将本账户余额转入“医疗保险个人账户基金”账户，借记“医疗保险个人账户基金”账户，贷记本账户。结转后，本账户应无余额。“医疗保险个人账户基金支出”账户的结构如表5-6所示。

表5-6　医疗保险个人账户基金支出

借方	贷方
个人账户基金的各项支出	期末结转“医疗保险个人账户基金”账户

“医疗保险个人账户基金支出”账户应按资金去向设置两个明细分类账户，进行分类核算：

- “医疗保险待遇支出”，核算按规定由医疗保险个人账户基金开支的医疗费支出。
- “转移支出”，核算保险对象跨统筹地区流动，其医疗保险个人账户基金随同转出的支出。

本账户应按支出去向和参加基本医疗保险的每一位职工设置“个人账户”明细账。

1. “医疗保险待遇支出”，核算按规定由医疗保险个人账户基金开支的医疗费支出。具体账务处理请参照“基本医疗保险统筹基金支出——医疗保险待遇支出”。

2. “转移支出”的核算。保险对象调离本统筹地区流动时，医疗保险个人账户基金随同转出，根据调入地社会保险经办机构的接收函和银行结算凭证，借记本账户，贷记“支出户存款”账户。

思考与拓展

一、不定项选择题

1. 我国实行的基本医疗保险属于（　　）型医疗保险模式。

A. 国家　　B. 社会型

C. 储蓄型　　D. 商业型

2. 医疗保险具有（　　）特点。

A. 覆盖面广　　B. 服务性

C. 互济性　　D. 复杂性

3. 我国城镇职工基本医疗保险覆盖范围包括（　　）。

A. 城镇企业职工　　B. 公职人员

C. 学生　　D. 城市居民

4. 我国城镇基本医疗保险基金计征方式为（　　）。

A. 与工资挂钩的保险缴款　　B. 以收入为基础的白险缴款

C. 等额的保险缴款　　D. 税收

5. 我国基本医疗保险给付项目为（　　）。

A. 医疗服务　　B. 预防保健

C. 药品　　D. 医疗服务设施

6. 影响医疗保险给付项目的因素包括（　　）。

A. 经济资源的可获得性　　B. 医疗基础设施和服务质量

C. 对医疗服务的偏好　　D. 医疗服务成本

7. 为反映向定点医疗机构预付医疗费费，经办机构应设置（　　）账户。

A. 其他费用支出　　B. 暂付款

C. 医疗保险待遇支出　　D. 补助下级支出

8. 为反映收到的由缴费单位缴纳的医疗保险费，经办机构应设置（　　）账户予以核算。

A. 社会保险费收入　　B. 基本医疗保险统筹基金收入

C. 医疗保险个人账户基金收入　　D. 基本医疗保险费收入

二、判断题

1. 医疗保险通常采用部分积累制。（　　）
2. 我国基本医疗基金个人账户资金来自个人缴费部分。（　　）
3. 我国基本医疗保险统筹账户起付线控制在当地职工平均工资的5%左右。（　　）
4. 城镇居民基本医疗保险具有强制性。（　　）
5. 企业职工个人缴纳基本医疗保险养费一般为的本人缴费工资的2%。（　　）
6. 医疗保险养经办机构收到财政补贴时，通过收入户核算。（　　）
7. 国家基本医疗保险目录规定了医疗服务设施的报销范围。（　　）

三、简述题

1. 简述我国医疗保险基金筹集的原则。
2. 简述医疗保险基金支出原则。

四、案例分析题

奥巴马医改新政

一、美国：市场主导，费用过高

从整体看，美国医疗体制以私营为主，医疗消费以个人为主。例如，医院以私立医院、私人诊所为主要形式，医生以家庭医生为主，病人不管出现何种病症，首先需要到自己的家庭医生那儿看病，再由家庭医生决定是否转到专科医生那里。大多数65岁以下的美国人依靠的是私人医疗保险，这其中包括团险（公司为员工集体购买的保险）、参加家庭保险或直接购买个人医疗保险。

美国联邦政府在整个医疗体制中的作用只是提供部分医疗保障机制和资金，以公立形式为老年、病残、贫困和失业人口提供医疗保障，另外也以立法和管理的形式，规范高度市场化的医疗体制。

医疗费用过高已经成为美国社会的一大难题，国民的医疗开支不论是绝对值还是占国内生产总值的比例都居各国之首。由此造成美国的医疗保险费用也高得令人咋舌，最便宜的医疗保险每人每个月至少也要花费大约 200 美元。比较好的保险计划每年动辄上万。正常情况下，高额的保险开支主要由雇主支付，雇员本人也要担负比较少的一部分费用。而且，巨额的医疗保险开支，也成为压在美国企业身上的一座大山。比如在通用汽车公司，每生产 1 辆汽车，就需付出 1 500 美元的员工医疗费用，这从一定程度上削弱了美国企业的竞争力。

二、雄心勃勃的奥巴马医改计划

奥巴马的医改政策是其竞选的重要纲领，也是其最终竞选成功的重要筹码。奥巴马一直致力于推动医改，以兑现他的竞选承诺。奥巴马医改计划的特点是，立足于现行医疗保障体系，在现有医疗保险机构、医疗服务机构和医疗保险计划的基础上，对其进行改进。奥巴马声称，在此计划下，原参保家庭的保险费每年将下降 2 500 美元，未参保人员将被纳入医疗保险，10 年内可为美国居民节省 2 万亿美元的医疗费用开支。其主要措施如下：

（一）扩大医保范围

第一，扩大 Medicaid 和 SCHIP 的覆盖范围，把更多的穷人纳入医疗保障安全网，强制所有儿童必须参加医疗保险。

第二，要求大中型企业必须给职工购买商业医疗保险，或者给职工提供补助，让其自己购买商业医疗保险。对于不愿向雇员提供医疗保险的大中型企业，要求其按照员工工资的一定比例向即将建立的全国医疗保险转换计划缴费。

第三，政府对小企业为职工提供医疗保险给予退税。小企业为其员工缴纳参保费用的一定比例将以退税的形式返还，最高可达 50%。预计每年退税规模将达到 60 亿美元。

第四，政府出面建立一个全国医疗保险转换计划（National Health Insurance Exchange），主要面向既不属于 Medicare 和 Medicaid 等政府医疗保障计划覆盖范围，也没有雇主愿意为其购买商业医疗保险的人群。困难家庭可根据其收入情况享受一定的退税。参与此计划的医院和医生按期提供服务质量、信息技术和管理水平等信息。同时，所有商业保险公司提供医疗保险的待遇水平不得低于该计划的保障水平。参保手续要尽量简化，参保人变换工作时其医疗保险可不受影响。

第五，加强对保险业的监管。保险公司要以合理稳定的保费为所有美国居民提供医疗保障，不得因参保人的健康状况或年龄等因素拒绝其参保，不得将保费与年龄以及健康状况挂钩。

（二）降低医保费用

第一，推广标准化的电子医疗信息系统，包括电子病历。奥巴马计划在未来 5 年内每年花费 100 亿美元，要求所有医疗机构全部使用该系统。据估计，如果大多数医疗机构都使用了该系统，美国每年将节省 770 亿美元的医疗费用。

第二，加强疾病预防和慢性病控制，提升公共卫生水平。据统计，美国居民因病死亡人数的2/3是由心脏病、癌症、中风、慢阻肺和糖尿病这五项慢性病引起的。奥巴马计划奖励雇主为雇员提供预防性服务，与学校合作为儿童建立健康环境，为社区预防干预工作提供资金。

第三，促进市场竞争。奥巴马政府认为，一方面，美国家庭支付了高昂的保费；另一方面，医药行业和保险业通过不合理的经营获得了丰厚的收益，这是改革的最大障碍。为此，奥巴马呼吁通过增加保险和医药市场的竞争解决这一问题。

第四，联邦政府为小企业雇主提供再保险，降低大病医疗费用。对于小企业来说，一个雇员的大病医疗费用就可能造成其无力负担其他雇员的保费支出。为此，当小企业的大病医疗费用超过一定数额时，政府将会为其提供一部分补贴，但雇主要保证将这些补贴全部用于保费支出。

第五，开展医疗事故保险改革。为医生提供新的医疗事故处理方案，避免保险公司向医生过度征收医疗事故保险费用，更好地保障医疗安全。同时改善医患关系，减少医患纠纷。

第六，解除药物进口限制以降低医疗费用。奥巴马提出要让国民买得起药，并计划从其他发达国家进口便宜的药物。

第七，保证居民能买到普通平价药。奥巴马将采取措施防止高价品牌制药商利用其垄断地位抬高药价，并增加政府医疗保障计划使用普通药物的比例。

第八，允许Medicare与药商进行谈判。2003年《Medicare处方药改良和现代化法案》禁止联邦政府就处方药价格与制药商进行谈判，奥巴马计划解除此禁令，这将节省高达300亿美元的药物开支。

第九，促进信息公开透明。要求所有医院和医生公开医疗成本、质量等信息，所有医疗保险机构都要公开保费用于患者报销和管理费用的比例，便于患者和社会监督。

（三）提高医保质量

第一，对高质量的医疗服务予以奖励。目前大多医疗保险机构根据医疗机构提供的服务数量而非质量付费。奥巴马鼓励将医保付费与服务质量挂钩的做法，减少滥用医疗服务；对参与政府医疗保险计划的医疗机构提供的高质量医疗服务予以奖励。奥巴马建议削减Medicare向重复住院率（病人出院30天内又重新住院）高的医疗机构支付的费用。如果这种做法得到推广，预计10年内将节省260亿美元。

第二，开展医疗效果比较研究。奥巴马计划成立一个新的机构承担此项研究，使得美国医生和患者掌握更加准确、客观的信息，以促使医疗机构对患者的健康状况作出更准确的判断，确定更合理的治疗方案。

第三，提高医疗安全性。要求所有医疗机构报告可以预防的医疗过失，支持医疗机构研究改进治疗方案，减少医疗过失。

（四）增加医保资金

奥巴马的医改计划大大强化了政府在医疗保障体系中的责任。据估计，奥巴马的医改计划至少需要1万亿美元以上的支出，勒维医疗集团副主席甚至认为需要1.5至1.7万亿美元的资金。奥巴马2月份向国会提出10年内建立6 340亿美元的医改准备金，6月份又追加3 130亿美元，再加上经济刺激计划中的590亿美元，筹资规模目前已超过1万亿美元。这笔钱主要来源于两个渠道：

第一，开源。奥巴马要求国会提高富裕人群的所得税，计划不再延续前小布什总统针对富裕人群的临时减税计划，该计划2011年到期。通过增税，联邦政府将在未来10年内增加收入约2万亿美元，其中3 178亿美元用于医改。此外，奥巴马政府于4月1日起提高了香烟特许权税，所得收入将用于资助SCHIP计划。

第二，节流。奥巴马计划通过上述降低医疗费用和提高医疗服务质量方面的措施，削减政府在Medicare和Medicaid等方面的开支，用于医改。

（资料来源："奥巴马医改新政及启示"，中华人民共和国财政部，社会保障司，www. mof. gov. cn，2010年5月30日。）

［思考］

1. 奥巴马医改计划的背景是什么。

2. 奥巴马医改计划对我国医改有何借鉴意义？

第六章
工伤保险与生育保险

学习要点

- □ 工伤保险的含义和特点
- □ 实行工伤保险应遵循的原则
- □ 工伤保险资金的筹集和给付
- □ 职业性伤害的种类
- □ 生育保险的概念和特点
- □ 生育保险待遇的内容

第一节
工　伤　保　险

一、工伤保险的含义

（一）工伤与工伤保险

“工伤”是国际上通用的社会保险术语。简单地讲，就是劳动者因工作原因而导致的负伤、患疾和致残。这里的“工”和“伤”有两层基本含义，其中“工”是指工作，即工作和劳动过程；“伤”是指伤害，即人体机能和生理的损害。根据国际劳工组织的认可，工伤在内容上包括因工意外伤害和职业病伤害两类；在法律上，其含义是指企业职工在生产岗位上，从事与生产劳动有关的，或由于劳动条件、作业环境所引致的人身伤害事故和职业性疾病。可见，工伤是与职业有关的对人体的伤害。因此，它也被人们称为“职业性伤害”。

职业性伤害从病理角度又细分为三种：

一是因工负伤，指在工作和劳动过程中的人体伤害；

二是工伤致残，指因工造成的人体伤害，在长期治疗后也难以痊愈，从而形成无法恢复的永久性人体残损；

三是职业病，指因长期工作在有害的职业环境中，或者长期从事有职业性毒害的工作而引起的职业性疾病。

以上三种情况中，前两种的发生一般带有偶然和突发性，是由劳动保护措施不力或者一些突发性因素引起的；后一种则常常表现为一个渐进的长期的过程，是因为长期受职业性毒害而产生的人体器官的逐渐残损。无论是哪种伤害，都会给劳动者带来极大的经济和精神上的负担和痛苦，并使其劳动能力暂时或永久地丧失，给当事人及其家庭带来经济上的困难。为了解决这些问题，为工伤者提供生活和治疗上的物质帮助，有必要由政府和社会出面建立工伤社会保险制度。

工伤保险就是由政府通过立法形式，对在劳动过程中因工作原因造成劳动者意外受伤、患病、致残而使劳动能力丧失或衰退以及因此而造成死亡时，劳动者或其遗属能够从政府和社会获得一定的物质补偿，为其提供生活和医疗保障的社会保险。国际劳工大会《工伤事业津贴公约》指出："实施工伤保险的目的，是为受雇人员发生不测事故时，提供医疗护理及现金津贴，进行职业康复；为残废者安排适当职业，采取措施防止工伤事故和职业病。"

目前，世界上多数国家都通过立法明确规定了劳动者享受工伤保险的权利。我国亦在1994年7月5日国务院颁布的《中华人民共和国劳动法》第七十三条中规定："劳动者在下列情况下，依法享受社会保险待遇……因工伤残或患职业病"，以法律的形式明确了遭受工伤劳动者及其亲属享受工伤保险待遇的权利。

（二）实行工伤保险的原则

1. 无责任补偿原则。又称为"不追究责任补偿原则"，是工伤保险的基本原则。它是指劳动者在工作过程中遭遇工伤事故或患职业病，无论事故责任是否在于劳动者本人，均应无条件地给予受害者一定程度的经济补偿。也就是说，劳动者因公负伤、致残或者死亡，即使是劳动者本人负有一定的责任，也不能追究责任比例，而是无条件地给予受害者工伤保险的待遇。无责任补偿原则是国际上普遍实行的原则，切实保障了劳动者的利益。

2. 个人不缴费原则。是工伤保险区别于其他社会保险项目的根本标志。工伤保险费是由企业或雇主按照国家规定的缴费率缴纳的，劳动者个人不缴纳任何费用。这是因为，劳动者为企业或雇主创造物质财富、为社会作出贡献的同时，付出的是健康乃至生命的代价，因此，受伤者恢复体力的费用不应该由劳动者自己承担，而应该由企业或雇主承担。

3. 补偿与预防、康复相结合原则。工伤保险的根本任务是保障劳动者的生活、劳动者的安全，促进经济发展。可见，工伤补偿是工伤保险的途径，医疗康复和职业康复是工伤保险的目标，工伤预防是工伤保险实施的前提，将工伤补偿与预防、康复有机地结合是工伤保险的重要原则。一旦发生工伤事故，除了进行工伤补偿，还需要做好预防和康复工作。加强安全生产、减少工伤事故的发生和一旦发生事故后及时治疗，促进劳动者早日康复并重新回到工作岗位，与补偿同等重要。

4. 补偿直接经济损失原则。所谓直接经济损失，是指劳动者工资收入方面的损失。劳动者发生工伤后，损伤了肢体或器官甚至丧失了生命，这将直接影响到劳动者本人及其家庭的基本生活。因此，从劳动力生产和再生产的角度出发，应对工资损失给予经济补偿。

二、工伤保险的特点

与其他社会保险相比，工伤保险有以下特点：

（一）实施范围最广、立法最完善

工伤保险制度是世界上最早出现的一种社会保险制度，凡是实行社会保险的国家，几乎都建立了工伤保险制度，并且由国家法律保障强制实施，在一定范围内的用人单位、职工必须参加，使工伤保险的覆盖范围达到最广，有关工伤保险的立法也最完善最普遍。

（二）劳动过程和职业性质是确定工伤的依据

工伤保险是对工伤风险进行的保障。工伤风险是在劳动过程中发生的，并且与受保者所从事的工作时间、地点和职业直接相关。确定工伤保险的认定范围和法定职业病种是实施工伤保险的依据，这也是工伤保险区别于其他社会保险项目的显著特点，是工伤保险最本质的体现。其他社会保险的风险发生与一定时期的社会经济因素有关，而与劳动者从事的劳动过程和职业性质的物质因素无关。

（三）技术和内容上具有复杂性

工伤保险主要与受保者从事的职业和劳动过程的物质因素有关，并且工伤的形式和程度也有比较大的差别，这就决定了工伤社会保险项目在技术和内容上更具复杂性。在技术上，它涉及工伤的评级和职业病的鉴定，这是一项技术要求很高的工作。在内容上，它不仅包括工伤保护，而且包括职业病保护；不仅包括对受保者的经济补偿，而且包括医疗费补偿；不仅包括事故后的保障，而且包括事故和职业病的安全性预防等。

（四）待遇优厚、给付条件宽

工伤保险给付待遇比养老、失业、疾病保险的待遇都要高。养老保险只保障劳动者退休后的基本生活需要；失业保险虽然也保障劳动者失业期间的基本生活，但带有救济的性质；医疗保险只能提供基本的医疗需求。而工伤保险不但保障劳动者的基本生活，还根据其伤残程度提供经济补偿，其医疗待遇也比非因工负伤、患病的医疗待遇要高。此外，劳动者参加工伤保险不需要缴纳任何保险费，而且享受工伤待遇不受年龄、工龄、缴费年限、性别等条件的限制，只要符合法定条件，就可以受到工伤社会保险制度的保护，发生工伤伤害时也可以按规定享受工伤社会保险待遇。

（五）受保者生活水平不降低

工伤保险制度保障的目标是，保障劳动者原有的工资水平不会因为工伤而降低，保证伤残职工原有的生活水平。工伤职工的生活费给付要随着工资水平的增长而增长，这使工伤保险的保障区别于养老保险、医疗社会保险等制度，其实行特殊的保障目标。

三、工伤保险基金的筹集和管理

工伤保险基金是为了确保工伤保险制度的实施而从各企业筹集的资金；工伤保险基金的管理可以确保工伤事故发生时，能够给予工伤职工及其家属一定的经济补偿。

（一）工伤保险基金的筹集原则

1. 企业或雇主缴费原则。即工伤保险基金全部由企业或雇主缴纳，劳动者本人不需要缴纳任何工伤保险费，不承担缴费义务。

2. 按风险程度征收、调整保险费原则。即不同的企业、行业，作业环节和操作过程具有不同的危险程度，其发生工伤事故或职业病的概率也不完全一样。因此，管理机构在筹集工伤保险费时，一般根据各个行业发生工伤事故和职业病的概率分别算定危险率，以此确定不同的缴费标准。同时，定期按各个行业、企业实际发生工伤事故和职业病的情况，重新算定危险率和确定危险等级，据此调整缴费标准。

3. 需要与可能相适应原则。首先，基金的筹集要保证伤残劳动者的基本生活需要，如劳动者的医疗和康复服务、手术治疗费、短期生活费、长期抚恤费以及遗属抚恤金等；其次，确定的费率标准，既要体现社会公平，对于不同风险的用人单位征收不同的保险费率，还要考虑企业或雇主的经济承受能力。

4. 以支定收，留有储备的原则。工伤保险基金的筹集是依据工伤保险制度的给付确定的，但是，由于工伤保险事故的发生具有很大的突发性、偶然性，是难以预测的，所以，在工伤保险基金的使用上应该留有结余，以防备突发性、恶性工伤事故发生后对工伤保险资金的需要。

（二）工伤保险基金的筹集方式

工伤社会保险基金的筹集方式，一般有两大类：

1. 雇主责任制下的工伤保险基金的筹集方式。（1）企业自保方式。即在政府立法的原则下，由企业或雇主根据自身的经济赔付能力自行确定待遇给付标准。（2）企业向商业保险公司投保方式。即在国家立法原则下，“由企业将应负担的全部费用，向商业保险公司投保”，这实际上是一种再投保方式。（3）政府征收工伤赔偿准备基金方式。即在企业向商业保险公司投保的基础上，政府向企业和承保工伤保险的商业保险公司征收“工伤赔偿责任准备金”，以确保向职工支付工伤保险待遇。

2. 社会保险制度下的工伤保险基金的筹集方式。（1）社会统筹方式。即由政府立法规定企业必须参加工伤社会保险，按时足额向社会保险管理机构缴纳工伤保险统筹费用，并由工伤保险管理机构负责工伤保险待遇的给付。基金实行全社会统筹时，一般采用现收现付制，根据大数法则，在一定范围内，根据行业或地区综合性的工伤保险费用需求，在所有参加保险的企业之间进行合理分担，费用横向平衡调剂，当年提取，当年支付完毕。（2）由政府统一规定待遇项目与标准，由企业自行支付的方式。这种方式不同于雇主责任制的地方在于，给付项目和标准由政府统一规定，企业无权更改，也不能向商业保险公司投保。所需开支的费用全部由企业负担，计入成本，个人不缴费。严格地说，这种方式的费用筹集不能算作“基金”范畴，只是由企业实行“实报实销”。

（三）工伤保险基金的筹集渠道

工伤保险基金的筹集渠道由下列项目构成：企业或雇主缴纳的工伤保险费，工伤保险基金的利息，法律、法规规定的其他资金。其中，工伤保险基金主要由企业或雇主缴费构成。企业或雇主必须按时向社会保险经办机构申请缴费基数，按时缴纳工伤保险费，不足时由同级政府临时垫支。国家除了让利、让税性支持措施外，并不直接承担该基金不足时的补贴责任。

（四）工伤保险基金的管理

工伤保险基金按“以支定收，收支基本平衡”的原则统一管理，存入社会保障基金财政专户，用于《工伤保险条例》规定的工伤保险待遇、劳动能力鉴定以及法律、法规规定的用于工伤保险的其他费用的支付。任何单位或者个人不得将工伤保险基金用于投资运营、兴建或者改建办公场所、发放奖金，或者挪作其他用途。工伤保险基金应当留有一定比例的储备金，用于统筹地区重大事故的工伤保险待遇支付；储备金不足支付的，由统筹地区的人民政府垫付。储备金占基金总额的具体比例和储备金的使用办法，由省、自治区、直辖市人民政府规定。

国务院社会保险行政部门负责全国的工伤保险工作。县级以上地方各级人民政府劳动保障行政部门负责本行政区域内的工伤保险工作。劳动保障行政部门按照国务院有关规定设立的社会保险经办机构具体承办工伤保险事务。工伤保险基金在直辖市和设区的市实行全市统筹，其他地区的统筹层次由省、自治区人民政府确定。

经办机构具体承办工伤保险事务，履行下列职责：根据省、自治区、直辖市人民政府规定，征收工伤保险费；核查用人单位（企业、有雇工的个体工商户）的工资总额和职工人数，办理工伤保险登记，并负责保存用人单位缴费和职工享受工伤保险待遇情况的记录；进行工伤保险的调查、统计；按照规定管理工伤保险基金的支出；按照规定核定工伤保险待遇；为工伤职工或者其直系亲属免费提供咨询服务。

四、工伤保险的给付

工伤保险待遇给付包括实物给付和现金给付两种方式。实物支付方式包括对伤病人员的医疗服务、伤残康复及事故预防等措施。例如，建筑企业发给职工的安全帽、企业为受伤职工聘请保姆护理、公安部门给武警发的防弹背心等，都属于实物给付；现金支付方式包括暂时丧失劳动能力津贴、永久丧失劳动能力津贴、遗属津贴等。

工伤保险待遇的确定和工伤职工的安置以评定的伤残等级为依据。我国《工伤保险条例》对工伤保险待遇作了如下规定：

（一）医疗待遇

医疗待遇是指劳动者因工伤所发生的合理的医疗费用。职工因工作遭受事故伤害或者患职业病进行治疗，享受工伤医疗待遇。

1. 医疗费用给付。（1）治疗工伤费用。职工治疗工伤应当在签订服务协议的医疗机构就医，情况紧急时可以先到就近的医疗机构急救。治疗工伤所需费用符合工伤保险诊疗项目目录、工伤保险药品目录、工伤保险住院服务标准的，从工伤保险基金支付。（2）住院伙食补助费。职工住院治疗工伤的伙食补助费，从工伤保险基金支付。（3）转外地治疗的交通、食宿费。经医疗机构出具证明，报经办机构同意，工伤职工到统筹地区以外就医的，所需交通、食宿费用由工伤保险基金来支付。（4）康复性治疗费用。工伤职工到签订服务协议的医疗机构进行康复性治疗的费用，符合规定的，从工伤保险基金支付。（5）辅助器具安装配置费用。工伤职工因日常生活或者就业需要，经劳动能力鉴定委员会确认，可以安装假肢、矫形器、假眼、假牙和配置轮椅等辅助器具，所需费用按照国家规定的标准从工伤保险基金支付。

2. 工伤医疗期。工伤医疗期是指职工因工负伤或者患职业病停止工作接受治疗和领取工伤津贴的期限。工伤医疗期应当按照轻伤和重伤的不同情况确定为1～24个月；严重工伤或者职业病需要延长医疗期的，最长不超过36个月。工伤医疗期满后仍需治疗的，继续享受工伤医疗待遇。工伤医疗期的时间由指定治疗工伤的医院或医疗机构提出意见，经劳动鉴定委员会确认并通知有关企业和工伤职工。工伤职工在停工留薪期满后仍需治疗的，继续享受工伤医疗待遇。生活不能自理的工伤职工在停工留薪期需要护理的，由所在单位负责。

3. 工伤津贴。工伤津贴是工伤职工医疗期间为维持个人和家庭生活而获得的给付。工伤职工在工伤医疗期内超过停工留薪期后停发工资，改为按月发给工伤津贴。工伤津贴标准相当于工伤职工本人受伤前12个月内平均月工资收入。工伤医疗期满或者评定伤残等级后应当停发工伤津贴，改为享受伤残待遇。

4. 护理费。工伤职工经评残并确认需要护理的，应当按月发给护理费。护理等级根据进食、翻身、大小便、洗刷、自我移动五项条件，区分为全部护理依赖、大部分护理依赖和部分护理依赖三个等级。护理等级由劳动鉴定委员会评定。工伤护理费依照上述护理等级分别按上年度当地职工月平均工资的50%、40%、30%发给。

（二）工资待遇

职工因工伤事故或患职业病需要暂时停止工作接受治疗的，在停工留薪期内，原工资福利待遇不变，由所在单位按月支付。停工留薪期一般不超过12个月；伤情严重或者情况特殊，经设区的市级劳动能力鉴定委员会确认，可以适当延长，但延长不得超过12个月。工伤职工评定伤残等级后，停发原待遇，按照有关规定享受伤残待遇。

（三）伤残待遇

伤残待遇是指劳动者因工伤丧失劳动能力时，由工伤保险经办机构所给予的现金津贴。

1. 伤残补助金。

（1）职工因工致残被鉴定为一级至四级伤残的，保留劳动关系，退出工作岗位，享受以下待遇：从工伤保险基金按伤残等级支付一次性伤残补助金，标准为：一级伤残为27个月的本人工资，二级伤残为25个月的本人工资，三级伤残为23个月的本人工资，四级伤残为21个月的本人工资；从工伤保险基金按月支付伤残津贴，标准为：一级伤残为本人工资的90%，二级伤残为本人工资的85%，三级伤残为本人工资的80%，四级伤残为本人工资的75%。伤残津贴实际金额低于当地最低工资标准的，由工伤保险基金补足差额；工伤职工达到退休年龄并办理退休手续后，停发伤残津贴，按照国家有关规定享受基本养老保险待遇。基本养老保险待遇低于伤残津贴的，由工伤保险基金补足差额。

（2）职工因工致残被鉴定为五级、六级伤残的，享受以下待遇：从工伤保险基金按伤残等级支付一次性伤残补助金，标准为：五级伤残为18个月的本人工资，六级伤残为16个月的本人工资；难以安排工作的，由用人单位按月发给伤残津贴，标准为：五级伤残为本人工资的70%，六级伤残为本人工资的60%。伤残津贴实际金额低于当地最低工资标准的，由用人单位补足差额。经工伤职工本人提出，该职工可以与用人单位解除或者终止劳动关系，由工伤保险基金支付一次性工伤医疗补助金，由用人单位支付一次性伤残就业补助金。一次性工伤医疗补助金和一次性伤残就业补助金的具体标准由省、自治区、直辖市人民政府规定。

（3）职工因工致残被鉴定为七级至十级伤残的，享受以下待遇：从工伤保险基金按伤残等级支付一次性伤残补助金，标准为：七级伤残为13个月的本人工资，八级伤残为11个月的本人工资，九级伤残为9个月的本人工资，十级伤残为7个月的本人工资；劳动合同期满终止，或者职工本人提出解除劳动、聘用合同的，由工伤保险基金支付一次性工伤医疗补助金，由用人单位支付一次性伤残就业补助金。一次性工伤医疗补助金和一次性伤残就业补助金的具体标准由省、自治区、直辖市人民政府规定。

2. 生活护理费。工伤职工已经评定伤残等级并经劳动能力鉴定委员会确认需要生活护理的，按月支付生活护理费。生活护理费按生活完全不能自理、生活大部分不能自理或者生活部分不能自理三个等级支付，其标准分别为统筹地区上年度职工月平均工资的50%、40%或者30%。

3. 安家费用。伤残职工易地安家的，发给相当于本省、自治区、直辖市上年度职工平均工资六个月的安家补助费。旅途所需车船费、旅馆费、行李搬运费和伙食补助费，按照本单位职工因公出差标准报销。

（四）死亡待遇

职工因工死亡，其直系亲属按照下列规定从工伤保险基金领取丧葬补助金、供养亲属抚恤金和一次性工亡补助金。

1. 丧葬补助金。丧葬补助金为6个月的统筹地区上年度职工月平均工资。

2. 供养亲属抚恤金。供养亲属抚恤金按照职工本人工资的一定比例发给由因工死亡职工生前提供主要生活来源、无劳动能力的亲属。标准为：配偶每月40%，其他亲属每人每月30%，孤寡老人或者孤儿每人每月在上述标准的基础上增加10%。核定的各供养亲属的抚恤金之和不应高于因工死亡职工生前的工资。

3. 工亡补助金。工亡补助金是一次性给付的，标准为上一年度全国城镇居民人均可支配收入的20倍。职工因工外出期间发生事故或者在抢险救灾中下落不明的，从事故发生当月起3个月内照发工资，从第4个月起停发工资，由工伤保险基金向其供养亲属按月支付供养亲属抚恤金。生活有困难的，可以预支一次性工亡补助金的50%。职工被人民法院宣告死亡的，一次性给付工亡补助金。

阅读资料

工伤认定

我国《工伤保险条例》第十四条规定：职工有下列情形之一的，应当认定为工伤：

（一）在工作时间和工作场所内，因工作原因受到事故伤害的；

（二）工作时间前后在工作场所内，从事与工作有关的预备性或者收尾性工作受到事故伤害的；

（三）在工作时间和工作场所内，因履行工作职责受到暴力等意外伤害的；

（四）患职业病的；

（五）因工外出期间，由于工作原因受到伤害或者发生事故下落不明的；

（六）在上下班途中，受到非本人主要责任的交通事故或者城市轨道交通、客运轮渡、火车事故伤害的；

（七）法律、行政法规规定应当认定为工伤的其他情形。

第十五条规定：职工有下列情形之一的，视同工伤：

（一）在工作时间和工作岗位，突发疾病死亡或者在48小时之内经抢救无效死亡的；

（二）在抢险救灾等维护国家利益、公共利益活动中受到伤害的；

（三）职工原在军队服役，因战、因公负伤致残，已取得革命伤残军人证，到用人单位后旧伤复发的。

职工有前款第（一）项、第（二）项情形的，按照本条例的有关规定享受工伤保险待遇；职工有前款第（三）项情形的，按照本条例的有关规定享受除一次性伤残补助金以外的工伤保险待遇。

第十六条规定：职工有下列情形之一的，不得认定为工伤或者视同工伤：

（一）故意犯罪的；

（二）醉酒或者吸毒的；

（三）自残或者自杀的。

（资料来源：中华人民共和国国务院令586号，《工伤保险条例》，2010年12月20日。）

第二节 生育保险

一、生育保险的概念和特点

（一）生育保险的概念

生育保险是国家通过立法为怀孕、分娩、哺乳和节育的妇女，由国家和企业提供医疗服务、生育津贴、产假和休假，以保障因生育、节育、抚养孩子而造成收入中断的妇女及其孩子基本生活的一项社会保险项目。

在现代社会，生育保险是世界各国普遍建立的一种社会保险制度，它保障了妇女生儿育女天职的完成，实现了人类自身的再生产；保障了妇女劳动者的身体健康和劳动能力的恢复及独立从事社会经济和政治活动的权利。

（二）生育保险的特点

1. 保障范围的有限性。生育保险的保障对象是已婚妇女劳动者，一般必须同时具备既是已婚且有工作的妇女，又要参加保险这两个条件，因此其保障对象的范围相对有限。当然，这并不妨碍她们的子女及其配偶也分享一定的保障待遇。1994 年原劳动部颁布了《企业职工生育保险试行办法》中规定，领取《独生子女优待证》的男配偶享受 10 天的假期，以孩子出生当月本单位人平缴费工资计发。

2. 给付水平的福利性。生育保险给付的水平比养老保险、失业保险的给付水平要高，具有明显的福利性。这是因为，生育社会保险制度不仅保障了生育妇女本人的健康恢复和基本生活需要，维持妇女劳动力的简单再劳动，而且通过生育保险制度的给付保证了劳动力的扩大再生产。

3. 享受时间的特殊性。（1）实行“产前与产后都享受”的原则。失业保险、医疗社会保险、养老保险等基本上都是在风险发生以后才能享受社会保险的给付，而生育保险制度则不同，生育保险制度既照顾妇女生育开始前的一段时间，也照顾妇女生育以后的一段时间。因为妇女在怀孕后临产分娩前的一段时间，由于行动不便，已经不能工作或者不宜工作；分娩以后，需要休息一段时间，恢复身体和照顾婴儿。（2）享受时间上的期限性，生育保险待遇的享受期限是根据产妇体力和劳动能力恢复所需的时间来确定的，并与产假同步，产假结束，受保者可以恢复工作，取得正常的劳动收入，生育保险待遇的发放也就相应地结束。（3）享受时间上的短期性。由于生育形成的社会风险是由正常的生理因素所引起的，它不需要特殊的复杂治疗，只要求一定的恢复时间和必要的营养，因此，生育保险待遇的发放具有短期性的特征，一般享受时间不超过半年。

4. 保障形式的多样性。生育保险除了向受保者提供物质帮助外，还向受保者提供休养时间（假期）及生育保健服务等，这就使生育保险在保障形式上出现多样化。

二、我国生育保险的内容

(一) 生育保险的对象

为配合《劳动法》的贯彻实施，更好地保障企业女职工的合法权益，《企业职工生育保险试行办法》明确规定，我国生育保险的实施范围适用于城镇企业及其职工。2011 生育保险新政策规定，“不管是已生过孩子的还是未生孩子的，不管是男职工还是女职工，单位都要为他们参加职工生育保险”。生育保险制度按照属地原则统筹，不同隶属关系的所有企业都要参加企业所在地的生育社会保险。2011 年生育保险新政策将参保单位从企业扩展到了基本医疗保险关系在某市的国家机关、事业单位、社会团体、民办非企业单位以及具有某市户口的有雇工的城镇个体工商户。随着改革的不断深入，中华人民共和国人社部《生育保险办法（征求意见稿)》从 2012 年 11 月 20 日起面向社会公开征求意见。意见稿明确，生育险待遇将不再限户籍，单位不缴生育险须掏生育费。

(二) 生育保险基金的筹集

生育保险根据“以支定收，收支基本平衡”的原则筹集资金，由参保单位按照其工资总额的一定比例向社会保险经办机构缴纳生育保险费，建立生育保险基金。生育保险费的提取比例由当地人民政府根据计划内生育人数和生育津贴、生育医疗费等项费用确定，并可根据费用支出情况适时调整，但最高不得超过工资总额的 1%。根据规定，国家机关、全额拨款事业单位的缴费费率为 0.4%；企业的缴费费率为 0.8%；其他用人单位可选择上述某一种费率，用人单位缴费基数按用人单位上年度全部职工工资总额确定。企业缴纳的生育保险费作为期间费用处理，列入企业管理费用。

(三) 生育保险待遇的给付

生育保险待遇给付，主要包括生育假期、医疗保健服务、生育津贴、子女补助、特殊照顾等五个方面的待遇：

1. 生育假期（休假）。妇女在怀孕、生育、分娩时应该有休息的期限。生育假期不仅包括生育休假、怀孕假期和产后照顾婴儿的假期，而且还包括流产和节育妇女休息的假期。产假的主要作用是使女职工在生育时期得到适当的休息，增进、保护产妇身体健康，逐步恢复工作能力及其料理个人生活的能力，并使婴儿得到母亲的精心照顾和哺育。

2. 生育津贴。是指妇女因生育、节育而离开工作岗位、不再从事有报酬的工作时，雇主停止给付生育女职工工资而造成实际收入中断，从而定期支付给生育女职工现金的一项生育保险待遇，因此，又叫“生育现金补贴”。生育津贴是对生育妇女的收入补偿，这种收入补偿应该足以维持产妇和产儿的身体健康，因而生育保险是一切社会保险中给付水平最高的。我国规定产假期间，生育津贴按本企业职工上年度月平均工资发放，为职工上年度月平均工资的 100% 或者当地上年度月平均工资的 100% 支付，由生育保险基金支付；并且规定，不得在女职工怀孕期、生产期、哺乳期降低生育津贴（即原工资)，也不允许借故解除劳动合同。女职工长假期间，按原工资标准的 60% 由企业发放生活费。

参保的男职工如果其妻子为农业家庭户，且在产假期间领取独生子女父母光荣证的，还将发给男职工生育护理假补贴 500 元。2011 年的新政策还扩大了生育津贴享受范围，并明确按 0.8% 费率缴纳生育保险费的用人单位，其参保女职工生育或妊娠 7 个月以上（含 7 个月）引产的，享受 3 个月的生育津贴；其参保女职工妊娠 3 个月以上（含 3 个月）7 个月以下流产、引产的，享受 1 个半月生育津贴；3 个月以下流产或患子宫外孕的，享受 1 个月生育津贴。月生育津贴标准为本人生育或流产、引产前 12 个月的平均缴费工资额。按 0.4% 费率缴纳生育保险费的用人单位，其女职工不享受生育津贴，产假期间工资福利仍由用人单位发放。

在本地实施计划生育手术的参保职工和符合享受生育护理假补贴的男职工，应当在医疗终结或产假后 1 个月内，到经办机构办理津贴、补贴审核手续。已办理生育备案的参保职工在本地生育的，可在生育后的次月，到经办机构指定的银行按月领取生育津贴。

3. 哺乳时间。生育妇女在哺乳新生儿期间，妇女应有权为此而中断其工作，中断时间应算做工作时间，并应当给予报酬。我国《女职工劳动保护规定》，有不满 1 周岁婴儿的女职工，其所在单位应当在每班劳动时间内给予两次哺乳时间（含人工喂养），每次 30 分钟。多胞胎生育的，每多哺乳一个婴儿，每次哺乳时间增加 30 分钟。女职工每班劳动时间内的两次哺乳时间，可以合并使用。哺乳时间和在本单位内哺乳往返途中的时间，算做劳动时间。

4. 生育医疗费。医疗保健服务是指为妇女生育提供医疗帮助，其服务项目包括检查费用、接生费用、手术费用、住院费以及与生育直接相关的其他医疗费用。女职工生育的检查费、接生费、住院费和药费由生育保险基金支付，该项目也可以由医疗社会保险基金支付。例如，我国生育保险政策规定，怀孕妇女在劳动期间进行产前检查时，应按出勤对待。

5. 独生子女补助费。我国的独生子女费各类补助，从一定程度上讲，带有一定的社会福利性质。但是，由于子女补助费往往同生育社会保险的给付交织在一起，常被视为生育保险待遇之一。子女补助分为一次性补助和固定补助。一次性补助表现为国家对每个符合人口政策要求出生的子女给予一次性补助；固定补助一般都延续到成年时期。我国规定，凡领到国家颁发的"独生子女证"的夫妻，从领证之日起直至独生子女成长到 16 周岁，每月给予独生子女 50 元补助，这是一项较长期的固定补助。

（四）生育保险的组织管理

生育保险基金由劳动部门所属的社会保险经办机构负责收缴、支付和管理。生育保险基金应存入社会保险经办机构在银行开设的生育保险基金专户。银行应按照城乡居民个人储蓄同期存款利率计息，所得利息转入生育保险基金。

社会保险经办机构可从生育保险基金中提取管理费，用于本机构经办生育保险工作所需的人员经费、办公费及其他业务经费。管理费标准，各地根据社会保险经办机构人员设置情况，由劳动部门提出，经财政部门核定后，报当地人民政府批准。管理费提取比例最高不得超过生育保险基金的 2%，生育保险基金及管理费不征税、费。

2011 年生育保险新政策规定，如果用人单位违反规定不参加生育保险，或者未按规定申报应当缴纳的生育保险费数额，情节特别严重的，将对直接主管负责人和其他直接责任人员处以5 000元以上10 000元以下的罚款。同时，用人单位逾期不缴纳保险费的，除补缴欠缴数额外，从欠缴之日起，按日加收2‰的滞纳金。

生育保险基金的筹集和使用，实行财务预、决算制度，由社会保险经办机构作出年度报告，并接受同级财政、审计监督。

阅读资料　　中国妇女发展纲要（2011—2020年）（节选）

一、妇女与健康

（一）主要目标

1. 妇女在整个生命周期享有良好的基本医疗卫生服务，妇女的人均预期寿命延长。

2. 孕产妇死亡率控制在20/10万以下。逐步缩小城乡区域差距，降低流动人口孕产妇死亡率。

3. 妇女常见病定期筛查率达到80%以上。提高宫颈癌和乳腺癌的早诊早治率，降低死亡率。

4. 妇女艾滋病感染率和性病感染率得到控制。

5. 降低孕产妇中重度贫血患病率。

6. 提高妇女心理健康知识和精神疾病预防知识知晓率。

7. 保障妇女享有避孕节育知情选择权，减少非意愿妊娠，降低人工流产率。

8. 提高妇女经常参加体育锻炼的人数比例。

（二）策略措施

1. 加大妇幼卫生工作力度。优化卫生资源配置，增加农村和边远地区妇幼卫生经费投入。加强各级妇幼保健机构建设，坚持妇幼保健机构的公益性质，健全妇幼卫生服务网络，完善基层妇幼卫生服务体系，为妇女提供均等化的保健服务。加快妇幼卫生人才培养，加强妇幼保健机构人员配备。加大执法监督力度，严肃查处危害妇女健康的非法行为。

2. 加强妇女健康相关科学技术研究。充分依靠科技进步，统筹和优化科技资源配置，组织跨部门、跨地区、跨学科协同攻关，加强对妇女健康主要影响因素及干预措施等的研究；鼓励自主创新，促进成果转化，推广促进妇女健康的新技术和适宜技术。

3. 提高妇女生殖健康服务水平。针对妇女生理特点，大力普及生殖健康知识，提高妇女自我保健意识和能力。提供规范的青春期、育龄期、孕产期、更年期和老年期妇女生殖保健服务，有针对性地解决妇女特殊生理时期的健康问题。

4. 保障孕产妇安全分娩。加强基层医疗保健机构产科建设和人员培训，提高产科服务质量和孕产妇卫生保健水平。孕产妇系统管理率达到85%以上，全国孕产妇住院分娩率达到98%以上，农村孕产妇住院分娩率达到96%以上。健全孕产妇医疗急救网络，推广适宜助产技术，加强孕产妇危重症救治。落实农村孕产妇住院分娩补助政策。为孕产妇提供必要的心理指导和健康教育，普及自然分娩知识，帮助其科学选择分娩方式，控制剖宫产率。

5. 加大妇女常见病防治力度。普及妇女常见病防治知识，建立妇女常见病定期筛查制度。加大专项资金投入，扩大宫颈癌、乳腺癌检查覆盖范围。加强基层妇幼卫生人员和计划生育服务提供者的卫生保健专业知识及服务能力培训。提高医疗保健机构宫颈癌、乳腺癌诊治能力，对贫困、重症患者治疗按规定给予补助。

6. 预防和控制艾滋病、性病传播。完善艾滋病和性病防治工作机制。针对妇女重点人群加强宣传教育，推广有效干预措施。强化对娱乐场所的监管，严厉打击吸毒、嫖娼等违法行为。将艾滋病、梅毒、乙肝等母婴传播阻断纳入妇幼保健日常工作，强化预防艾滋病母婴传播综合服务，孕产妇艾滋病和梅毒检测率分别达到80%和70%，感染艾滋病和梅毒的孕产妇及所生儿童采取预防母婴传播干预措施比例均达到90%以上。

7. 提高妇女营养水平。大力开展健康和营养知识的宣传普及和教育，提倡科学、合理的膳食结构和习惯。为孕前、孕产期和哺乳期妇女等重点人群提供有针对性的营养指导和干预。预防和治疗孕产妇贫血。加强对营养强化食品生产和流通的监管。

8. 保障妇女享有计划生育优质服务。研究推广安全、有效、适宜的避孕节育新技术和新方法，推行避孕节育知情选择，提供避孕节育优质服务。加大避孕知识宣传力度，提高妇女自我保护意识和选择科学合理避孕方式的能力，预防和控制非意愿妊娠和人工流产。强化男女共同承担避孕节育的责任意识，开发、研制男性避孕节育产品，动员男性采取节育措施，提高男性避孕方法使用比重。

9. 提高妇女精神卫生服务水平。建立覆盖城乡、功能完善的精神卫生防治和康复服务网络。针对妇女生理和心理特点，开展咨询和服务。加强精神卫生专业机构和医疗保健机构人员精神卫生知识培训。开展妇女产后抑郁症预防、早期发现及干预。

10. 加强流动妇女卫生保健服务。完善流动妇女管理机制和保障制度，逐步实现流动妇女享有与流入地妇女同等的卫生保健服务。加大对流动妇女卫生保健知识的宣传力度。

11. 引导和鼓励妇女参加经常性体育锻炼。加强对妇女体育健身活动的科学指导，提高妇女健身意识。积极发展城乡社区体育，鼓励妇女参与全民健身运动。加强对老年妇女、残疾妇女体育活动的指导和服务。

二、妇女与社会保障

（一）主要目标

1. 城乡生育保障制度进一步完善，生育保险覆盖所有用人单位，妇女生育保障水平稳步提高。

2. 基本医疗保险制度覆盖城乡妇女，医疗保障水平稳步提高。

3. 妇女养老保障覆盖面逐步扩大。继续扩大城镇个体工商户和灵活就业妇女的养老保险覆盖面，大幅提高新型农村社会养老保险妇女参保率。

4. 妇女参加失业保险的人数增加，失业保险待遇水平逐步提高。

5. 有劳动关系的女性劳动者全部参加工伤保险。

6. 妇女养老服务水平提高，以城乡社区为单位的养老服务覆盖率达到90%以上。

（二）策略措施

1. 加强妇女社会保障法制建设。贯彻落实社会保险法，制定配套法规，为妇女普遍享有生育保险、医疗保险、养老保险、失业保险和工伤保险提供法制保障。

2. 完善生育保障制度。完善城镇职工生育保险制度，进一步扩大生育保险覆盖范围，提高参保率。以城镇居民基本医疗保险、新型农村合作医疗制度为依托，完善城乡生育保障制度，覆盖所有城乡妇女。

3. 确保城乡妇女享有基本医疗保障。继续扩大城镇职工基本医疗保险、城镇居民基本医疗保险和新型农村合作医疗覆盖面，逐步提高保障水平。

4. 完善覆盖城乡的养老保险制度。完善城镇职工养老保险制度，加快建立城镇居民养老保险制度，大力推进新型农村社会养老保险。

5. 进一步完善失业保险制度。继续扩大失业保险覆盖范围，切实保障女性失业者的失业保险合法权益。

6. 保障女性劳动者的工伤保险合法权益。扩大工伤保险覆盖范围，加大执法力度，确保各项工伤保险待遇的落实。

7. 完善城乡社会救助制度。建立与经济增长和物价水平相适应的救助标准调整机制，合理确定救助水平，对符合救助条件的妇女进行救助。

8. 倡导社会力量参与救助。大力支持和规范社会组织和公民的救助活动，鼓励社会组织开展公益活动，多方动员社会资源，为困难妇女提供救助。

9. 保障老年妇女享有基本养老服务。建立健全社会养老服务体系，加大老龄事业投入，发展公益性社区养老机构，加强养老服务队伍的专业化建设，提高社区的养老照护能力和服务水平。

10. 为残疾妇女提供社会保障。为重度和贫困残疾妇女参加新型农村合作医疗、城镇居民基本医疗保险、新型农村社会养老保险等社会保险提供保费补贴。多渠道保障残疾贫困妇女的基本生活。加强残疾人福利机构和康复服务机构建设，市、县普遍建立残疾人综合服务设施。推进残疾妇女社区康复。

（资料来源：《中国妇女发展纲要（2011—2020 年）》，中国网。）

思考与拓展

一、不定项选择题

1. 世界上第一部《工伤事业保险法》诞生于（　　）。

A. 英国　　　　B. 美国

C. 德国　　　　D. 法国

2. 我国新修改的《工伤保险条例》已于（　　）年 1 月 1 日起施行。

A. 2010 年　　　　B. 2011 年

C. 2012 年　　D. 2013 年

3. 实行工伤保险主要应遵循的原则是（　　）。

A. 无责任补偿原则　　B. 个人不缴费原则

C. 补偿与预防、康复相结合原则　　D. 补偿直接经济损失原则

4. 负责全国工伤保险工作的行政部门是（　　）。

A. 国务院社会保险部门　　B. 国务院劳动保障部门

C. 国务院人力资源部门　　D. 国务院国有资产管理部门

5. 下列哪种人不享受《工伤保险条例》规定的工伤保险待遇（　　）。

A. 事业单位的工作人员　　B. 个体工商户的雇工

C. 国营企业员工　　D. 外资企业的雇员

6. 以下关于工伤保险费正确的是（　　）。

A. 确定费率的原则是以收定支、收支平衡

B. 差别费率根据不同行业的工伤风险程度确定，浮动费率根据工伤保险费使用情况、工伤发生率等情况确定

C. 用人单位缴纳工伤保险费，但职工个人应当支付抵押金

D. 缴纳工伤保险费应当及时

7. 职工有下列哪种情形的应当认定为工伤（　　）。

A. 在抢险救灾等维护国家利益、公共利益活动中受到伤害

B. 在上下班途中，非本人主要责任而受到机动车事故伤害

C. 醉酒导致伤亡

D. 在工作时间和工作岗位，突发疾病死亡或者在 48 小时之内经抢救、无效死亡

8. 职工有下列哪种情形的应当视同工伤（　　）。

A. 患职业病

B. 自残或者自杀

C. 职工原军队服役，因战、因公负伤致残，已取得革命伤残军人证，到用人单位后旧伤复发

D. 因工外出期间，由于工作原因受到伤害或者发生事故下落不明

9. 目前，我国规定的妇女生育的假期有（　　）。

A. 56 天　　B. 90 天

C. 180 天　　D. 120 天

10. 生育保险具有哪些特点（　　）。

A. 保障范围的无限性　　B. 给付水平的福利性

C. 享受时间的特殊性　　D. 保障形式的多样性

二、判断题

1. 工伤是与职业有关的对人体的伤害，又称为职业性伤害。（　　）

2. 职业性伤害从病理角度分为因工负伤、工伤致残和职业病三种情况。（　　）

3. 工伤保险与劳动者从事的劳动过程和职业性质的物质因素无关。（　　）

4. 工伤职工的生活费给付要随着工资水平的增长而增长。（ ）
5. 工伤保险基金主要由企业和职工缴费构成。（ ）
6. 职工个人不缴纳生育保险费。（ ）
7. 生育保险基金及管理费不征税但要收费。（ ）
8. 生育保险根据“以支定收，收支基本平衡”的原则筹集资金。（ ）

三、简述题

1. 工伤保险的特点有哪些？
2. 工伤保险基金的筹集方式有几种？
3. 我国《工伤保险条例》对工伤保险待遇的具体规定是什么？
4. 生育保险待遇的给付体现在哪几方面？

四、案例分析题

资料一：

王某是某公司员工。一天下午下班后，王某同往常一样，走在回家的路上。突然，一辆超速行驶的汽车驶入人行道，撞倒了正在走路的王某，并轧断了王某的左腿。经医院抢救、治疗后，王某的左腿截肢、残疾。经当地交通事故管理部门调查，认定肇事司机负全部责任，王某对事故的发生没有任何责任。经过交通管理部门的调解，肇事司机向王某赔偿医疗费 5 000 元，护理费 1 200 元，残疾用具费 4 000 元，误工工资 1 500 元，残疾生活补助费 18 000 元。

（资料来源：刘钧《社会保障理论与实务》，清华大学出版社 2005 年版。）

仔细阅读上述材料，并回答下列问题：

1. 王某发生的交通事故是否可以认定为工伤？
2. 获得民事赔偿后还可以享受工伤保险待遇？

资料二：

女职工李某，怀孕后 2 个月去医院检查，医生建议李某休息。李某根据医生的建议在家休息，时间超过 6 个月。

（资料来源：刘钧《社会保障理论与实务》，清华大学出版社 2005 年版。）

仔细阅读上述材料，并回答下列问题：

1. 请问李某休假、生育期间的待遇如何给付？
2. 如果李某是外企职工，企业是否可以同李某解除劳动合同？

第七章
社 会 福 利

学习要点

- □ 社会福利的含义和特征
- □ 社会福利的内容与形式
- □ 职工集体福利的概念和内容
- □ 社会公益事业的含义及内容
- □ 社会养老服务的含义及内容
- □ 社区服务的含义、特点和内容

第一节
社会福利概述

一、社会福利的含义

社会福利是指政府或社会为改善社会成员物质和文化生活条件而实行的制度、采取的措施和举办的事业的统称。它是在劳动报酬和基本社会保障之外的给付和服务。

社会福利有着丰富的内涵和广泛的外延，人们可以从不同的意义上使用社会福利的概念。广义的社会福利是社会保障的同义语，包括全部公共文化、教育、卫生、体育设施和服务以及社会救济、社会保险在内。**狭义的社会福利从属于社会保障，是指政府或社会在法律和政策范围内向全体社会成员提供帮助或服务的一种社会性制度。**

本书所指的社会福利是狭义上的概念，包括以下几方面的含义：

（一）社会福利的实施主体

社会福利的实施主体是政府。社会福利是政府进行的一项社会性事业，是政府直接或者通过社会组织向公民实施的一种社会保障措施，政府在社会福利的各种关系中处于主导的地位。国家的社会福利制度、范围、对象、标准和方式等由政府根据各种相关的制约因素加以确定，社会福利的资金由政府从社会统一筹集、安排使用。

（二）社会福利的对象

社会福利的对象是全体社会成员。社会福利是一种在全社会范围内广泛进行的社会性事业，它有比其他社会保障项目更为广泛的覆盖对象，是以全体社会成员为对象的社会保障制度。尽管按照社会福利对象的不同身份、职业和生活状况，福利实施的方式有所不同，但它的提供范围始终具有普遍性。

（三）社会福利的目标

社会福利是政府或社会在社会成员基本收入之外为其提供的利益，它在保障目标上有自己特殊的要求，是为提高社会成员的生活质量而实施的社会保障制度。因此，在社会保障体系中，社会福利是最高层次的保障措施，是社会保障的最高纲领。

二、社会福利的特征

社会福利作为社会保障体系的重要组成部分，具有以下几方面的显著特征：

（一）福利对象的普遍性

社会福利是从社会意义进行的福利事业，与社会保险、社会救济和社会优抚制度不同，其保障的对象是全体公民，不区分城乡、年龄、性别，也不区分社会成员的身份、职业、地位和收入的高低，都可以享受社会福利待遇。通过学校、医院、娱乐设施、幼儿园、敬老院等福利设施和福利项目，旨在为社会成员提供基本生活之上，改善生活质量的物质帮助和服务项目。尽管社会成员享受的社会福利待遇事实上存在差异，但较之于社会保险主要服务于工薪劳动者，社会救济只面向贫困人口和灾民，社会优抚只针对社会有功人员而言，社会福利的范围更具有普遍性，社会成员均能通过社会福利制度获得某种形式的物质帮助和服务照顾。

（二）福利目标的高层次性

在社会保障体系中，社会福利是为提高社会成员的物质文化生活水平而进行的社会保障事业。社会福利不仅是为社会成员在个人收入之外提供一定的收入补偿，更重要的是，通过建立公共设施和服务为人们提供生活上的便利。这些福利措施不仅对物质生活需要给予保障，而且还对精神、文化生活需要给予保障；不仅保障个人目前的生活需要，而且还保障其赡养家庭、培育后代的需要。因此，社会福利是社会保障体系中最高层次的保障。

（三）社会福利的多样性

1. 社会福利的实现形式是多种多样的。它除了以发放津贴（货币）的形式提供保障，还以提供设施和服务的方式实现其社会保障的目标。比如通过提供教育设施和义务教育服务来对未成年人提供教育方面的福利；通过举办公益性社会福利事业来为社会成员提供文体娱乐和休闲的场所等等，从某种意义上来讲，设施和服务在社会福利中更具有普遍性。

2. 社会福利的组织主体和类型是多种多样的。它体现了政府干预和社会参与的有机结合，社会津贴、职业福利和社区福利的相互配合。也就是说，国家作为福利举办的主体但又不独揽，还要依靠社会力量、依靠社区、依靠群众的广泛参与，体现“社会福利社会办”的思想。并且社会福利还体现为多层次、多类型、多渠道，既包括国家投资举办的高层次福利，又有依靠社会力量举办的集体福利和社会服务事业。从举办的方式看，有集中的和分散的；有大型的、中型的、小型的；既有单一型的，又有综合型的等，形成资金、物力来源的多渠道。

（四）社会福利的服务性

相较于其他社会保障项目而言，社会福利更突出地表现在服务性上。社会福利一般通过各种福利机构、福利设施为社会成员提供全面、周详的社会福利服务。在涉及生、老、病、残、医、食、住、行的方方面面，国家和社会、企业单位都为其提供各种福利性服务，以改善社会成员的生活质量。其服务不仅满足了人们的实际需要，也体现了国家、社会、企业单位对社会成员的关心和照顾，较之于货币支付行为，优化的服务更体现了物质保障、服务保障和精神慰藉的有机结合和巨大的社会稳定作用。

（五）福利标准的不确定性

社会福利没有法定的统一标准，这也是社会福利区别于其他社会保障制度的一个重要特点。在其他社会保障制度中，都以法律或者制度的形式确定了保障待遇、程序和技术要求。但社会福利则不同，社会福利标准不确定性主要是由其保障目标的不确定性决定的。社会福利是以提高社会成员生活质量为目标的社会保障制度，提高人民生活水平这一目标本身是一个不确定的概念，在微观上很难用量化的标准加以规定，因此，社会福利的标准也是很难具体确定的。

（六）福利资金的单向性

社会福利经费来源于国家和各级财政拨款及社会募集。在资金来源上，具有明显的由国家和社会直接或间接向社会成员提供福利和服务的单向性特征。也就是说，社会福利资金的提供者与受益者是分离的，社会成员在社会福利制度面前不存在权利与义务相对应的关系，享受社会福利待遇的社会成员，事先无需承担缴费的义务。另一方面，国家和社会在向社会成员支付福利待遇时，也不需要进行家庭经济状况调查。

三、社会福利的特殊意义

社会福利是以提高社会成员生活质量为目的的社会保障形式，它是社会保障体系的最高层次，也是现代社会一国政府的一项重要社会职责。其特殊意义在于：

（一）体现现代社会制度的优越性

社会化大生产的根本目的就是不断提高社会成员物质文化生活，增进人民福利，通过福利事业的实施，改善生存环境，提高生活质量。如果说一般社会保险具有保障劳动者在特殊情况下享受基本生活的功能，那么社会福利的目的则在于提高社会成员的生活水平。因为社会福利是劳动者基本收入之外的其他待遇，劳动者不仅期望工资不断增长，也期望社会福利不断扩大，尤其是对老幼残疾人等提供生活、劳动、教育、居住等一系列的物质帮助和服务。既体现了社会人道主义精神，使全体社会成员能够分享经济和社会发展的成果，并且能够在这种成果分享中获得更多更好的发展机会，又有助于社会经济发展战略目标的实现，有助于社会经济的和谐发展，充分发挥现代社会制度的优越性。

（二）有利于提高劳动者的素质

在经济社会里，劳动力素质的高低是经济增长与发展的关键，而劳动力素质的高低则取决于劳动力文化教育水平和健康水平。社会福利是面向全体社会成员的，人民群众都有权享受这种福利，并通过多种形式来保证劳动力素质的提高，如通过各种财政补贴、职工福利、文化教育、卫生福利等形式，使劳动者的劳动技能、文化素质、身体素质得到全面发展，保障劳动者素质的不断提高，有利于提高社会劳动生产率水平。

（三）有助于经济社会又好又快地发展

经济社会又好又快发展的关键是实现社会总供求的平衡。在经济危机时期，国家适度兴办各种社会福利事业和增发各种社会津贴，会直接或间接地增加收入，增加货币投放，形成对社会商品和服务的购买力，导致社会总需求的上升，刺激社会生产的发展，从而刺激经济发展，促进社会经济的良性循环。

四、社会福利的内容与形式

社会福利的目标崇高、范围广泛，所涉及的内容也比较庞杂，形式也多种多样。

（一）社会福利的内容

归纳起来，社会福利的内容可划分为以下几大类：

1. 按福利对象分类，其内容包括未成年人福利、老年人福利、残疾人福利和职工福利。（1）**未成年人福利**。未成年人福利是由政府或社会为各年龄层次的未成年人在就业前提供的福利，包括教育福利、健康福利和生活福利等。（2）**老年人福利**。老年人福利是由政府或社会为达到法定年龄的老年人提供的各类福利，包括老年人医疗和保健服务、文体娱乐福利、敬老院和托老所福利、老年人家庭服务和长寿老人生活补助等。（3）**残疾人福利**。残疾人福利是政府或社会以资金、设施和服务等形式为身有残疾的社会成员提供的生产和生活福利，其目的是保障和改善残疾人的工作和生活条件。残疾人福利主要包括向残疾人免费提供假肢、康复服务、职业培训，开办残疾人福利工厂、举办残疾人教育等。（4）**职工福利**。职工福利是政府或社会为在职者和失业者提供的各种工资以外的津贴、物质和设施服务等，包括职工集体福利和职工个人福利。职工集体福利包括职工集体文化和生活福利，集体文化福利如企业培训中心、俱乐部、图书馆、卫生所等设施和服务；职工集体生活福利如职工食堂、职工宿舍、托儿所、幼儿园、浴室、理发室、班车等等。职工个人福利如年金、困难职工生活补助、冬季取暖补助、探亲假补助和职工带薪假期及其他补助。

2. 按福利性质分类，可将社会福利分为生活福利、教育福利、医疗卫生福利、文体娱乐福利、住房福利等。（1）生活福利。生活福利又称生活津贴，是政府或社会为社会成员提供的直接用于衣食等生活消费方面的福利，包括副食品补贴、物价补助等。（2）教育福利。教育福利是为受教育者提供的教育设施、教育服务以及义务教育福利等，它是提高社会成员科学文化素质的重要措施。（3）医疗卫生福利。医疗卫生福利是政府或社会为社会成员以医疗康复设施、医疗卫生服务，以及减免医疗费用的形式向社会成员提供的福利。（4）文体娱乐福利。文体娱乐福利是政府或社会通过提供文体娱乐设施的方式来实现的社会福利形式，也是一种最为普遍的社会福利形式。（5）住房福利。住房福利是政府以低房租、低售价、住房补贴等形式向社会成员提供的福利，它的目的是改善居民的居住条件，提高居民的生活水平。

3. 按福利的实施范围分类，可将社会福利分为国家福利、地方福利、行业福利和社会服务。(1) 国家福利。国家福利是以中央政府为主体，以全体国民为受益对象，在全国范围内实施的福利待遇。(2) 地方福利。地方福利是以地方政府为主体，以区域内社会成员为对象，在一定区域内实施的社会福利待遇。(3) 行业福利。行业福利是在一定行业范围内实施的，以行业劳动者为对象的社会福利。它是一个行业或企业为了求得自身稳定和发展，对全体职工普遍提供的保证一定生活水平和提高生活质量的资金和服务项目。是一种以就业为前提，具有一定的社会群体性特征和社会意义的福利制度，故又称社会补贴，如单位内部发放的副食品补贴及实物等。(4) 社会服务。社会服务是政府或社会通过社区组织和福利机构为解决人们的实际困难，提高人们的生活质量而有针对性地提供服务与设施的社会福利项目。在我国，传统意义上的社会服务是为帮助在生活上有特殊困难的孤老残幼提供的，主要是由各个层次的社区和福利企业提供的。社会服务带有显著的地缘性和针对性特征，服务对象可以在其居住地就近享受各类服务，重点服务于老人、儿童、残疾人、精神病人、退役军人等。

(二) 社会福利的形式

社会福利的形式多种多样，主要有以下三种：

1. 货币形式，又称货币津贴，是指政府以向居民发放现金的形式来实施社会福利待遇。这里的货币津贴一般被称为社会津贴或者社会补贴，它是政府在实施某项可能影响居民物质利益的社会经济政策时，为了使居民能够分享政策实施推动经济发展的成果，或者使居民不致因新政策的出台使生活水平降低而为居民普遍提供的一种资金帮助。如物价补贴、住房补贴以及医疗费用补贴等等。社会津贴往往是配合政策调整措施出台的，最终会被其他形式所取代而成为固定工资，因而它具有临时性和过渡性的特征。在社会福利的实现形式中，它起辅助作用，是一种比较次要的福利实现形式。

2. 实物形式，即提供福利设施的形式，是社会福利最主要的实现形式。这是因为，社会福利是一种主要以提高社会成员社会消费水平为目标的社会保障制度，这是社会福利区别于其他社会保障的一个重要特点，这一特点也决定了它的实现形式与其他社会保障不同，即它不可能主要以发放津贴等个人消费的方式，而是主要采取兴建社会消费等福利设施的方式来实现保障目标。通常是政府通过兴办各种社会文化、教育、体育、健身、休闲等公益性的社会福利事业，提供相关的福利设施来体现社会福利待遇的。比如，国家通过兴办教育事业，实行义务教育或者低费教育来给社会成员提供教育福利；通过兴建各种文体娱乐设施，以丰富人民群众文化体育生活的形式来为社会成员提供文体福利；通过举办疗养院、社会福利院等为社会成员提供生活和康复福利；通过兴建公园、健身场所等来为社会成员提供休闲和健身福利，提高居民的生活质量等等。

3. 服务形式，即向社会成员提供劳务服务的方式，其主要形式是社区服务，是现代社会福利的一种重要实现形式。在现实生活中，社会服务主要通过社区组织和福利机构来实现，它通过举办各类福利院、福利工厂、福利卫生医疗机构、福利性娱乐场所等来为社会成员提供劳务服务，以提高人们的生活水平和质量，在方便人民生产和生活方面发挥着积极的作用，同时，社会服务也体现了人与人之间的互相关爱、互相帮助的协调关系，是社会文明进步的重要措施和标志。

阅读资料

丹麦老年人社会福利

老年化是丹麦面临的一个颇为严重的社会问题，为此，丹麦政府作出了极大努力，通过税收的方式，向老年人提供各种福利。

丹麦的老年人社会福利主要有四个基本内容：老年人津贴、住房和院舍服务以及医疗保障和家庭服务（关怀政策）。

1. 老年人津贴。政府给予老年人的津贴包括基本津贴、追加津贴、单身老人特殊追加津贴以及在其他情况下申请的个人津贴。它是丹麦福利政策的核心，它的宗旨是保障丹麦人终身维持基本生活标准。每一个丹麦公民年满 67 岁即开始领取老年人津贴，不管本人收入多少，也没有任何附加条件。

1995 年，政府基本津贴为每年 44 508 丹麦克朗，追加津贴为每年 19 548 丹麦克朗，其中身边无子女的老人每年为 22 560 丹麦克朗。孤寡老人还额外领取特殊追加津贴每年为 21 552 丹麦克朗。目前，越来越多的退休者除了政府养老金外还另有收入，没有另外收入的老人还可额外申请津贴。每个地区还视情况对老人实行各种优惠，例如，公共交通优惠及免费收听收看广播电视等。

2. 老年人住房和院舍服务。丹麦制定了专门的老人住房法案。老人住房由各市政府修造和管理。这种住房形式是多种多样的，包括养老院、小型疗养院、供给伙食并有佣工服务的公寓及地方政府老人收容院设有食堂和娱乐中心，并有良好的紧急服务系统，生病或受到意外伤害时，可立即得到服务人员的救助。

疗养院是比较传统的形式，它提供基本的医疗服务，主要收留体弱多病的老人。由于养老院较受欢迎以及越来越多的老人住在自己家中，所以疗养院近年来已很少兴建。

尽管政府提供的各种住房设施条件十分优越，但目前的趋势是大多数老人喜欢住在自己家中。其根本原因在于丹麦政府的政策是鼓励老人继续享有有利于身心健康的家庭生活，根据老人的需要提供各种社会服务，老人无论住在何处都可获得快捷便利的服务。

3. 老年人医疗保障和家庭服务。丹麦的老年政策是面向全社会的，所有老人不论经济状况、身体状况，也不论住在何处均享有一视同仁的服务。

服务的基本内容是医疗护理和家庭服务。医疗护理包括普通全科门诊/专科门诊和家庭护理。普通全科门诊是家庭式的，每个老人和所有公民一样可选择一位固定的普通全科医生看病。家庭服务包括日常家务、个人卫生和照顾病人等。

为了确保老年关怀政策的落实，丹麦建立了 24 小时医疗护理和家庭服务制度。它主要通过两种途径实现：一是各市政府都设有专门服务机构，提供 24 小时昼夜服务；二是各地区建立家庭呼叫系统，由市政府聘用的护士和家庭服务人员昼夜值班。

所有从事老人服务的医护人员和家庭服务人员受雇于各市政府，是市政府领导下的一个统一的整体。各项服务费用均来源于政府税收，老人接受服务全部免费。

（资料来源：钟仁耀：《社会救助与社会福利》，上海财经大学出版社 2009 年版，第 263 ~ 271 页。）

第二节 我国现行社会福利制度

一、职工集体福利

（一）职工集体福利的含义

职工集体福利是职工福利的重要组成部分，是社会福利的重要内容。**职工集体福利是企业面向职工集体提供的各类福利设施和服务等，除职工本人自愿放弃外，不能予以分解**。其主要特点是为职工提供必要的集体消费服务和设施，以满足职工及其家属的物质、文化生活需要。

（二）职工集体福利的建立与发展

改革开放前，我国选择的是以国家为中心的社会主义福利制度，即国家承担福利供给的主要职责。大多数社会成员被整合到一个个具体单位中，企业是单位之一，其不仅是工业组织的一种形式，也是国家控制社会的一种手段，因此，企业所提供的职工集体福利的实质是国家福利，主要包括职工集体文化福利和职工集体生活福利。

20 世纪 80 年代开始，随着社会主义市场经济体制的逐步建立，与诸多改革措施相关联的职工集体福利制度也发生较大的调整。例如，随着住房制度和养老、医疗、工伤等社会保障制度改革的推进，一些原本由职工集体福利承担的错位功能已经或正在重新交归社会福利办理。总之，职工集体福利表现为供给减少以及方式变化。同时，一个重要的特征是相关的法律法规的出台，主要包括 1994 年颁布的《劳动法》第七十六条规定，用人单位“改善集体福利、提高劳动者的福利待遇”；1992 年颁布、2001 年修改的《工会法》第三十、三十八条之规定，工会协助企业办好职工集体福利事业，企业召开讨论有关工资、福利、劳动安全卫生、社会保险等涉及职工切身利益的会议，必须有工会代表参加；1993 年颁布、1999 年和 2004 年修正的《公司法》第一百八十条之规定，公司提取的法定公益金用于本公司职工的集体福利，2005 年又删除第一百八十条，补充第十八条之规定，公司工会代表职工就职工的劳动报酬、工作时间、福利、保险和劳动安全卫生等事项依法与公司签订集体合同。所有这些，进一步建立和健全了我国职工集体福利的制度基础。

（三）职工集体福利的资金筹集、使用和管理机构

职工集体福利的资金由企业承担。依据现行法律法规，我国职工福利资金提取大致是费用和税后利润两个渠道。已提取的职工福利金应及时地划转职工福利委员会保存，并按照有关的福利规划予以支出，专款专用，不得移作他用。

依据《全民所有制工业企业法》之规定，全民所有制工业企业实行厂长（经理）负责制。厂长提出福利基金使用方案和其他有关职工生活福利的重大事项的建议，职工代表大会则审议决定职工福利基金使用方案、职工住宅分配方案和其他有关职工生活福利的重大事项，工会“协助企业办好职工集体福利事业”以及“企业召开讨论有关工资、福利、劳动安全卫生、社会保险等涉及职工切身利益的会议，必须有工会代表参加。”

（四）职工集体福利的内容

职工集体福利分为职工集体文化福利和职工集体生活福利两部分。

1. 职工集体文化福利。**职工集体文化福利是由单位兴建文化、卫生、体育娱乐等设施，以免费或者减费待遇供职工享用和提供服务。**职工集体文化福利对于提高企业的凝聚力、提高职工文化素质、提高劳动生产率具有积极作用。职工集体文化福利主要包括：（1）企业培训中心等集体福利设施。企业培训中心举办的文化补习班、技术培训班等对企业工人、工程技术人员、经营管理人员等在内的所有在职职工进行职业技术培训，可以提高企业的劳动生产率，提高职工的文化素质。企业为职工提供教育资金资助，也是企业福利的一项内容。企业教育资助的内容主要包括以下几个方面：①为职工提供通过学业的费用。职工顺利通过学业，企业会提供学费，但其条件是，职工必须保证在企业工作一定的时间，并获得良好的学习成绩。②为职工提供再培训的机会，职工参加再培训，企业提供培训费用，以提高职工的素质和技能。③为职工子女提供贷款担保。为了给职工子女上学提供必要的费用，有些企业为职工提供学费贷款担保和企业配给的储蓄。（2）职工俱乐部、活动中心等综合性文化福利设施。在活动中心，既可以组织职工学技术、学文化，也可以组织职工开展歌咏比赛等活动，还可以组织各种社交活动，如举办舞会、旅游、联谊会等。这些活动既丰富了职工生活，又有利于职工的身心健康。（3）建立图书馆。图书馆作为福利设施主要由社会承办，但是一些单位为了方便职工查找材料、提高技术，建立了企业图书馆。（4）提供医疗、保健、卫生等服务。各单位自建的医院（卫生室）、保健和医疗设施，是企业集体福利的重要方面。职工定期免费体检等对于预防职工大病、保障职工健康具有重要作用。

2. 职工集体生活福利。**职工集体生活福利是指企业兴办集体生活服务设施以优惠的待遇供职工享用和提供服务。**职工集体生活福利是企业为方便职工生活，减轻家务劳动而举办的生活福利设施，主要包括职工食堂、职工宿舍、休息室、托儿所、幼儿园和学前班、附属学校、上下班交通车等。（1）职工食堂。职工食堂是企业为方便职工工作，保障职工身体健康而兴办的企业生活福利设施。职工食堂中的炊具、设施等是从企业福利基金中支付的，职工食堂向职工提供物美价廉的饭菜、就餐补助等。（2）职工宿舍。职工宿舍是职工栖身和日常生活的场所。职工宿舍包括职工家属住宅、单身集体宿舍和倒班宿舍等。这三类宿舍的使用主体和用途不同，福利优惠措施也是不同的。**职工家属住宅**主要是企业兴办的、以优惠价格出租或出售给本单位职工的住宅，职工购买本单位福利房以后，也只有使用权，不具有所有权。**单身宿舍**主要提供给未婚职工或者家住外地的职工，是企业为解决职工居住上的困难而提供的日常生活场所。**倒班宿舍**是企业免费提供给倒班职工的临时休息和睡眠的场所，倒班宿舍不为职工固定使用。（3）兴办托儿所、幼儿园或者附属学校。托儿所、幼儿园的建立解放了妇女的劳动力，减轻了妇女的家庭负担，也解决了职工的后顾之忧。例如，职工流动性比较大的行业，如石油、勘探等行业，企业兴办幼儿园、托儿所等，可以解决职工子女的入托、求学等问题，保障职工安心工作。（4）开办浴室、理发室，提供上、下班交通工具等。浴室、理发室等，是改善职工生活的重要方面。例如，为使职工保持旺盛的工作精力，一些企业提供了班车服务，接送职工上下班；职工可免费乘车或者支付部分乘车费用。企业在为职工提供这些设施和服务时，可以给予价格优惠。但是，对于那些属于劳动保护范围的项目，是不应收费的。

二、社会养老服务

（一）社会养老服务的含义与特点

社会养老服务（或称养老社会服务）是针对我国家庭养老功能弱化、高龄老人和空巢老人增多而需要从社会角度对老年人的帮助服务，是由政府、社会组织、企业、志愿者为老年人提供的各种生活所需的服务。社会养老服务又可以分为基本养老服务（福利性养老服务）、非营利性养老服务和市场养老服务（后两种养老服务也称为非基本养老服务）三大类。其特点主要表现为养老服务政府主导的多元化、养老服务范围的社会性、养老要求的服务性和养老服务的全面性。

这里，特别需要说明的是，社会养老服务并不等同于社会养老保险。社会养老服务与社会养老保险既相同但又有区别：相同点表现在对象和目的的一致上，都是为了老年人的生活着想；区别主要表现为：一是性质上不同，社会养老服务强调的是自愿原则，而养老保险则体现强制性；二是概念内涵不同，社会养老服务凸显的是服务，而养老保险强调的是资金；三是制度水平不同，社会养老服务体现的是适度普惠型福利，而养老保险旨在保障基本生活。

（二）社会养老服务的意义

发展社会养老服务事业，对于深入贯彻落实科学发展观、实现全面建设小康社会的奋斗目标，有着十分重要而迫切的现实意义：

1. 有利于提高广大老年人的生活质量和幸福指数。
2. 有利于拓展服务业新领域、发展新业态、扩大内需和促进就业。
3. 有利于弘扬中华民族敬老爱老优良传统、促进代际和谐、培育社会公德。
4. 有利于协调、整合社会资源，缓解人口老龄化超前于社会经济发展水平的矛盾，通过减轻家庭养老压力的方式，使公民普遍分享改革开放的成果。
5. 有利于在全社会形成科学的、可持续的养老观念，形成家庭、政府、社会合理分担养老成本的新型养老服务保障体系。

（三）我国社会养老服务的内容

根据当前我国经济社会发展水平，我国的社会养老服务主要由居家养老、社区养老和机构养老等三部分组成：

1. 居家养老服务是指政府和社会力量依托社区，以上门服务为主要形式，为居家的老年人提供生活照料、家政服务、康复护理、医疗保健和精神慰藉等方面服务的一种养老模式。它是对传统家庭养老模式的补充与更新，是我国发展社区服务，建立养老服务体系的一项重要内容。居家养老服务对身体状况较好、生活基本能自理的老年人，提供交通和伴陪、老年食堂、法律服务和提供就业机会等服务；对生活不能自理的高龄、独居、失能等老年人提供家务劳动、家庭保健、辅具配置、送饭上门、无障碍改造、紧急呼叫和安全援助等服务。对居家养老的失能老年人给予专项补贴，鼓励他们配置各种必要的康复辅具，提高生活自理能力和生活质量。

2. 社区养老服务是通过政府扶持、社会参与、市场运作，逐步建立以家庭养老为核心，社区服务为依托，专业化服务为依靠，向居家老人提供生活照料服务，又以上门服务为主，托老所服务为辅的整合社会各方力量的一种养老模式。这种模式的特点在于：让老人住在自己家里，在继续得到家人照顾的同时，由社区的有关服务机构和人士为老人提供上门服务或托老服务。

社区养老服务是居家养老服务的重要支撑，具有社区日间照料和居家养老支持两类功能，主要面向家庭日间暂时无人或者无力照护的社区老年人提供服务。在城市，结合社区服务设施建设，增加托老设施网点，增强社区养老服务能力，打造居家养老服务平台。通过倡议、发动、引导志愿活动及建立劳务储蓄制度等方式，动员各类人群参与社区养老服务。鼓励健康老人、低龄老人为高龄老人服务，提倡邻里互助。在农村，结合城镇化发展和新农村建设，以乡镇敬老院为基础，建设日间照料和短期托养的养老床位，逐步向区域性养老服务中心转变。有条件的农村社区，可探索建设社区老年日间照料服务设施，向留守老年人及其他有需要的老年人提供日间照料、短期托养、配餐等服务。

特别强调的是，社区养老不是家庭养老，而是社区中的在家养老；社区养老不是社会养老，而是将机构养老中的服务引入社区，实行社区的在家养老。它吸收了家庭养老和社会养老方式的优点和可操作性，把家庭养老和机构养老的最佳结合点集中在社区。是针对中国社会转型期在21世纪上半叶所面临的巨大老龄化问题所出现的一种新型养老方式。

3. 机构养老服务是指依靠国家资助、亲人资助或老年人自助的方式，将老人集中在专门为老年人提供综合性服务的机构中的一种养老模式。其概念中主要体现如下两点：第一，养老资源来源于集体、企事业单位、国家等，区别于来自子女、本人、亲属或者配偶供给的家庭养老，属于社会提供；第二，养老的空间地点是指离开原有的居住地，以集中居住的方式在一定的区域。养老机构是机构养老模式的重要载体，包括养老院、敬老院、福利院、老年公寓等。

机构养老服务以设施建设为重点，通过设施建设，实现其基本养老服务功能。养老服务设施建设重点包括老年养护机构和其他类型的养老机构。老年养护机构主要为失能、半失能的老年人提供专门服务，重点实现以下功能：（1）生活照料。设施应符合无障碍建设要求，配置必要的附属功能用房，满足老年人的穿衣、吃饭、如厕、洗澡、室内外移动等日常生活需求。（2）康复护理。具备开展康复、护理和应急处置工作的设施条件，并配备相应的康复器材，帮助老年人在一定程度上恢复生理功能或减缓部分生理功能的衰退。（3）紧急救援。具备为老年人提供突发性疾病和其他紧急情况的应急处置救援服务能力，使老年人能够得到及时有效的救援。老年养护机构还应利用自身的资源优势，培训和指导社区养老服务组织和人员，提供居家养老服务，实现示范、辐射、带动作用。其他类型的养老机构根据自身特点，为不同类型的老年人提供集中照料等服务。

三、社区服务

（一）社区服务的含义与特点

社区服务是在政府的倡导和扶持下，为满足社区居民物质生活和精神生活，由基层社会组织和民政机构组织的，主要依靠社区成员在自愿、自治、自助、互助基础上开展的，具有社会福利性质的居民服务。社区服务是指政府、社区居委会以及其他各方面力量直接为社区成员提供的公共服务和其他物质、文化、生活等方面的服务。从社会学的角度讲，社区服务就是一个社区为满足其成员物质生活与精神生活需要而进行的社会性福利服务活动。其主要特点：一是社区服务不只是一些社会自发性和志愿性的服务活动，而是有指导、有组织、有系统的服务体系；二是社区服务不是一般的社会服务产业，它与经营性的社会服务业是有区别的；三是社区服务不是仅由少数人参与的为其他人提供服务的社会活动，而是以社区全体居民的参与为基础，以自助与互助相结合的社会公益活动。

社区服务具有组织性、地缘性、福利性、群众性等特点。主要表现为：一是在组织上依靠社区委员会、街道办事处等基层社会组织，不只是一些社会自发性和志愿性的服务活动，而是有指导，有组织，有系统的服务体系；二是服务范围主要在一定的社会区域内，具有明显的地缘性；三是服务的目的是解决社区居民生活上的各种困难，为居民提供便民服务，以提高居民的生活质量；四是社区服务不是仅由少数人参与的为其他人提供服务的社会活动，而是以社区全体居民的参与为基础，以自助与互助相结合的社会公益活动；五是社区服务不是一般的社会服务产业，它与经营性的社会服务业是有区别的。社区服务是有偿服务与无偿服务相结合，有偿服务实行低收费原则。

（二）社区服务的意义

社区服务是我国改革开放以来探索的一条贴近基层、服务居民的社会化服务新路子，加强和改进社区服务工作具有重要意义：

1. 有利于扩大党的执政基础、体现政府的施政宗旨。

2. 有利于大力推动社区物质文明与精神文明建设，通过广泛群众参与，形成高尚的社会道德与社会风气，解决社会问题、化解社会矛盾、促进社会和谐。

3. 有利于扩大就业、使人们更集中精力从事生产劳动和其他社会活动，创造出更多社会财富。

4. 有利于社区成员拥有更多的公共服务、社会福利和闲暇时间，不断满足居民群众需求，让人们从沉重的家务劳动中解放出来，提高人们的生活质量。

5. 有利于培养人们的主体意识，协作意识，法纪意识和文化意识，提高人的综合素质。

（三）社区服务的内容

自1986年民政部倡导社区服务以来，社区服务的范围和内容得到了广泛的拓展和延伸。目前，社区服务的项目和内容已基本涵盖广大居民物质生活和精神生活的各个领域，服务内容由10多项发展到200多项，包括妇女、儿童、老年人、残疾人、青壮年人和优抚对象、驻社区单位等各类群体，社区卫生、社区文化、社区环境、社区治安、社区保障等服务项目普遍展开，多种便民生活服务圈不断涌现，社区居民需求得到不同程度的满足。尤其是伴随着市场经济体制的建立，一些社区服务企业开始为社区内居民和单位提供送餐、存车、物业管理等后勤社会化服务，开辟了社区服务业发展的新领域。目前初步构筑起以社会救助为基础的集家政服务、物业管理、职业中介、心理咨询、健康保健等内容于一体的综合服务体系。

社区服务大体包括六个层面九个系列的内容：

1. 社区服务的六个层面是：（1）个人为社区服务，以个人志愿为基础，表现为两种形式，一是社区居民不定期地参与保护社区环境的清洁卫生工作和其他社区公益活动；二是社区志愿者的定期社区服务。（2）人际相互服务，每个人既是服务的主体，又是服务的对象；既向别人提供服务，又接受他人提供的服务。（3）社区和企业相互服务，以“街企共建”和街企之间的“双向服务”为代表，服务的主体和对象由个人扩大到单位和整个社区。（4）社区为居民服务，是社区服务的本原含义之一。最新发展是社会互助网络的建立，像“求助电话”，“求助门铃”和志愿者组织等等。（5）政府（民政部门）为民政对象的服务，政府为“三无”对象和军烈属的服务，增强了社区服务的福利色彩。（6）政府为社区服务，是社区服务的本原含义之二。这种服务作为一种福利发送体系，包括物质方面的服务，如住宅，下水道，固体废料，道路和水；物质与人方面的服务，如警察，公园和运动场，消防和运输；人方面的服务，如健康，福利，就业服务和教育，等等。

2. 社区服务的九大系列包括：（1）为老年人服务。开办各种类型的老年大学，开展各种有利于老年健康的文体活动如老年人棋牌室、老年人阅览室、老年人科普咨询站、老年人技术服务部；兴办社会福利机构，如福利院、老年公寓、老年保健、老年法律、老年婚介、老年心理及健康服务；为方便老年人生活，提高老年人生存质量提供各种服务项目，如老年人医院、老年人联谊会、老干部活动中心等等。（2）为青少年服务。为本社区青少年身心健康和成长提供各种帮助。包括校外辅导站、文化补习班、学生会餐部、职业培训班等。（3）为儿童服务。为本社区儿童提供各种服务。如幼儿园、托儿所等。（4）为残疾人服务。为本社区残疾人提供服务保障。包括就业服务、医疗康复服务、教育服务、生活服务及婚介服务、娱乐服务等。（5）中介、信息服务。逐步建立区域性求助网络体系，实现社区服务现代化、网络化，发放求助服务卡，公开服务项目、收费标准、联系方式和服务承诺，做到“民思我想、民困我帮、民求我应、民需我办”。如为居民家庭介绍家政服务员，如婴儿保姆、家教辅导员、清洁工、修理工、接送服务；为居民提供各种有偿和无偿服务，如家用电器的维修、理发室和浴池的修建、电话传呼、单车寄存等。（6）优抚服务。主要协助政府落实优抚政策，做好征兵和退伍安置工作，开展拥军优属服务，为军人家属和伤残人员的生活提供方便，帮助部队培训军地两用人才等。

(7) 社会保障服务。对社区低收入家庭，根据国家政策提供社会保障和救助，落实低保政策。建立再就业基地，加强职业中介等，千方百计安排下岗职工再就业。(8) 卫生保健服务。办好社区卫生保健室，开展对常见病的康复医疗服务。宣传健康防病知识，提高全民健康意识。(9) 安全防范服务。社区居委会可以根据需要建造社区安全防范设施，如电子防盗监控系统、楼宇对讲系统等。在社区可以成立由社区志愿者组成的治安巡逻队。

（四）进一步完善社区服务

随着我国经济成份、生活方式、社会组织形式和就业形式的日益多样化，越来越多的"单位人"转为"社会人"，大量退休人员、下岗失业人员和流动人员进入社区，社区居民群众的物质、文化、生活需求日益呈现出多样化、多层次的趋势，经济社会的发展和居民群众的多方面需要给社区服务提出了新的更高的要求。当前，需要进一步完善的社区服务是：面向群众的便民利民服务，面向特殊群体的社会救助、社会福利和优抚保障服务，面向下岗失业人员的再就业服务和社会保障服务。

国外发达国家在发展和完善社区服务中的有益经验值得我们借鉴与学习：

1. 吸引多方参与社区服务供给。在发达国家，社区服务正在由政府单一主体供给向政府、市场、个人及第三部门多元互动模式演进。多元主体的引入，既有利于政府将有限资源用于社会核心公共服务及设施的供给，又有利于形成社区服务供给的竞争机制，使居民能够享受到更优质、更充足的社区服务。

2. 确保政府的有效监管。在北欧国家，社区服务具有高度的制度化特征。在多元服务供给主体的模式下，政府不再是公共服务及设施的垄断提供者，而是多方利益的协调者。政府对社区服务提供工作规范、进行技术指导甚至要求服务提供者接受专业培训，从而保证社区服务供给到位。

3. 提高公共财政投入比例。从发达国家看，挪威用于家庭养老、福利、卫生以及就业等社会发展方面的投入占政府总支出的67%，美国联邦政府在社保、贫困、卫生等方面的投入占政府总支出的60%。相比之下，我国在社保、卫生、教育等公共服务方面的投入仍然较低，尤其是在社区层面，一些福利性、公益性的社区公共服务项目存在较大的资金缺口，需继续提高公共财政投入比例。

四、社会公益事业

（一）社会公益事业的含义

社会公益事业是国家或社会以全体社会成员为对象兴办的公益性事业，目的是提高社会成员的物质和文化生活水平，是一种让社会成员共同受益的社会性事业。它的主要形式是提供公益性的福利设施，为社会成员共同享有和使用，并使其在这些事业的发展中得到物质和文化生活上的满足和提高，因此，它是一种典型意义上的社会福利形式，在发达国家则属于社会福利的最主要形式。

（二）社会公益事业的内容

社会公益事业的内涵十分广泛，几乎所有的社会公益设施都与社会福利有关。如教育、科学、环境保护、文化、体育、卫生等设施。公民在享受福利事业提供的服务时，是免费的或者低费的。在提供免费服务时，这些设施的维持和发展费用全部由国家负担；在以优惠价格提供服务时，消费者负担一部分费用，不足部分由国家财政负担。其经费除了来自国家财政拨款外，福利彩票和捐赠也逐渐成为社会公益事业的重要资金来源。

《中华人民共和国公益事业捐赠法》明确指出，我国的社会公益事业是指非营利的下列事项：救助灾害、救济贫困、扶助残疾人等困难的社会群体和个人的活动；教育、科学、文化、卫生、体育事业；环境保护、社会公共设施建设；促进社会发展和进步的其他社会公共和福利事业。在开展公益活动的同时，社会公益事业还通过提供教育设施和服务，医疗卫生设施和服务，以及公园、博物馆、体育和文化娱乐场所等来满足居民的社会消费需要，在我国社会福利制度中发挥着越来越重要的作用。

阅读资料

中华人民共和国公益事业捐赠法

第一章 总 则

第一条 为了鼓励捐赠，规范捐赠和受赠行为，保护捐赠人、受赠人和受益人的合法权益，促进公益事业的发展，制定本法。

第二条 自然人、法人或者其他组织自愿无偿向依法成立的公益性社会团体和公益性非营利的事业单位捐赠财产，用于公益事业的，适用本法。

第三条 本法所称公益事业是指非营利的下列事项：

（一）救助灾害、救济贫困、扶助残疾人等困难的社会群体和个人的活动；

（二）教育、科学、文化、卫生、体育事业；

（三）环境保护、社会公共设施建设；

（四）促进社会发展和进步的其他社会公共和福利事业。

第四条 捐赠应当是自愿和无偿的，禁止强行摊派或者变相摊派，不得以捐赠为名从事营利活动。

第五条 捐赠财产的使用应当尊重捐赠人的意愿，符合公益目的，不得将捐赠财产挪作他用。

第六条 捐赠应当遵守法律、法规，不得违背社会公德，不得损害公共利益和其他公民的合法权益。

第七条 公益性社会团体受赠的财产及其增值为社会公共财产，受国家法律保护，任何单位和个人不得侵占、挪用和损毁。

第八条 国家鼓励公益事业的发展，对公益性社会团体和公益性非营利的事业单位给予扶持和优待。

国家鼓励自然人、法人或者其他组织对公益事业进行捐赠。

对公益事业捐赠有突出贡献的自然人、法人或者其他组织，由人民政府或者有关部门予以表彰。对捐赠人进行公开表彰，应当事先征求捐赠人的意见。

第二章 捐赠和受赠

第九条 自然人、法人或者其他组织可以选择符合其捐赠意愿的公益性社会团体和公益性非营利的事业单位进行捐赠。捐赠的财产应当是其有权处分的合法财产。

第十条　公益性社会团体和公益性非营利的事业单位可以依照本法接受捐赠。

本法所称公益性社会团体是指依法成立的，以发展公益事业为宗旨的基金会、慈善组织等社会团体。

本法所称公益性非营利的事业单位是指依法成立的，从事公益事业的不以营利为目的的教育机构、科学研究机构、医疗卫生机构、社会公共文化机构、社会公共体育机构和社会福利机构等。

第十一条　在发生自然灾害时或者境外捐赠人要求县级以上人民政府及其部门作为受赠人时，县级以上人民政府及其部门可以接受捐赠，并依照本法的有关规定对捐赠财产进行管理。

县级以上人民政府及其部门可以将受赠财产转交公益性社会团体或者公益性非营利的事业单位；也可以按照捐赠人的意愿分发或者兴办公益事业，但是不得以本机关为受益对象。

第十二条　捐赠人可以与受赠人就捐赠财产的种类、质量、数量和用途等内容订立捐赠协议。捐赠人有权决定捐赠的数量、用途和方式。

捐赠人应当依法履行捐赠协议，按照捐赠协议约定的期限和方式将捐赠财产转移给受赠人。

第十三条　捐赠人捐赠财产兴建公益事业工程项目，应当与受赠人订立捐赠协议，对工程项目的资金、建设、管理和使用作出约定。

捐赠的公益事业工程项目由受赠单位按照国家有关规定办理项目审批手续，并组织施工或者由受赠人和捐赠人共同组织施工。工程质量应当符合国家质量标准。

捐赠的公益事业工程项目竣工后，受赠单位应当将工程建设、建设资金的使用和工程质量验收情况向捐赠人通报。

第十四条　捐赠人对于捐赠的公益事业工程项目可以留名纪念；捐赠人单独捐赠的工程项目或者主要由捐赠人出资兴建的工程项目，可以由捐赠人提出工程项目的名称，报县级以上人民政府批准。

第十五条　境外捐赠人捐赠的财产，由受赠人按照国家有关规定办理入境手续；捐赠实行许可证管理的物品，由受赠人按照国家有关规定办理许可证申领手续，海关凭许可证验放、监管。

华侨向境内捐赠的，县级以上人民政府侨务部门可以协助办理有关入境手续，为捐赠人实施捐赠项目提供帮助。

第三章　捐赠财产的使用和管理

第十六条　受赠人接受捐赠后，应当向捐赠人出具合法、有效的收据，将受赠财产登记造册，妥善保管。

第十七条　公益性社会团体应当将受赠财产用于资助符合其宗旨的活动和事业。对于接受的救助灾害的捐赠财产，应当及时用于救助活动。基金会每年用于资助公益事业的资金数额，不得低于国家规定的比例。

公益性社会团体应当严格遵守国家的有关规定，按照合法、安全、有效的原则，积极实现捐赠财产的保值增值。

公益性非营利的事业单位应当将受赠财产用于发展本单位的公益事业，不得挪作他用。

对于不易储存、运输和超过实际需要的受赠财产，受赠人可以变卖，所取得的全部收入，应当用于捐赠目的。

第十八条　受赠人与捐赠人订立了捐赠协议的，应当按照协议约定的用途使用捐赠财产，不得擅自改变捐赠财产的用途。如果确需改变用途的，应当征得捐赠人的同意。

第十九条　受赠人应当依照国家有关规定，建立健全财务会计制度和受赠财产的使用制度，加强对受赠财产的管理。

第二十条　受赠人每年度应当向政府有关部门报告受赠财产的使用、管理情况，接受监督。必要时，政府有关部门可以对其财务进行审计。

海关对减免关税的捐赠物品依法实施监督和管理。

县级以上人民政府侨务部门可以参与对华侨向境内捐赠财产使用与管理的监督。

第二十一条　捐赠人有权向受赠人查询捐赠财产的使用、管理情况，并提出意见和建议。对于捐赠人的查询，受赠人应当如实答复。

第二十二条　受赠人应当公开接受捐赠的情况和受赠财产的使用、管理情况，接受社会监督。

第二十三条　公益性社会团体应当厉行节约，降低管理成本，工作人员的工资和办公费用从利息等收入中按照国家规定的标准开支。

第四章　优惠措施

第二十四条　公司和其他企业依照本法的规定捐赠财产用于公益事业，依照法律、行政法规的规定享受企业所得税方面的优惠。

第二十五条　自然人和个体工商户依照本法的规定捐赠财产用于公益事业，依照法律、行政法规的规定享受个人所得税方面的优惠。

第二十六条　境外向公益性社会团体和公益性非营利的事业单位捐赠的用于公益事业的物资，依照法律、行政法规的规定减征或者免征进口关税和进口环节的增值税。

第二十七条　对于捐赠的工程项目，当地人民政府应当给予支持和优惠。

第五章　法律责任

第二十八条　受赠人未征得捐赠人的许可，擅自改变捐赠财产的性质、用途的，由县级以上人民政府有关部门责令改正，给予警告。拒不改正的，经征求捐赠人的意见，由县级以上人民政府将捐赠财产交由与其宗旨相同或者相似的公益性社会团体或者公益性非营利的事业单位管理。

第二十九条　挪用、侵占或者贪污捐赠款物的，由县级以上人民政府有关部门责令退还所用、所得款物，并处以罚款；对直接责任人员，由所在单位依照有关规定予以处理；构成犯罪的，依法追究刑事责任。

依照前款追回、追缴的捐赠款物，应当用于原捐赠目的和用途。

第三十条　在捐赠活动中，有下列行为之一的，依照法律、法规的有关规定予以处罚；构成犯罪的，依法追究刑事责任：

（一）逃汇、骗购外汇的；

（二）偷税、逃税的；

（三）进行走私活动的；

（四）未经海关许可并且未补缴应缴税额，擅自将减税、免税进口的捐赠物资在境内销售、转让或者移作他用的。

第三十一条　受赠单位的工作人员，滥用职权，玩忽职守，徇私舞弊，致使捐赠财产造成重大损失的，由所在单位依照有关规定予以处理；构成犯罪的，依法追究刑事责任。

第六章　附　　则

第三十二条　本法自1999年9月1日起施行。

（资料来源：中国政府门户网站，www.gov.cn，2005年10月01日　来源：全国人大法规库）

思考与拓展

一、不定项选择题

1. 社会福利的对象是（　　）。

A. 全体社会成员　　B. 劳动者

C. 低收入群体　　D. 农民工

2. 社会福利是社会保障体系中保障的（　　）。

A. 最低层次　　B. 最高层次

C. 基本层次　　D. 一般层次

3. 社会福利经费来源于（　　）。

A. 国家　　B. 财政拨款

C. 社会募集　　D. 个人缴纳

4. 社会福利最主要的实现形式是（　　）。

A. 货币形式　　B. 实物形式

C. 服务形式　　D. 以工代赈

5. 社会养老服务可以分为以下几大类（　　）。

A. 实物养老服务　　B. 基本养老服务

C. 非基本养老服务　　D. 货币养老服务

6. 以下说法正确的是（　　）。

A. 社区养老是家庭养老

B. 社区养老是社会养老

C. 社区养老是社区中的在家养老

D. 社区养老是家庭养老和社会养老的最佳结合

7. 我国的社会养老服务主要由几部分组成（　　）。

A. 居家养老　　B. 社区养老

C. 单位养老　　D. 机构养老

8. 社区服务具有哪些特点（　　）。

A. 组织性　　B. 福利性

C. 地缘性　　D. 群众性

9. 我国公益慈善组织的主要类型包括（　　）。

A. 慈善基金会　　B. 非营利性社会团体

C. 孤儿院　　D. 民办非企业单位

10. 社会公益事业的经费来源渠道有（　　）。

A. 财政拨款　　B. 个人缴纳

C. 福利彩票　　D. 捐赠

二、判断题

1. 社会福利是在劳动报酬和基本社会保障范围内的给付和服务。（　　）

2. 社会福利的目标是提高社会成员的生活质量。（　　）

3. 社会福利标准具有不确定性，在微观上很难用量化的标准加以规定。（　　）

4. 社会福利的对象具有特定性，主要指老年人和残疾人。（　　）

5. 社会福利的主要形式是社区服务。（　　）

6. 企业召开讨论有关工资、福利、劳动安全卫生、社会保险等涉及职工切身利益的会议，必须有工会代表参加。（　　）

7. 社会养老服务实质上等同于社会养老保险。（　　）

8. 社区服务是有偿服务与无偿服务相结合，有偿服务实行低收费原则。（　　）

9. 社会公益事业是一种典型意义上的社会福利形式。（　　）

三、简述题

1. 社会福利具有哪些特征?

2. 社会福利的内容包括哪些方面?

3. 简述社会养老服务与社会养老保险的异同。

4. 社会养老服务的重要意义表现在哪几方面?

5. 简述社区服务工作的重要意义。

6. 国外发达国家在发展和完善社区服务方面有哪些值得我们借鉴与学习的?

7. 简要回答社区服务的内容。

8. 简述我国社会公益事业的主要内容。

四、案例分析题

社会养老服务体系建设规划（2011—2015年）（节选）

为积极应对人口老龄化，建立起与人口老龄化进程相适应、与经济社会发展水平相协调的社会养老服务体系，实现党的十七大确立的“老有所养”的战略目标和十七届五中全会提出的“优先发展社会养老服务”的要求，根据《中华人民共和国国民经济和社会发展第十二个五年规划纲要》和《中国老龄事业发展“十二五”规划》，制定本规划。

一、规划背景

（一）现状和问题

自1999年我国步入老龄化社会以来，人口老龄化加速发展，老年人口基数大、增长快并日益呈现高龄化、空巢化趋势，需要照料的失能、半失能老人数量剧增。第六次全国人口普查显示，我国60岁及以上老年人口已达1.78亿，占总人口的13.26%，加强社会养老服务体系建设的任务十分繁重。

近年来，在党和政府的高度重视下，各地出台政策措施，加大资金支持力度，使我国的社会养老服务体系建设取得了长足发展。养老机构数量不断增加，服务规模不断扩大，老年人的精神文化生活日益丰富。截至2010年底，全国各类收养性养老机构已达4万个，养老床位达314.9万张。社区养老服务设施进一步改善，社区日间照料服务逐步拓展，已建成含日间照料功能的综合性社区服务中心1.2万个，留宿照料床位1.2万张，日间照料床位4.7万张。以保障三无、五保、高龄、独居、空巢、失能和低收入老人为重点，借助专业化养老服务组织，提供生活照料、家政服务、康复护理、医疗保健等服务的居家养老服务网络初步形成。养老服务的运作模式、服务内容、操作规范等也不断探索创新，积累了有益的经验。

但是，我国社会养老服务体系建设仍然处于起步阶段，还存在着与新形势、新任务、新需求不相适应的问题，主要表现在：缺乏统筹规划，体系建设缺乏整体性和连续性；社区养老服务和养老机构床位严重不足，供需矛盾突出；设施简陋、功能单一，难以提供照料护理、医疗康复、精神慰藉等多方面服务；布局不合理，区域之间、城乡之间发展不平衡；政府投入不足，民间投资规模有限；服务队伍专业化程度不高，行业发展缺乏后劲；国家出台的优惠政策落实不到位；服务规范、行业自律和市场监管有待加强等。

（二）必要性和可行性

我国的人口老龄化是在“未富先老”、社会保障制度不完善、历史欠账较多、城乡和区域发展不平衡、家庭养老功能弱化的形势下发生的，加强社会养老服务体系建设的任务十分繁重。

加强社会养老服务体系建设，是应对人口老龄化、保障和改善民生的必然要求。目前，我国是世界上唯一一个老年人口超过1亿的国家，且正在以每年3%以上的速度快速增长，是同期人口增速的五倍多。预计到2015年，老年人口将达到2.21亿，约占总人口的16%；2020年达到2.43亿，约占总人口的18%。随着人口老龄化、高龄化的加剧，失能、半失能老年人的数量还将持续增长，照料和护理问题日益突出，人民群众的养老服务需求日益增长，加快社会养老服务体系建设已刻不容缓。

加强社会养老服务体系建设，是适应传统养老模式转变、满足人民群众养老服务需求的必由之路。长期以来，我国实行以家庭养老为主的养老模式，但随着计划生育基本国策的实施，以及经济社会的转型，家庭规模日趋小型化，“4－2－1”家庭结构日益普遍，空巢家庭不断增多。家庭规模的缩小和结构变化使其养老功能不断弱化，对专业化养老机构和社区服务的需求与日俱增。

加强社会养老服务体系建设，是解决失能、半失能老年群体养老问题、促进社会和谐稳定的当务之急。目前，我国城乡失能和半失能老年人约 3 300 万，占老年人口总数的 19%。由于现代社会竞争激烈和生活节奏加快，中青年一代正面临着工作和生活的双重压力，照护失能、半失能老年人力不从心，迫切需要通过发展社会养老服务来解决。

加强社会养老服务体系建设，是扩大消费和促进就业的有效途径。庞大的老年人群体对照料和护理的需求，有利于养老服务消费市场的形成。据推算，2015 年我国老年人护理服务和生活照料的潜在市场规模将超过 4 500 亿元，养老服务就业岗位潜在需求将超过 500 万个。

在面对挑战的同时，我国社会养老服务体系建设也面临着前所未有的发展机遇。加强社会养老服务体系建设，已越来越成为各级党委政府关心、社会广泛关注、群众迫切期待解决的重大民生问题。同时，随着我国综合国力的不断增强，城乡居民收入的持续增多，公共财政更多地投向民生领域，以及人民群众自我保障能力的提高，社会养老服务体系建设已具备了坚实的社会基础。

二、内涵和定位

（一）内涵

社会养老服务体系是与经济社会发展水平相适应，以满足老年人养老服务需求、提升老年人生活质量为目标，面向所有老年人，提供生活照料、康复护理、精神慰藉、紧急救援和社会参与等设施、组织、人才和技术要素形成的网络，以及配套的服务标准、运行机制和监管制度。

社会养老服务体系建设应以居家为基础、社区为依托、机构为支撑，着眼于老年人的实际需求，优先保障孤老优抚对象及低收入的高龄、独居、失能等困难老年人的服务需求，兼顾全体老年人改善和提高养老服务条件的要求。

社会养老服务体系建设是应对人口老龄化的一项长期战略任务，是坚持政府主导，鼓励社会参与，不断完善管理制度，丰富服务内容，健全服务标准，满足人民群众日益增长的养老服务需求的持续发展过程。本建设规划仅着眼于构建体系建设的基本框架。

（二）功能定位

我国的社会养老服务体系主要由居家养老、社区养老和机构养老等三个有机部分组成。

居家养老服务涵盖生活照料、家政服务、康复护理、医疗保健、精神慰藉等，以上门服务为主要形式。对身体状况较好、生活基本能自理的老年人，提供家庭服务、老年食堂、法律服务等服务；对生活不能自理的高龄、独居、失能等老年人提供家务劳动、家庭保健、辅具配置、送饭上门、无障碍改造、紧急呼叫和安全援助等服务。有条件的地方可以探索对居家养老的失能老年人给予专项补贴，鼓励他们配置必要的康复辅具，提高生活自理能力和生活质量。

社区养老服务是居家养老服务的重要支撑，具有社区日间照料和居家养老支持两类功能，主要面向家庭日间暂时无人或者无力照护的社区老年人提供服务。在城市，结合社区服务设施建设，增加养老设施网点，增强社区养老服务能力，打造居家养老服务平台。倡议、引导多种形式的志愿活动及老年人互助服务，动员各类人群参与社区养老服务。在农村，结合城镇化发展和新农村建设，以乡镇敬老院为基础，建设日间照料和短期托养的养老床位，逐步向区域性养老服务中心转变，向留守老年人及其他有需要的老年人提供日间照料、短期托养、配餐等服务；以建制村和较大自然村为基点，依托村民自治和集体经济，积极探索农村互助养老新模式。

机构养老服务以设施建设为重点，通过设施建设，实现其基本养老服务功能。养老服务设施建设重点包括老年养护机构和其他类型的养老机构。老年养护机构主要为失能、半失能的老年人提供专门服务，重点实现以下功能：1. 生活照料。设施应符合无障碍建设要求，配置必要的附属功能用房，满足老年人的穿衣、吃饭、如厕、洗澡、室内外活动等日常生活需求。2. 康复护理。具备开展康复、护理和应急处置工作的设施条件，并配备相应的康复器材，帮助老年人在一定程度上恢复生理功能或减缓部分生理功能的衰退。3. 紧急救援。具备为老年人提供突发性疾病和其他紧急情况的应急处置救援服务能力，使老年人能够得到及时有效的救援。鼓励在老年养护机构中内设医疗机构。符合条件的老年养护机构还应利用自身的资源优势，培训和指导社区养老服务组织和人员，提供居家养老服务，实现示范、辐射、带动作用。其他类型的养老机构根据自身特点，为不同类型的老年人提供集中照料等服务。

三、目标和任务

（一）建设目标

到 2015 年，基本形成制度完善、组织健全、规模适度、运营良好、服务优良、监管到位、可持续发展的社会养老服务体系。每千名老年人拥有养老床位数达到 30 张。居家养老和社区养老服务网络基本健全。

（二）建设任务

改善居家养老环境，健全居家养老服务支持体系。以社区日间照料中心和专业化养老机构为重点，通过新建、改扩建和购置，提升社会养老服务设施水平。充分考虑经济社会发展水平和人口老龄化发展程度，“十二五”期间，增加日间照料床位和机构养老床位 340 余万张，实现养老床位总数翻一番；改造 30% 现有床位，使之达到建设标准。

在居家养老层面，支持有需求的老年人实施家庭无障碍设施改造。扶持居家服务机构发展，进一步开发和完善服务内容和项目，为老年人居家养老提供便利服务。

在城乡社区养老层面，重点建设老年人日间照料中心、托老所、老年人活动中心、互助式养老服务中心等社区养老设施，推进社区综合服务设施增强养老服务功能，使日间照料服务基本覆盖城市社区和半数以上的农村社区。

在机构养老层面，重点推进供养型、养护型、医护型养老设施建设。县级以上城市，至少建有一处以收养失能、半失能老年人为主的老年养护设施。在国家和省级层面，建设若干具有实训功能的养老服务设施。

提高社会养老服务装备水平，鼓励研发养老护理专业设备、辅具，积极推动养老服务专用车配备。

加强养老服务信息化建设，依托现代技术手段，为老年人提供高效便捷的服务，规范行业管理，不断提高养老服务水平。

（三）建设方式

通过新建、扩建、改建、购置等方式，因地制宜建设养老服务设施。新建小区要统筹规划，将养老服务设施建设纳入公建配套实施方案。鼓励通过整合、置换或转变用途等方式，将闲置的医院、企业、农村集体闲置房屋以及各类公办培训中心、活动中心、疗养院、小旅馆、小招待所等设施资源改造用于养老服务。通过设备和康复辅具产品研发、养老服务专用车配备和信息化建设，全面提升社会养老服务能力。

（四）运行机制

充分发挥市场在资源配置中的基础性作用，为各类服务主体营造平等参与、公平竞争的环境，实现社会养老服务可持续发展。

公办养老机构应充分发挥其基础性、保障性作用。按照国家分类推进事业单位改革的总体思路，理顺公办养老机构的运行机制，建立责任制和绩效评价制度，提高服务质量和效率。

鼓励有条件或新建的公办养老机构实行公建民营，通过公开招投标选定各类专业化的机构负责运营。负责运营的机构应坚持公益性质，通过服务收费、慈善捐赠、政府补贴等多种渠道筹集运营费用，确保自身的可持续发展。

加强对非营利性社会办养老机构的培育扶持，采取民办公助等形式，给予相应的建设补贴或运营补贴，支持其发展。鼓励民间资本投资建设专业化的服务设施，开展社会养老服务。

推动社会专业机构以输出管理团队、开展服务指导等方式参与养老服务设施运营，引导养老机构向规模化、专业化、连锁化方向发展。鼓励社会办养老机构收养政府供养对象，共享资源，共担责任。

（五）资金筹措

社会养老服务体系建设资金需多方筹措，多渠道解决。

要充分发挥市场机制的基础性作用，通过用地保障、信贷支持、补助贴息和政府采购等多种形式，积极引导和鼓励企业、公益慈善组织及其他社会力量加大投入，参与养老服务设施的建设、运行和管理。

地方各级政府要切实履行基本公共服务职能，强化在社会养老服务体系建设中的支出责任，安排财政性专项资金，支持公益性养老服务设施建设。

民政部本级福利彩票公益金及地方各级彩票公益金要增加资金投入，优先保障社会养老服务体系建设。

中央设立专项补助投资，依据各地经济社会发展水平、老龄人口规模等，积极支持地方社会养老服务体系发展，重点用于社区日间照料中心和老年养护机构设施建设。

四、保障措施

（一）强化统筹规划，加强组织领导

从构建社会主义和谐社会的战略高度，充分认识加强社会养老服务体系建设的重要意义，增强使命感、责任感和紧迫感，将社会养老服务体系建设摆上各级政府的重要议事日程和目标责任考核范围，纳入经济社会发展规划，切实抓实抓好。各地要建立由民政、发展改革、老龄部门牵头，相关部门参与的工作机制，加强组织领导，加强协调沟通，加强对规划实施的督促检查，确保规划目标的如期实现。鼓励社会各界对规划实施进行监督。

（二）加大资金投入，建立长效机制

对公办养老机构保障所需经费，应列入财政预算并建立动态保障机制。采取公建民营、委托管理、购买服务等多种方式，支持社会组织兴办或者运营的公益性养老机构。鼓励和引导金融机构在风险可控和商业可持续的前提下，创新金融产品和服务方式，改进和完善对社会养老服务产业的金融服务，增加对养老服务企业及其建设项目的信贷投入。积极探索拓展社会养老服务产业市场化融资渠道。积极探索采取直接补助或贴息的方式，支持民间资本投资建设专业化的养老服务设施。

（三）加强制度建设，确保规范运营

建立、健全相关法律法规，建立养老服务准入、退出、监管制度，加大执法力度，规范养老服务市场行为。制定和完善居家养老、社区养老服务和机构养老服务的相关标准，建立相应的认证体系，大力推动养老服务标准化，促进养老服务示范活动深入开展。建立养老机构等级评定制度。建立老年人入院评估、养老服务需求评估等评估制度。

（四）完善扶持政策，推动健康发展

各级政府应将社会养老服务设施建设纳入城乡建设规划和土地利用规划，合理安排，科学布局，保障土地供应。符合条件的，按照土地划拨目录依法划拨。研究制定财政补助、社会保险、医疗等相关扶持政策，贯彻落实好有关税收以及用水、用电、用气等优惠政策。有条件的地方，可以探索实施老年护理补贴、护理保险，增强老年人对护理照料的支付能力。支持建立老年人意外伤害保险制度，构建养老服务行业风险合理分担机制。建立科学合理的价格形成机制，规范服务收费项目和标准。

（五）加快人才培养，提升服务质量

加强养老服务职业教育培训，有计划地在高等院校和中等职业学校增设养老服务相关专业和课程，开辟养老服务培训基地，加快培养老年医学、护理、营养和心理等方面的专业人才，提高养老服务从业人员的职业道德、业务技能和服务水平。如养老机构具有医疗资质，可以纳入护理类专业实习基地范围，鼓励大专院校学生到各类养老机构实习。加强养老服务专业培训教材开发，强化师资队伍建设。推行养老护理员职业资格考试认证制度，五年内全面实现持证上岗。完善培训政策和方法，加强养老护理员职业技能培训。探索建立在养老服务中引入专业社会工作人才的机制，推动养老机构开发社工岗位。开展社会工作的学历教育和资格认证。支持养老机构吸纳就业困难群体就业。加快培育从事养老服务的志愿者队伍，实行志愿者注册制度，形成专业人员引领志愿者的联动工作机制。

（六）运用现代科技成果，提高服务管理水平

以社区居家老年人服务需求为导向，以社区日间照料中心为依托，按照统筹规划、实用高效的原则，采取便民信息网、热线电话、爱心门铃、健康档案、服务手册、社区呼叫系统、有线电视网络等多种形式，构建社区养老服务信息网络和服务平台，发挥社区综合

性信息网络平台的作用，为社区居家老年人提供便捷高效的服务。在养老机构中，推广建立老年人基本信息电子档案，通过网上办公实现对养老机构的日常管理，建成以网络为支撑的机构信息平台，实现居家、社区与机构养老服务的有效衔接，提高服务效率和管理水平。加强老年康复辅具产品研发。

（资料来源：中国新闻网：《社会养老服务体系建设规划》2011 年 12 月 27 日。）

仔细阅读上述材料，并回答下列问题：

1. 请简述社会养老服务体系建设的规划背景。
2. 社会养老服务体系的内涵是什么？其具体内容体现在哪些方面？
3. 请论述我国社会养老服务体系的建设目标和实现路径。

第八章 社会救助

学习要点

- □ 社会救助的概念和原则
- □ 社会救助的形式和特点
- □ 我国的社会救助制度
- □ 最低生活保障制度

第一节 社会救助概述

一、社会救助的含义

社会中的每个人都有获得生存的权利，有劳动能力者可以通过就业而获得收入以维持生活，而无劳动能力者或虽有劳动能力但受客观因素影响而失业者，却无法获得维持基本生活的收入。这就需要政府根据维持最起码的生活需求的标准设立一条最低生活保障线，使每一个公民当其收入水平低于最低生活保障线而生活发生困难时，都有权利得到国家和社会按照明文公布的法定程序和标准提供的现金和实物救助。**社会救助就是指政府对于遭受灾害、失去劳动能力的公民以及低收入的公民给予临时性的或定期性的帮助，以维持其最低生活水平的一项社会保障制度。**由于社会救助制度通常用最低生活保障立法的方式加以确认，所以也被称为“最低生活保障制度”。这一概念主要包含以下四个层面的含义：

1. 社会救助是政府向公民提供的援助，体现人道主义思想，是社会保障的最后一道防护线和安全网。

2. 社会救助主要是对社会成员提供最低生活保障，其目标是扶危济贫，救助社会脆弱群体，是在公民不能维持最低限度的生活时才发生作用。

3. 社会救助的形式多种多样，过去一般只注重物质帮助，从现代社会救助的内容和手段来看，除了物质帮助以外，还有思想、信息、科学等方面的帮助。

4. 社会救助对象是社会的低收入人群和困难人群。一般来说，社会救助的对象包括三种：一是因自然灾害、意外事故导致不接受紧急救助就无法维持生活的人；二是由于先天或后天的因素失去劳动能力的人；三是虽有劳动能力，但因客观因素导致失业、收入中断或减少，而且无法获得社会保险给付的人。

社会救助制度的建立和发展，充分体现了社会的进步和文明程度。越是发达、文明的国家，其社会救助制度就越成熟和完善，其趋势表现为救助的范围越来越大，设计的种类越来越多，救助的条件越来越放宽，救助的标准越来越高，并以平等的无差别待遇来对待社会全体成员，使每一个社会成员都能健康愉快地生活。

二、社会救助的特点

社会救助作为最低层次的社会保障制度，它与社会保险及其他社会保障制度相比具有以下特征：

1. 社会救助或提供最低生活保障是应由政府承担的社会责任。在现代社会中，尤其是在经济、社会转型的变革时期，从总体看，造成贫困的原因中社会因素大于个人因素。所以，对于国家和社会来说，社会救助是其不容推卸的社会责任。在当今世界上，社会救助制度通常被视为纯粹的政府行为，是一种完全由政府运作的最基本的再分配或转移支付制度。社会救助的资金来源于中央财政和地方财政，列入政府预算支出，社会成员无须缴纳费用，符合条件者即可获得社会救助。社会保险按照国家、单位和个人三方共同负担的原则，体现为权利、义务的统一。因此，社会保险的给付可被视为“集体的互助”和“工资的延长”，而社会救助的给付则被视为“政府的责任”和“贫穷的救助”。

2. 社会救助或获取最低生活保障是公民的一项基本权利。无论是在城市还是在农村，对于那些没有或者缺少维持其基本生活所需收入的公民和家庭，政府有义务对他们实施社会救助。这种责任或义务通常用最低生活保障立法的方式加以确认，并且透明度极高地公诸于众；对于每一个公民来说，社会救助是他们应享有的受法律保护的基本权利。我国宪法也明确规定：“中华人民共和国公民在年老、疾病或者丧失劳动能力的情况下，有从国家和社会获得物质帮助的权利。”

3. 社会救助或最低生活保障制度的目标是克服现实的贫困，它在公民由于社会的或个人的、生理的或心理的原因致使其收入低于最低生活保障线因而陷入生活困境时发生作用。因此，一般通过“家庭经济情况调查”的法定工作程序来审核申请救助的公民的收入状况，基本程序是：个人申请→机构受理→立案调查→社区证明→政府批准。能否得到社会救助的关键是申请者个人收入或家庭成员的人均收入是否低于政府事先确定的最低生活保障线，有的国家或地区还要调查申请者的家庭财产和工薪之外的其他经济来源。家庭经济情况调查是公民的权利和国家与社会的义务这一对法律关系是否应该发生的必要前提。这种“选择性”原则是社会救助最为突出的特点，它能保证有限的社会救助经费切实地用到最需要的人的身上。从国际、国内的经验看，在经济、社会发生较大变动的时期尤为如此。因此，在社会保障理论界，社会救助也常常被称为“须经家庭经济调查的保障制度”。从具体操作的角度看，制定科学合理的最低生活标准是社会救助制度得以正常运转的前提条件。

4. 社会救助或最低生活保障制度提供的仅仅是满足最低生活需求的资金或实物，即维持最低生活标准所需的实际费用。社会救助或最低生活保障制度的目的是在公平与效率之间寻求适度，极力使每一个公民不至于在生活困难时处于无助的困境，体现了有限资金的效率优先原则。它不问致贫原因，只看受助者是否真是贫困，没有别的什么资格限定，既体现了人道主义精神又体现了社会公平，它是在最低生活水平上建立的社会保障制度中的最后一道安全网。

5. 社会救助或最低生活保障的期限，具有短期性。社会救助或最低生活保障的责任仅仅是使受助者的生活相当于或略高于最低生活需求，以避免产生依赖心理乃至不劳而获的思想，只要受助者的收入超过最低生活标准，救助行动即告一段落。所以，除了一些长期救助对象外，大部分是应急性的，比如救灾、扶贫、临时救助等，一旦解除了贫困，最基本的物质生活有了保障，社会救助即时终止。

三、社会救助的原则

（一）平等原则

社会救助是国民收入再分配的一种方式，能够较好地解决贫富差距问题，保障贫困人口的基本生活。对于救助对象来说，获得社会救助是他的一项基本权利，救助对象都可以平等地享受，只要他的收入或经济状况符合当地政府规定的贫困标准，通过法定程序向当地有关部门申请，经有关部门对其经济状况进行调查后，符合条件者即可获得救济。

（二）维持基本生活需要的原则

社会救助与社会保险和社会福利不同，其救助的标准是维持正常生活所需的费用，而不是提供满足其正常生活所需的所有费用。因此，社会救助的标准通常比较低，低于当地的最低工资标准，但必须满足救助对象的基本生活需要，否则，社会救助制度就难以发挥其正常作用；同时，保障水平不能过高，以防止被救助者滋生依赖心理。

（三）协助自立原则

社会救助并非纯粹的金钱资助，还应当考虑如何为贫困者脱贫，对于有劳动能力者，救助的方式还可为提供职业培训，或者以工代赈；对于农村贫困人口则可以是采取各种扶贫措施，使他们真正实现脱贫致富。

（四）确定合理的贫困线原则

贫困线的确定应当与各地区生活水平、平均收入、经济发展状况等因素结合起来考虑，贫困线标准必须以满足救助对象的基本生活需要为依据。由于各地经济发展水平不平衡，贫困线标准应当由各地方政府确定。

四、社会救助的形式

社会救助的主要目标是对社会成员提供最低生活保障，对于最低生活保障资金的来源，市场经济国家通行的惯例是以个人所得税作为调节贫富差距、建立居民生活最后一道安全网的手段。但是对于如何实施最低生活保障，西方国家存在两派观点。

一是对贫困家庭发给差额补助金。凯恩斯主义主张对贫困家庭发给差额补助金，使生活在“贫困线”以下的家庭都能达到最低生活水准，拉平处于“贫困线”以下家庭参差不齐的生活水平。它是利用政府的再分配功能，将征收上来的个人所得税转移到低收入家庭，既实现了保障公民最低生活水平的目标，又通过转移支付拉动了需求。

二是按“负所得税方案”确定补助金。货币主义学派认为高效率的经济运作来源于市场竞争规则的规范和有效作用，如果将低收入者的收入一律拉平到政府规定的某一条收入标准线，意味着实行了一种奖懒罚勤的非理性的救助活动，其结果是扼杀经济活力。因此，货币主义学派的代表人物弗里德曼提出“负所得税方案”，目的是缩小贫富差距，以保障公民的最低生活水平，其救助形式是：由政府确定收入的保障标准，然后对于低收入者给予适当补助。为了避免把低收入者的收入一律拉平而导致经济效率的下降，每一个低收入者将分别根据本人收入的一定比例获得补助金。

负所得税的实质就是所得税的反向延伸，其基本思路是政府对低收入者按照其实际收入与维持一定社会生活水平需要的差额，运用税收形式，依率计算给予低收入者补助的一种方法。其计算公式是：

负所得税 = 收入保障数 − （个人实际收入 × 负所得税率）

个人可支配收入 = 个人实际收入 + 负所得税

这一思路实际上是试图将现行的所得税的累进税率结构进一步扩展到最低的收入阶层去。通过负所得税对那些纳税所得低于某一标准的人提供补助，补助的依据是被补助人的收入水平，补助的程度取决于被补助人所得低到何种程度，补助的数额会随着其收入的增加而逐步减少。实施负所得税方案可以通过收入或享受上的差别来鼓励低收入者的工作积极性。

两种形式补助金的评价：

凯恩斯主义者试图采取补差的办法，提高低收入者可支配收入的水平，强调公平收入分配。货币主义者主张以负所得税方法保证社会经济效率，以效率换取社会的良性运行。西方学者的观点，对我国社会救助的改革是一个有益的启示，但难于与中国国情合拍。

1. 国有企业下岗职工群体的产生大部分归结为产品和产业结构调整的结果，也有一部分属于素质相对较低、在竞争上岗中处于劣势的职工。我国尚无足够的经济能力效法高福利国家给予下岗职工或失业者各方面的照顾，但至少应保障这些下岗职工和非自愿失业职工及其家属的基本生活，这是最基本的社会公平。

2. 我国社会最低生活保障线救济基金极为有限，不能简单地追求贫穷的公平，而应建立科学规范的贫困统计指标体系与调查制度，寻求公平基础上的社会效率，减轻社会救济基金紧张的压力。

3. 社会救济的公平与效率结合是要在激发市场经济的内在动力与活力的基础上有限地调节收入差异。在我国确定不同门类企业税率负担、并在个人收入所得税课征进入正常化、成为社会救助基金的主要来源之后，才有可能消除社会救助制度中有碍于经济效率提高因素的影响，借鉴市场经济国家的经验，实行负所得税制，促进社会救济公平与效率的结合。

阅读资料　　孤儿的社会救助任重道远

日前，兰考县一收养孤儿和弃婴的私人场所发生火灾，造成7名孩童死亡。火灾致死案发生后即引起了社会的大讨论，有人质疑法律不健全，有人要求对政府进行问责。笔者认为，如此规模的民间收养行为本来就是一件不正常的事情，可以说在孤儿、流浪儿社会救助机制不完善的情况下，有滋生这种惨剧发生的土壤。

首先，从收养制度上看，我国收养法对收养人和被收养人的条件、资格、能力以及数量有明确的规定，还规定了收养义务登记制度，公安部门也有义务依照国家有关规定为被收养人办理户口登记。袁厉害收养孤儿、残疾儿童或者社会福利机构抚养的查找不到生父母的弃婴和儿童，不受收养数量限制，但其须具备收养能力，且应当到县级以上人民政府民政部门进行收养登记，相关户籍部门也应依照国家有关规定为被收养人办理户口登记。遗憾的是，对于袁厉害这种无助的爱心行为，有关部门长期不作为，任其处于法律保护的缺位状态，最起码应在法律规定的范围内采取一定行政行为，尽量为收养人和被收养人提供法律保障。诚然，收养制度有待完善，但更让人心痛的是现有的法律规定并没有得到有效的执行。

其次，孤儿、流浪儿的社会救助存在制度"软肋"。对于孤残儿童的救助显然不能仅仅靠家庭收养来解决问题，需要政府乃至社会共同建立一套有效的救助制度。就目前而言，我国并没有统一的儿童福利法，可以说，爱心救助、民间救助是孤残儿童救助的主要形式，尤其是在不发达地区。对于政府而言，救助孤儿、流浪儿是其不容推卸的责任，每个人在社会上都应得到最基本的生活保障，但这需要法律和制度的保障。因此，需要出台统一的、专门的制度规定通过设定国家临时监护义务来强化地方政府对儿童保护的义务和责任。

其实，不仅在制度、体制上存在着疏漏、不足或者缺陷，甚至在概念上还存在着一系列问题需要厘清。正如北京师范大学公益研究院院长王振耀所说："兰考孤儿收养家庭火灾致死案后，不能仅反思个案的问题，应尽快确立儿童福利的概念。"我国对于儿童福利的规划和制度设置几乎是一片空白，而英国、瑞典、挪威等国家以及我国台湾、香港地区早在上世纪就出台了儿童福利专门法案，并成立了儿童福利局等专门机构。

因此，面对国内对孤儿的认定门槛较高、地方儿童福利机构及专业人才欠缺、儿童福利保障体系欠缺等诸多问题，相关职能部门首先应该确立儿童福利的概念，在现有法律规定和职权范围内采取相应的行政行为为孤残儿童提供现有的法律保障和救助。只有厘清了基本的概念，相关职能部门才能从法治的角度将儿童福利纳入社会救助的大范畴进行规范，才能让制度的建立和完善得到有效的执行，而不是仅停留在制度的顶层设计中。

（资料来源：法制网，2013年1月10日。）

第二节

我国的社会救助制度

目前，我国的社会救助工作主要由民政部门负责，主要项目有城市居民最低生活保障制度、农村居民最低生活保障制度、农村“五保”制度、城乡医疗救助制度、农村扶贫工作、自然灾害救助、住房保障制度和其他救助等。

一、城市居民最低生活保障制度

随着经济体制改革的深入和国有企业结构调整步伐的加大，使得城市相当部分的职工下岗失业，再加上城市还存在一部分失去劳动能力或基本生活来源的人群，导致城市存在着一个生活在贫困线以下的人群，为了从根本上解决这部分人的基本生活，我国从20世纪90年代开始就进行了建立最低生活保障制度的尝试。

1993年6月，上海率先进行了建立城市居民最低生活保险制度的试点，拉开了市场建立最低生活保障制度的序幕。在1994年召开的第十次全国民政工作会议上，民政部肯定了上海的做法，在总结经验的基础上，提出“保障人民群众的基本权益，建立多层次的社会保障体制，逐步对城市救济对象实行按当地最低生活标准，进行社会救济”的改革目标，并部署在东部沿海地区进行进一步的试点工作。至1995年上半年，全国已有上海、厦门、青岛、大连、福州、广州等大中城市相继建立了城市最低生活保障制度。通过扩大试点的工作，1995年底全国已有12个城市建立了最低生活保障制度，1996年底已发展到116个。1997年，国务院发布《关于在全国建立城市居民最低生活保障制度的通知》，要求1997年以前，已建立这项制度的城市要逐步完善，尚未建立这项制度的要抓紧做好准备工作；1998年底以前，地级以上城市要建立起这项制度；1999年底以前，县级市和县政府所在地的镇要建立起这项制度。各地要根据各地实际情况，逐步使非农业户口的居民得到最低生活保障。1999年9月，《城市居民生活最低保障条例》经国务院审定，并于同年10月1日在全国施行，意味着城市居民最低生活保障制度在全国范围内全面推行，这也是我国社会救助工作发展的一个重要标志。

我国城市居民最低生活标准是由当地政府根据城市居民维持基本生活的最低支出和物价指数，并考虑社会平均生活水平和政府财政承受能力等因素，经过测算和论证后制定的。按目前国务院的规定，城市居民最低生活保障标准由各地人民政府自行确定。各地要本着既保障基本生活，又有利于克服依赖思想的原则，按照当地基本生活必需品费用和财政承受能力，实事求是地确定保障标准。在具体确定城市最低生活保障标准上，各地大多采取了“菜篮子法”，即选择若干生活必需品，依据其最低消费作为确定最低生活水平的标准。

按规定，最低生活保障标准确定后，要向社会公布，并且该标准要随社会必需品的价格变化和人民生活水平的提高作适时调整。

社会救助作为一项政府责任，其资金应当主要来源于政府财政支出。按国务院规定，实施城市居民最低生活保障制度所需资金，由地方各级人民政府列入财政预算，纳入社会救济专项资金支出科目，专账管理。每年年度前由各级民政部门提出下一年的用款计划，经同级财政部门审核后列入预算，定期拨付，年终要编制决算，送同级财政部门审批。

二、农村居民最低生活保障制度

改革开放以来，我国经济持续快速健康发展，党和政府高度重视“三农”工作，不断加大扶贫开发和社会救助工作力度，农村贫困人口数量大幅减少。但是，仍有部分贫困人口尚未解决温饱问题，需要政府给予必要的救助，以保障其基本生活，并帮助其中有劳动能力的人积极劳动脱贫致富。党的十六大以来，部分地区根据中央部署，积极探索建立农村最低生活保障制度，为全面解决农村贫困人口的基本生活问题打下了良好基础。为贯彻落实党的十六届六中全会精神，切实解决农村贫困人口的生活困难，2007 年 7 月国务院发出《关于在全国建立农村最低生活保障制度的通知》，决定 2007 年在全国建立农村最低生活保障制度。

农村最低生活保障制度的目标是通过在全国范围建立农村最低生活保障制度，将符合条件的农村贫困人口全部纳入保障范围，稳定、持久、有效地解决全国农村贫困人口的温饱问题。

农村最低生活保障制度实行地方人民政府负责制，按属地进行管理。农村最低生活保障资金的筹集以地方为主，地方各级人民政府要将农村最低生活保障资金列入财政预算，省级人民政府要加大投入。地方各级人民政府民政部门要根据保障对象人数等提出资金需求，经同级财政部门审核后列入预算。中央财政对财政困难地区给予适当补助。

农村最低生活保障标准由县级以上地方人民政府按照能够维持当地农村居民全年基本生活所必需的吃饭、穿衣、用水、用电等费用确定，并报上一级地方人民政府备案后公布执行。

农村最低生活保障对象是家庭年人均纯收入低于当地最低生活保障标准的农村居民，主要是因病残、年老体弱、丧失劳动能力以及生存条件恶劣等原因造成生活常年困难的农村居民。

三、农村“五保户”制度

我国农村“五保”制度建立于 20 世纪 50 年代。1956 年第一届全国人大第三次会议通过的《高级农业生产合作社示范章程》规定，“农业合作社对于社内缺乏劳动力、生活没有依靠的鳏寡孤独的社员，应当统一筹划……在生活上给予适当照顾，做到保吃、保穿、保烧、保葬，使他们生养死葬都有依靠”。从此，我国农村“五保”制度初步建立。从 50 年代到 70 年代末，农村“五保”供养制度的发展相对比较稳定。至 1979 年农村实行土地承包责任制后，“五保”制度的经费来源发生了一些变化，为此，1982 年 1 月，中央在批转的《全国农村工作会议纪要》中指出：“包干到户这种形式，有一定的公共提留，统一安排五保户的生活”。1985 年中央和国务院发布的《关于制止向农民乱派款乱收费的通知》中要求供养五保户等事业的费用，实行收取公共事业统筹费的办法，1991 年公益金用于五保户供养。1994 年 1 月国务院正式颁布《农村五保供养工作条例》。为了更好地规范农村“五保”供养的工作，2006 年 1 月 11 日国务院重新修订颁布《农村五保供养工作条例》，使我国农村“五保”供养更加规范化。

农村“五保”供养对象是指在农村无劳动能力、无生活来源又无法定赡养、抚养、扶养义务人，或者其法定赡养、抚养、扶养义务人无赡养、抚养、扶养能力的老年、残疾或者未满 16 周岁的村民。

农村“五保”供养内容包括：（1）供给粮油、副食品和生活用燃料；（2）供给服装、被褥等生活用品和零用钱；（3）提供符合基本居住条件的住房；（4）提供疾病治疗，对生活不能自理的给予照料；（5）办理丧葬事宜。另外，农村“五保”供养对象未满 16 周岁或者已满 16 周岁仍在接受义务教育的，应当保障他们依法接受义务教育所需费用。农村“五保”供养对象的疾病治疗，应当与当地农村合作医疗和农村医疗救助制度相衔接。

农村“五保”供养标准，可以由省、自治区、直辖市人民政府制定，在本行政区域内公布执行，也可以由设区的市级或者县级人民政府制定，报所在的省、自治区、直辖市人民政府备案后公布执行。农村“五保”供养标准不得低于当地村民的平均生活水平，并根据当地村民平均生活水平的提高适时调整。

农村“五保”供养资金，在地方人民政府财政预算中安排。有农村集体经营等收入的地方，可以从农村集体经营等收入中安排资金，用于补助和改善农村“五保”供养对象的生活。农村“五保”供养对象将承包土地交由他人代耕的，其收益归该农村“五保”供养对象所有。中央财政对财政困难地区的农村“五保”供养，在资金上给予适当补助。

农村“五保”供养对象可以在当地的农村“五保”供养服务机构集中供养，也可以在家分散供养。农村“五保”供养对象可以自行选择供养形式。集中供养的农村“五保”供养对象，由农村“五保”供养服务机构提供供养服务；分散供养的农村“五保”供养对象，可以由村民委员会提供照料，也可以由农村“五保”供养服务机构提供有关供养服务。

四、城乡医疗救助制度

改革开放以后，由于农村合作医疗制度趋于瓦解，城市的劳保医疗制度和公费医疗制度正在向医疗保险制度转变，城市贫困人口的医疗问题日益突出。在这样的社会经济背景下，医疗救助被提上政府的议事日程。

20 世纪 80 年代，医疗救助的概念和做法开始出现在农村扶贫和加强农村卫生保健的政府文件中。到了 90 年代，随着城市贫困人口的剧增，一些地方开始通过政府下发专门文件乃至通过地方立法开展医疗救助，使之成为地方政府的一项职责。到世纪之交，城市居民最低生活保障制度已经在全国普遍建立，为进一步提高和完善这项制度，2001 年，国务院办公厅发出通知，提出要认真落实最低生活保障对象在医疗等方面的社会救助政策。于是在一些地方也开始按“政府买单”的思路制定新政策。2002 年中共中央、国务院制定并出台了《中共中央、国务院关于进一步加强农村卫生工作的决定》，首次提出了在全国农村建立医疗救助制度，并明确了对农村贫困家庭实行医疗救助、实施以大病补偿为主以及对贫困家庭参加合作医疗给予资金补助的救助形式。为贯彻实施此文件，2003年11月，民政部、卫生部、财政部三部委联合下发了《关于实施农村医疗救助的意见》，对农村医疗救助的目标和原则、医疗救助对象的选择、救助基金的筹集和管理、服务提供、纠正制度的管理、组织与实施等方面作出了进一步细化。

2005年国务院办公厅转发了民政部、卫生部、劳动和社会保障部、财政部《关于建立城市医疗救助制度试点的工作意见》，提出用2年的时间在各省、自治区、直辖市的部分县（市、区）进行试点，再用2～3年时间在全国范围内建立起管理制度化、操作规范化的城市医疗救助制度。之后，城市医疗救助试点陆续在全国展开。

2009年6月15日，为贯彻落实《中共中央、国务院关于深化医药卫生体制改革的意见》（中发［2009］6号）和《国务院关于印发医药卫生体制改革近期重点实施方案（2009—2011年）的通知》（国发［2009］12号）的精神，进一步完善城乡医疗救助制度，保障困难群众能够享受到基本医疗卫生服务，民政部、财政部、人力资源和社会保障部、卫生部出台了《关于进一步完善城乡医疗救助制度的意见》（以下简称《意见》）。《意见》的出台是我国医疗救助发展的重要里程碑，标志着我国医疗救助从制度创建迈入规范发展的轨道。

《意见》明确了我国医疗救助工作的目标任务和具体措施，提出要着力解决城乡困难群众最关心、最现实、最迫切的基本医疗保障问题，进一步完善医疗救助制度，筑牢医疗保障底线。用3年左右时间，在全国基本建立起资金来源稳定、管理运行规范、救助效果明显、能够为困难群众提供方便、快捷服务的医疗救助制度。

《意见》进一步扩大了医疗救助对象的范围，指出在切实将城乡低保家庭成员和五保户纳入医疗救助范围的基础上，逐步将其他经济困难家庭人员纳入医疗救助范围。其他经济困难家庭人员主要包括低收入家庭重病患者以及当地政府规定的其他特殊困难人员。具体救助对象界定标准，由地方民政部门会同财政等有关部门，根据本地经济条件和医疗救助基金筹集情况、困难群众的支付能力以及基本医疗需求等因素制定，并报同级人民政府批准。对于地方政府规定的特殊困难群众主要考虑地区经济条件的差异，有条件的可以适当扩大救助群体。比如一些地方将救助人群扩大到低收入老年人、重度残疾人等。

五、农村扶贫工作

农村扶贫是国家以资金支持和技术输入等方式对农村贫困户和贫困地区予以资助，以帮助其脱贫致富的一种社会救助制度。它是在改革开放过程中，为了缓解和消除农村贫困，最终实现共同富裕而采取的措施。

从1986年开始，我国在全国范围内开展了有计划、有组织、大规模的扶贫开发工作。到1992年底农村没有解决温饱的贫困人口从1978年的2.5亿人减少到8 000万人，贫困人口主要分布在自然条件差、自下而上环境恶劣的地区。为了彻底解决贫困人口的温饱问题，党中央和国务院决定于1994年起开始实施《国家八·七扶贫攻坚计划》，集中人力、物力、财力，动员社会各界力量，开展大规模扶贫攻坚，并明确提出，力争用7年时间，到2000年底基本解决全国农村8 000万贫困人口的温饱问题。经过多年的努力，到2000年底，全国农村没有解决温饱的贫困人口减少到3 000万，占农村人口的比重下降到3%左右。除了少数社会保障对象和生活在自然条件恶劣地区的特困人口以及部分残疾人外，全国农村贫困人口的温饱问题已经基本解决。

为了从根本上解决农村贫困问题，2012年国务院再次发布了《中国农村扶贫开发纲要（2011—2020）》确立了进一步加快贫困地区发展，促进共同富裕，实现到2020年全面建成小康社会的奋斗目标。到2020年，稳定实现扶贫对象不愁吃、不愁穿，保障其义务教育、基本医疗和住房。贫困地区农民人均纯收入增长幅度高于全国平均水平，基本公共服务主要领域指标接近全国平均水平，扭转发展差距扩大趋势。

扶贫工作的具体内容和途径有：（1）因地制宜发展种养业，作为贫困地区增加收入、脱贫致富的有效途径；（2）积极推进农业产业化经营；（3）进一步改善贫困地区的基本生产生活条件；（4）加大科技扶贫力度；（5）努力提高贫困地区群众的科技文化素质；（6）积极稳妥地扩大贫困地区劳务输出；（7）稳步推进自愿移民搬迁；（8）鼓励多种所有制经济组织参与扶贫开发。

六、自然灾害救助

自然灾害按形成的原因一般分为：气象灾害，如水灾、旱灾、风灾、雹灾；地质灾害，如地震、火山爆发、地陷等；地貌灾害，如泥石流、滑坡等；水文灾害，如海啸、海侵等；生物灾害，如病虫害、鼠疫、草害等；森林火灾等。自然灾害救助就是对公民因自然灾害而造成生活困难时，由国家和社会提供必要的资金和物质，以维持其最低生活水平的社会救助项目，简称“救灾”。

对于灾害的救助包括灾后紧急救济和灾民安置、转移、住房、医疗等项目，由政府提供救济口粮、衣被、医疗服务等，以解决灾民在吃、穿、住、医等方面的困难，维持灾民的基本生活。救助方式主要采取了保障灾民基本生活和扶持灾民生活自救相结合、与无偿救济和有偿扶持相结合的做法。

其他救助项目包括：助学救助、住房救助、残疾人救助、就业援助、司法援助、科技援助和临时救助。

助学救助主要有对九年义务教育阶段的城乡低保户或特困户子女，实行“两免一补”（免学费、免书本费，适当补助寄宿生生活费）制度；对高中阶段的特困生，实行助学制度；对考入高等院校、品学兼优的特困新生，实行一次性奖学金制度。

住房救助主要是帮助城镇居民低保户、特困无房户，提供廉租房或经济适用房；帮助农村居民低保户、五保户、特困无房户、因灾房屋全倒且无自救能力的重灾户，给予建房补助。

残疾人救助是对无法维护正常生活的残疾人及其家庭、残疾人从业，进行扶定扶助。

就业援助是帮助有劳动能力和就业意愿的低保户、残疾人和其他特困对象就业，并免费提供就业技能培训。

司法援助是对家庭困难需要通过法律途径维护自身合法权益的城乡低保家庭、残疾人和其他符合条件的特困家庭，提供减免或缓收法律案件相关费用的所需法律援助服务，维护其合法权益。

科技援助是对特困家庭人员免费实施技术培训和提供技术资料与信息服务等。

临时援助是一项传统的民政业务，主要是指对在日常生活中由于各种特殊原因造成基本生活出现暂时困难的家庭，给予非定期、非定量生活救助的制度。长期以来，临时救助制度在保障城乡困难群众的基本生活，缓解他们的特殊困难方面发挥了重要作用。临时救助制度主要是为困难家庭提供临时性生活救助，其对象主要包括：（1）在最低生活保障和其他专项社会救助制度覆盖范围之外，由于特殊原因造成基本生活出现暂时困难的低收入家庭，重点是低保边缘家庭；（2）虽然已纳入最低生活保障和其他专项社会救助制度覆盖范围，但由于特殊原因仍导致基本生活暂时出现较大困难的家庭；（3）当地政府认定的其他特殊困难人员。

下列情形和对象不属于救助、援助范围：

1. 异地申请救助、援助者。

2. 不按规定如实提供有关证件、证明，不配合相关工作人员进行调查和隐瞒家庭人员收入弄虚作假者。

3. 家庭日常生活消费水平明显高于市城乡保障线标准者。

4. 当年非生活性开支过大或经常自费参加高消费娱乐活动者。

5. 购买股票或有投资行为者。

6. 有劳动能力、就业年龄内无正当理由拒绝介绍就业的好逸恶劳者。

7. 有赌博、吸毒、嫖娼行为未改正者。

8. 有法定赡养人、抚养人、扶养义务者。

9. 当年因灾造成临时困难但有自救能力者。

阅读资料

广州市严格保障性住房分配监管

2012 年 7 月和 9 月，我市分别推出 4 675 套廉租住房和 5 050 套经济适用住房接受意向登记，并于 10 月 24 日举行公开摇珠分配和评分排序仪式。经分配前资格复核，有 507 户家庭被取消资格或暂停其参加摇珠分配和评分排序，其中黄某等 84 户廉租住房申请家庭和钟某等 152 户经济适用住房申购家庭因在轮候期间内家庭状况发生变化，已不符合保障条件，被取消资格；梁某等 39 户廉租住房申请家庭和 232 户经济适用住房申购家庭申报收入、住房及资产等与我办通过有关部门比对的信息不符，我办暂停其参加廉租住房摇珠分配或经济适用住房评分排序，并组织有关部门进行资格复审，进一步核查其保障资格。

公开公平公正分配是保障性住房工作的重中之中，广州市紧紧抓住这一住房保障“生命线”，按照“保障基本、公正程序、公开过程”的要求，不断加强和规范保障性住房分配和后续管理。

一、建立严格的动态审核机制

（一）创新市—区—街“三级四审、六次公示（告）”制度

为严格把好审核准入关口，使住房保障工作更加公开透明，2012 年，市住房保障办在原有的住房保障资格“两级审核、两级公示”的基础上，增加了市对区复核结果再审核和房屋分配前资格复核以及相应的公示（告）环节。从接受申请至分配住房，实行市—区—街“3 级 4 审、6 次公示（告）”制度。期间，住房保障、民政部门联合市公积金中心、车管所、房地产档案管理等部门对申请家庭住房、收入、资产等进行信息比对，及时发现提供虚假信息的家庭，有效阻止不符合条件的家庭取得保障资格。

为规范内部监管，提高资格审核效率和准确度，市住房保障办建立并实施了双人审核制度、公章专人专责保管制度、审核人员基本素质考察制度、审核人员基本情况登记备案制度、审核人及家庭成员申报回避制度、审核人员考核上岗制度等，切实加强内部工作管理机制。截至 9 月，已完成全市住房保障资格审核人员的培训考核，388 名审核人员参加培训考核，381 人取得住房保障资格审核资格，并按要求全部持证上岗。

（二）筹建高效的居民经济状况核对机构

为提高对申请家庭收入、资产审核的准确性，2012 年 8 月，广州市出台《广州市家庭经济状况核对办法》，由市民政部门牵头组建居民经济状况核对机构，逐步实现与社保、税务、工商、房产、金融等部门联网进行收入和资产的信息比对，专门对申请住房保障等社会救助和社会福利的家庭收入、资产情况进行核对。目前，我市已成立核对机构，越秀、番禺区将作为首批试点区，首先对申请住房保障的家庭开展经济状况核对工作，有效提高申请家庭收入、资产审核的效率和准确度。

二、实行阳光透明的分配机制

（一）采取评分轮候制度

我市配租、配售保障性住房实行评分轮候制，经审核取得住房保障资格的家庭按照评分高低轮候保障性住房。根据评分轮候制，住房越困难、收入越低、评分越高，充分体现以人为本、困难优先、先到先得，受到社会各界及兄弟城市的一致好评。今年 7 月，住房城乡建设部以广州市现行做法为参照，委托广州市负责起草全国《住房保障轮候排序业务规范》。

（二）全面公开分配信息，全程接受社会监督

在保障房分配环节，我市全面公开信息，全程接受社会监督。具体实行信息“五公开”：公开轮候评分信息，申请家庭可随时登录住房保障管理信息系统查询分数以及排名情况；公开分配房源信息，让轮候家庭了解房源情况及分配计划；公开分配对象信息，将申请家庭名单公开，接受社会监督和投诉举报；公开分配过程，邀请人大、政协、媒体以及困难群众代表共同见证摇珠分配过程，杜绝暗箱操作；公开分配结果，将摇珠分配结果公开，接受社会监督。同时，设立住房保障办事窗口，开通举报投诉电子邮箱和热线电话，受理并核查举报投诉，有效确保保障房分配过程和结果公平、公开、公正。

三、创新多措并举的后续监管机制

（一）严格执行保障资格“年审”制度

实行廉租住房保障资格“年审”制度，对廉租住房保障家庭每2年定期年审，全面审核其住房、资产、收入等变动情况，对家庭情况有变化的家庭予以调整保障标准或取消保障资格。对经济适用住房保障家庭住房变动情况进行核查，对其拥有房产情况实行动态管理。2008年至今年9月底，累计对26 362户廉租住房保障家庭进行了年审，4 894户家庭被取消保障资格退出廉租住房保障，9 461户家庭调整了租赁补贴发放金额，调整率达54.4%。

（二）设立派驻工作站

为配合《广州市保障性住房小区管理扣分办法（试行）》（下称《扣分办法》）的实施，加强对保障性住房小区物业服务企业的监管，2010年开始市住房保障办在各大保障性住房小区设立“广州市住房保障办公室派驻小区工作站”（简称“派驻工作站”），负责执行《扣分办法》，协同物业公司巡查保障房小区，查处保障房出租、出借、转让、空置等违规行为，并通过不定期抽查和定期考核，对保障性住房小区物业管理公司的工作进行监管，以促进物业管理公司提升对小区的服务和管理水平。

（三）委托第三方专业机构开展调查

为解决保障房违规调查取证的困难，市住房保障办创新工作方式，引入第三方专业机构对疑似违规行为进行调查取证，按照发现一宗查处一宗的原则和有关规定严肃处理。第三方专业机构独立开展调查，程序更加公正、透明，证据更加合法、真实，也更容易得到广大低收入家庭的理解与支持。

（四）开展不定期拉网式检查

在做好保障房小区日常监管的同时，市住房保障办还不定期联合物业管理公司、街道等组织对保障性住房使用情况进行大规模的拉网式检查。该检查采取入户调查和邻里访问相结合的方式，对现住房是否由原申请家庭居住，是否存在转让、转租、出租、出借、调换等违规行为，以及房屋是否存在空置情况等情况进行全面检查。

（五）畅通举报投诉渠道，充分发挥社会监督作用

市住房保障办开通住房保障语音查询系统、在网络上设立举报电子邮箱、设立办事窗口等多种方式受理举报、投诉，并将举报方式通过新闻媒体向社会公布，接受群众的投诉、举报。对收到的投诉、举报，市住房保障办按照投诉、举报一宗，核查一宗，核实一宗查处一宗的原则处理。

截至2012年9月，通过多项监管措施严查虚报瞒报、骗租骗购、违规出租出借及无理由连续空置保障房行为共392宗，经核查收回保障房249套。其中严查虚报瞒报、骗租骗购及违规出租出借、无理由连续空置保障房行为收回保障房74套（其中廉租住房63套、经济适用住房11套）；收回因身故、自行搬离、精神病入院治疗等空置保障房175套。

（资料来源：搜房网，http：//news. gz. soufun. com/2012－11－01/8881109_all. html。）

第三节
我国城市居民最低生活保障制度的运行

城市居民最低生活保障制度，是国家为解决城市居民的生活困难而建立的一种社会救助制度，是目前条件下有中国特色社会保障体系的一项重要内容。实施城市居民最低生活保障制度后，由于救助标准统一、救助范围扩大、救助水平提高、救助行为规范，使我国的社会救助工作开始进入规范化、法制化管理轨道。

一、城市居民最低生活保障是我国社会保障体系中的最后一道安全网

改革开放以来，我国城市社会保障体系不断完善。在保障城市贫困居民的基本生活方面，目前有三条“保障线”同时并存、相互衔接。1998 年 5 月，在党中央、国务院主持召开的“国有企业下岗职工基本生活保障和再就业工作会议”上，时任总理朱镕基指出，养老、失业保险制度、下岗职工基本生活保障制度和城市居民最低生活保障制度，构成我国现实条件下有中国特色的社会保障制度。这三项制度相辅相成，形成一个完整的系统。

根据国务院国发［1997］29 号文件规定，城市贫困居民中“无生活来源、无劳动能力、无法定赡养人或抚养人”的那部分人的生活困难问题，完全由最低生活保障资金承担，其余人员，则必须是在职人员领取工资或最低生活工资、下岗人员领取下岗基本生活费、离退休人员领取离退休费、失业人员领取失业保险金之后，其家庭人均收入仍低于最低生活保障标准，才可以按差额的原则领取最低生活保障金。很显然，最低生活保障是城市社会保障体系中的最后一道安全网。

二、城市居民最低生活保障对象的确定

《国务院关于在全国建立城市居民最低生活保障制度的通知》（国发［1997］29 号）规定，城市居民最低生活保障制度的保障对象是家庭人均收入低于当地最低生活保障标准的持有非农业户口的城市居民。所谓收入，是指共同生活的家庭成员的全部货币收入和实物收入，包括法定赡养人、扶养人或者抚养人应当给付的赡养费、扶养费或者抚养费，不包括优抚对象按照国家规定享受的抚恤金、补助金。城市居民最低生活保障的对象主要包括三类人员：

一是无生活来源、无劳动能力、无法定赡养人或抚养人的居民；

二是领取失业救济金期间或失业救济期满仍未能重新就业，家庭人均收入低于最低生活保障标准的居民；

三是在职人员和下岗人员在领取工资或最低工资、基本生活费后以及退休人员领取退休金后，其家庭人均收入仍低于最低生活保障标准的居民。

根据这一规定，失业人员在享受失业保险待遇期间，只要家庭人均收入低于最低生活

保障标准的，可以同时申请城市居民最低生活保障待遇；失业人员享受失业保险待遇的期限届满后，不管其是否重新就业，只要家庭人均收入低于最低生活保障标准的，均可申请享受城市居民最低生活保障待遇。

三、城市居民最低生活保障标准的确定

城市居民最低生活保障标准，又称为城市居民最低生活保障线，是国家为救济社会成员收入难以维持其基本生活需求的人口而制定的一种社会救济标准。最低生活保障标准是城市居民最低生活保障制度中最基本的内容，也是区别于传统社会救济制度的重要标志。

1. 城市居民最低生活保障制度的基本政策框架，是围绕最低生活保障标准来制定的。最低生活保障制度的具体规定以及保障工作的每个环节，均必须以最低生活保障标准为基础，无论是认定最低生活保障对象的资格，确定保障范围和保障人数，预算所需最低生活保障资金数量，还是最低生活保障工作的管理和运转，都必须围绕最低生活保障标准进行。

2. 城市居民最低生活保障制度，是对传统社会救济制度进行改革而建立的一项新型社会救济制度。传统社会救济制度最主要的弊病，就是缺乏科学的统一的救济标准，钱多多救济，钱少少救济，工作随意性大。各地实施城市居民最低生活保障制度的实践证明，按照最低生活保障标准进行救济，既有章可循，又简便易行，基本做到了救济对象公平准确、救济金发放标准合理，大大提高了救济的效果，从而使社会救济工作走上了规范化和法制化管理的轨道。

归纳起来，城市居民最低生活保障标准具有以下几个鲜明的特点：一是科学性。保障标准是由政府有关部门按照一定程序，经过广泛调查研究和严密方法测定的，具有一定的科学性。二是统一性。由于一个行政区域（市、县或区）只有一个保障标准，它适用于本区域内的全体居民，无论其就业与否、身份背景如何，在这个保障标准面前都一视同仁，这不仅较好地体现了社会救济的无歧视原则，也有效地克服了原来社会救济随意性大的弊病。三是权威性。最低生活保障标准是由政府组织制定和调整，并通过文件或法令形式向社会公布的一项政策规定，具有法规的效力和权威性，这使救济工作能够实行民主化的管理，并易于接受社会和群众的监督。

城市居民最低生活保障标准，按照当地维持城市居民基本生活所必需的衣、食、住费用，并适当考虑水电燃煤（燃气）费用以及未成年人的义务教育费用确定。制定城市居民最低生活保障标准的依据主要包括：（1）维持居民的最低生活需求所需要的物品的种类和数量；（2）生活必需品所需要的费用；（3）市场综合物价指数，尤其是生活必需品的价格指数；（4）居民的平均实际收入和消费水平；（5）经济发展状况和财政收入状况；（6）其他社会保障标准。

直辖市、设区的市的城市居民最低生活保障标准，由市人民政府民政部门会同财政、统计、物价等部门制定，报本级人民政府批准并公布执行；县（县级市）的城市居民最低生活保障标准，由县（县级市）人民政府民政部门会同财政、统计、物价等部门制定，报本级人民政府批准并报上一级人民政府备案后公布执行。城市居民最低生活保障标准要随着生活必需品的价格变化和人民生活水平的提高适时调整。所定标准要与其他各项社会

保障标准相衔接。

阅读资料

2012年农村低保9月份省级标准

区划代码	地　区	标　准 (元/人、年)	区县合计数	区县数量
11	北京市	5 119.38	66 552.0	13
12	天津市	4 440.00	44 400.0	10
13	河北省	1 802.04	329 774.0	183
14	山西省	1 734.47	201 199.0	116
15	内蒙古自治区	2 761.62	251 307.6	91
21	辽宁省	2 433.70	243 369.7	100
22	吉林省	1 696.37	118 746.0	70
23	黑龙江省	1 503.61	183 440.6	122
31	上海市	5 160.00	46 440.0	9
32	江苏省	4 173.36	492 456.0	118
33	浙江省	3 859.95	339 676.0	88
34	安徽省	2 073.06	238 401.4	115
35	福建省	2 023.45	163 899.6	81
36	江西省	2 001.47	218 160.0	109
37	山东省	2 149.53	354 673.2	165
41	河南省	1 380.92	233 375.1	169
42	湖北省	1 468.29	154 170.2	105
43	湖南省	1 676.44	231 349.0	138
44	广东省	2 492.43	276 660.0	111
45	广西壮族自治区	1 348.73	151 057.5	112
46	海南省	2 840.00	59 640.0	21
50	重庆市	1 961.05	74 520.0	38
51	四川省	1 473.81	268 232.8	182
52	贵州省	1 629.16	146 624.6	90
53	云南省	1 631.14	218 572.2	134
54	西藏自治区	1 600.00	116 800.0	73
61	陕西省	1 849.98	196 098.0	106
62	甘肃省	1 452.20	126 341.4	87
63	青海省	1 532.89	68 980.0	45
64	宁夏回族自治区	1 317.64	28 988.0	22
65	新疆维吾尔自治区	1 410.75	148 128.8	105

城市最低生活保障标准表（各省）

编制单位：标准　　2012年9月　　金额单位：元/月

区划	地区	平均低保标准	区县合计数	区县数量
11	北京市	520.00	8 320.00	16
12	天津市	520.00	8 320.00	16
13	河北省	327.36	62 854.00	192
14	山西省	301.50	36 783.00	122
15	内蒙古自治区	395.07	40 692.50	103
21	辽宁省	365.07	40 157.80	110
22	吉林省	283.79	19 865.00	70
23	黑龙江省	280.48	39 548.00	141
31	上海市	570.00	9 690.00	17
32	江苏省	431.11	52 595.00	122
33	浙江省	457.74	42 112.00	92
34	安徽省	327.01	37 606.00	115
35	福建省	301.13	26 198.00	87
36	江西省	337.07	37 078.00	110
37	山东省	352.79	59 974.00	170
41	河南省	264.57	47 622.20	180
42	湖北省	317.80	34 005.00	107
43	湖南省	295.15	40 730.30	138
44	广东省	299.86	37 483.00	125
45	广西壮族自治区	264.01	29 569.50	112
46	海南省	316.19	6 640.00	21
50	重庆市	305.00	12 200.00	40
51	四川省	263.11	49 464.60	188
52	贵州省	307.67	27 690.20	90
53	云南省	278.08	37 262.90	134
54	西藏自治区	399.59	29 170.00	73
61	陕西省	347.72	37 902.00	109
62	甘肃省	240.00	20 879.70	87
63	青海省	247.22	11 371.90	46
64	宁夏回族自治区	246.36	5 420.00	22
65	新疆维吾尔自治区	241.32	27 752.30	115

资料来源：民政部规划财务司，2012年12月9日。

四、城市居民最低生活保障的办理程序

（一）由申请人提出申请

申请享受城市居民最低生活保障待遇，由户主向户籍所在地的街道办事处或者镇人民政府提出书面申请，并出具有关证明材料，填写《城市居民最低生活保障待遇审批表》。

《城市居民最低生活保障待遇审批表》主要包括家庭成员、居住地、身份、工资收入、其他各类收入、家庭人均收入以及居委会意见、街道办事处意见、民政局意见等内容。申请人应如实填写表中有关内容，并愿意接受并配合有关部门进行有关情况的调查核实。

申请享受城市居民最低生活保障待遇，应同时出具的有关证明材料一般包括户口簿或家庭成员身份证、家庭在职人员的工作证和其他能证明各家庭成员属性的证件和资料；在职职工应出具所在单位提供的各项工资、奖金、福利等方面的收入证明；离退休人员、下岗职工、失业人员要有原单位和劳动部门及失业保险管理机构提供的保障性、补偿性等情况和救济性收入证明。此外，也要提供其他合法劳动收入、家庭隐性收入及各种难以核实的收入；丧失或基本丧失劳动能力的无业人员，需出具区县民政部门指定医院的诊断证明，其中残疾人需提供残疾证；家庭有赡养、抚养、扶养义务人的，还要有接受赡养、抚养、扶养金的证明。

申请人申请享受城市居民最低生活保障待遇，可以先向居委会或街道办事处、镇人民政府进行政策咨询，了解当地最低生活保障标准和有关条件，然后根据要求和步骤再进行办理。

另外，对于人户分离的困难家庭，按照属地管理的原则，应在户籍所在地提出申请，申请人户口所在地与实际居住地所在街道办事处、镇人民政府应加强联系和沟通，共同做好申请保障金待遇家庭的有关情况的核实工作。申请人居住地的街道或镇人民政府要协助做好调查取证工作，并将有关证明提供给申请人户口所在地的街道或镇人民政府。共同生活的家庭成员户口不在同一地点的，只能由其中一人提出申请，其他成员，应提供由其户口所在地街道、镇人民政府出具的有关证明。

（二）对申请人进行调查和审核

居委会受街道办事处或镇人民政府的委托，在接到城市居民最低生活保障待遇申请书后，首先要查看申请人填写的表格内容是否清楚，有关的材料是否齐全，是否具备申请保障金的资格等。

居委会还要根据申请人所填写的内容及有关情况进行初步审查，对认为符合享受城市居民最低生活保障的，在申请人的申请表上签署意见，并将申请表和有关证明材料上报街道办事处或镇人民政府再做进一步的调查和审核；对不符合享受城市居民最低生活保障的，应给予耐心的解释，并建议申请人退回申请。申请人如不同意居委会意见，可以直接向街道办事处或镇人民政府提出申请。

街道办事处和镇人民政府按规定严格核实申请享受最低生活保障家庭的收入情况和困难程度，并取证有关证明材料后，签署审核意见，对符合条件的报送所在县（市、区）民政局审批；对不符合条件的，退回其申请并说明理由。街道办事处或镇人民政府一般应

在收到申请之日起 20 天内，签署审核意见。

(三) 保障金变更和保障资格变更手续

为了使真正困难的群众得到最低生活保障，城市居民最低生活保障制度实行动态管理。县（区、市）民政局、街道办事处、镇政府或居委会要定期对领取保障金家庭的收入变动情况和实际生活水平进行调查和审核。贫困家庭领取的最低生活保障金额是根据保障标准与家庭收入状况确定的，当家庭收入状况发生变化时其享受的最低生活保障金需进行相应调整。因此，领取保障金的困难居民，当家庭成员、收入等情况发生变化时，应主动到申领机关办理调整或停发城镇居民生活最低保障金手续。领取保障金的家庭应当如实反映其收入的变化，接受街道办事处、镇政府或居委会的核查。停发对象须填写《城镇居民最低生活保障金停发表》，通过居委会交户口所在地街道办事处或镇人民政府，并退回《领取证》；需要调整保障金额的保障对象应重新填写《申请表》，再次申报审批。

保障对象的户籍因迁移或行政区域变更发生变动的，应及时到迁出和迁入地申领机关办理最低生活保障的有关变更手续。所谓变更手续，就是说原保障对象到新址后不需要重新办理申请报批等繁琐手续而通过变更即可。一般转移范围在本县（市、区）范围的，由街道办事处或镇人民政府办理转移手续，并报县（市、区）民政局备案，跨区、县的，由区、县民政局办理转移手续。同时保障对象还要凭迁出地的证明到迁入地办理有关手续。

(四) 审批手续的办理

县（市、区）民政局接到已签署街道办事处、镇人民政府审核意见的保障对象申请书后，对符合条件的申请人予以审批，审批时限一般不超过 10 天。获得批准的，通过街道办事处或镇人民政府发给保障对象城市居民最低生活保障金领取证。不予批准的，应当书面通知申请人，并说明理由。审批后，县（市、区）民政局要按时将汇总的保障对象名单报上一级民政部门备案。

五、城市居民最低生活保障金发放额的确定

享受城市居民最低生活保障待遇的家庭分为全额享受和差额享受两类。

对于无生活来源、无劳动能力，又无法定赡养人、扶养人或抚养人的城市居民，按照其当地城市居民最低生活保障标准全额享受，如其原来享受的生活救济标准高于最低生活保障标准的，则按原救济标准发放；

对其他保障对象（尚有一定收入的城市居民）均按其家庭人均收入与最低生活保障标准的差额发放。根据国家有关规定享受特殊待遇的优抚对象等人员，其抚恤金等不计入家庭收入。差额的计算方法如下：

家庭月保障金额 = 当地月保障标准 × 家庭人口数 − 月家庭成员各类收入总额（抚恤补助金除外）

家庭人均月保障金额 = 当地月保障标准 − 家庭月人均收入

在保障标准不变的情况下，月家庭成员各类收入越少，家庭月保障金越多，反之，家庭月保障金越少。

对于同一家庭成员有两类户籍的（既有城市户口又有农业户口），一般由城市户口一方到户籍所在地街道办事处或镇人民政府进行申请，另一方户籍所在地街道或镇人民政府提供其农业户口的收入情况，然后根据双方总收入计算家庭人均收入。之后，城市户口方家庭成员可按所在地的城市最低生活保障标准差额享受城市居民最低生活保障补助金，农村户口方家庭成员可按农村最低生活保障标准享受农村最低生活保障补助金。

六、城市居民最低生活保障资金使用的检查和监督

民政部门是实施城市居民最低生活保障制度的行政主管部门，工作中必须加强对保障资金的管理。基层民政部门和街道办事处、居委会在发放保障金时要坚持政策公开、金额公开、保障对象公开的原则，健全手续。街道办事处及居委会，对申请领取最低生活保障金的人员要认真审核，严格把关。居委会应定点设置公布栏，张榜公布本辖区内保障对象名单、家庭收入状况、保障标准、补差金额、发放时间、享受优惠待遇等内容，接受群众监督。

民政部门和街道办事处、居委会应定期对领取保障金人员的家庭收入情况进行复核，居委会一般每月、街道在每季、县（市、区）民政局每半年对保障对象审核一次，发现高于当地最低生活保障标准的应停发保障金并收回《城市居民最低生活保障金领取证》。

申领生活保障金和领取生活保障金的人员，应接受民政局和街道办事处、居委会的监督管理，如实反映家庭成员情况及家庭的所有收入，不得隐瞒、虚报、冒领生活保障金。凡月人均收入已高于当年最低生活保障线的，保障对象应主动提出取消补助，如果隐瞒不报，查出后立即取消补助并退回多领的补助款。在岗人员在领取保障金期间内的工资补发后，家庭人均收入高于保障标准的，要主动返还已领取的保障金。

各级民政部门要经常检查资金的使用情况，定期做好清理、对账工作，并积极配合财政、审计等部门对保障资金的使用情况进行监督、检查。对工作人员利用职权贪污、挪用、扩大保障金使用范围等行为，要严格依照国家有关法律法规处理，构成犯罪的，由司法机关依法追究刑事责任。

思考与拓展

一、不定项选择题

1.《廉租住房管理办法》对城镇最低收入家庭廉租住房保障面积做出规定，即城镇最低收入家庭人均廉租住房保障面积标准原则上不超过当地人均住房面积的(　　)。

A. 50%　　B. 60%

C. 70%　　D. 75%

2.《城市居民最低生活保障条例》规定，城市低保实行（　　）。

A. 中央政府负责制　　B. 居委会或镇政府负责制

C. 省级政府负责制　　D. 地方各级人民政府负责制

3.《农村五保供养工作条例》规定：农村五保供养分（　　）两种形式。

A. 集中供养与分散供养　　B. 政府供养与民间供养
C. 经济供养与物品供养　　D. 直接供养与委托培养

4.《农村五保供养工作条例》规定（　　）。
A. 农村五保供养的标准相当于当地村民的平均生活水平
B. 农村五保供养的标准不得低于当地村民的平均生活水平
C. 农村五保供养的标准相当于当地村民的最低生活保障水平
C. 农村五保供养的标准不得低于当地村民的最低生活保障水平

5. 根据《城市医疗救助意见》的规定。城市医疗救助的申请人应向户籍所在地的（　　）提出书面申请。
A. 社区居（家）委会　　B. 派出所
C. 区（县）民政部门　　D. 区（县）劳动局

6. 管理城市低保待遇的审批机关应当自接到申请人提出申请之日起的（　　）日内办结审批手续。
A. 20　　B. 30
C. 40　　D. 50

7.《廉租住房管理办法》规定，城镇最低收入家庭廉租住房可以采取三种保障方式，应当以（　　）为主，（　　）为辅。
A. 租赁住房补贴，实物配租和租金核减
B. 实物配租，租赁住房补贴和租金核减
C. 租金核减和租赁住房补贴，实物配租
D. 租赁住房补贴和实物配租，租金核减

8. 社会救助区别于社会保险的最明显之处是（　　）。
A. 权利与义务关系的不对等性　　B. 救助对象的有限性
C. 救助手段的多样性　　D. 救助资格审查的严肃性

9.（　　）在受理居民的社会救助申请后，应当对申请材料是否合格做初步审查，不合格的要求申请人补充材料。
A. 街道办事处　　B. 基层人民政府
C. 社区居委会　　D. 县级以上民政局

10. 下列各项不属于社会救助社会工作作用的是（　　）。
A. 协助服务对象申请合适的救助项目
B. 协助服务对象制订最有利的反贫困策略
C. 为遇到严重困难的社会成员提供当地较高生活水平的物质保障
D. 促进服务对象的社会融合

11. 基本生活救助是我国社会救助体系的重要组成部分。下列不属于基本生活救助内容的是(　　)。
A. 对低保对象的日常管理
B. 协助救助对象加入城镇企业职工基本养老保险
C. 为社区困难群体寻找就业信息，协调就业资源

D. 协助申请最低生活保障

12. 具体来讲，我国社会救助政策法规大体分为三类，包括（　　）。

A. 困难群众基本生活救助政策法规　　B. 专项救助政策法规

C. 社区社会工作政策法规　　D. 社会保险制度

E. 临时救助政策法规

13. 城市居民最低生活保障制度中所涉及的“家庭成员收入”（　　）。

A. 包括优抚对象按照国家规定享受的抚恤金

B. 包括共同生活的家庭成员的全部货币收入和实物收入

C. 是确定城市低保对象的关键

D. 包括法定赡养人、扶养人或者抚养人应当给付的赡养费、扶养费或者抚养费

E. 包括优抚对象按照国家规定享受的补助金

14. 农村五保供养的内容具体包括（　　）。

A. 供给粮油、副食品和生活用燃料

B. 供给服装、被褥等生活用品和零用钱

C. 提供符合基本居住条件的住房

D. 提供疾病治疗，对生活不能自理的给予照料

E. 提供外出时的交通费用

15. 下面哪些不属于农村五保供养对象（　　）。

A. 丧失劳动能力并且无法定赡养扶养人，仅靠乞讨为生的的老人

B. 农村里父母在外打工与奶奶住在一起的儿童

C. 无劳动能力只有一个已婚女儿的老人

D. 在家靠维修电器维生的残疾人

E. 失地农民

16. 城市医疗救助主要有以下哪几种形式（　　）。

A. 社会力量资助　　B. 医疗保险

C. 无息贷款　　D. 城市医疗救助基金补助

E. 医疗机构减免有关费用

17. 从制度设计上看，基本生活救助目前在农村主要是（　　）。

A. 农村低保制度　　B. 农村“五保”供养制度

C. 农村养老制度　　D. 农村社会保障制度

E. 农村新型合作医疗制度

18. 社会救助工作的主要作用包括（　　）。

A. 促进服务对象的社会融合

B. 发现和解决服务对象的心理困扰

C. 解决服务对象的一切困难

D. 协助服务对象申请合适的救助项目

E. 协助服务对象制订最有利的反贫困策略

19. 下列各项不属于灾害社会救助主要内容的是（　　）。

A. 灾害紧急救援　　B. 灾害防范措施
C. 灾后社区重建　　D. 灾害应急机制
E. 减灾行动

二、简答题

1. 农村五保供养的对象和形式是什么？
2. 申请和审批农村五保的程序有哪些？
3. 城乡医疗救助的对象和形式是什么？
4. 城市居民最低生活保障标准确立的依据是什么？
5. 申请和审批城市居民最低生活保障金的程序有哪些？
6. 申请和审批城乡医疗救助的程序有哪些？

三、案例分析题

哪些人才能吃低保？

《重庆市城乡居民最低生活保障条例》第十四条和《綦江县城乡居民最低生活保障实施办法》第九条规定，凡持有本县城乡居民户口，共同生活的家庭成员人均月（年）均收入低于当地城乡居民最低生活保障标准的，可申请享受城乡居民最低生活保障待遇。綦江县城市居民最低生活保障标准为260元/月人。

案例1：某社区李某一家3口人都是城镇居民，他43岁原在一工地打工，月收入1 800元，现得病住院就无法打工，近一个月花去医疗费2万多元；妻子40岁一边在医院照顾他，一边打点散工月收入450元；儿子在重庆上大学。

思考：李某现在符合享受城市低保待遇吗？

案例2：某社区张某一家8人三个户口簿，他现年82岁和妻子80岁二人为一个户口簿，二人也无养老金；大儿子56岁在该县齿轮厂上班月收入2 200元，大儿媳53岁在家做家务并照顾老人，大儿的孩子也在该县某超市打工月收入1 500元，他们三人又为一个户口簿；二儿52岁，有时打散工，月收入750元，二儿媳49岁，在餐馆工作，月收入750元，二儿的孩子25岁还在上大学，这三人也是单独的户口簿。

思考：张某和他妻子这二位老人能不能单独享受城市低保？

第九章
社 会 优 抚

学习要点

- □ 社会优抚的概念
- □ 社会优抚的特点
- □ 社会优抚的形式
- □ 我国现行的社会优抚制度

第一节
社会优抚概述

一、什么是社会优抚

社会优抚是国家以法定形式和通过政府行为对社会有特殊贡献者及其眷属实行的具有褒扬和优待赈恤性质的社会保障措施。具体来说，社会优抚有以下几层含义：

1. 优待对象是社会上具有特殊贡献的人及家属。所谓特殊贡献，主要是针对国家和民族而言的，即指维护国家民族利益，保护国家和民族安全，牺牲个人利益，如军人及其家属。

2. 社会优抚工作是国家维护自身利益的需要，也是国家和社会的责任。因为，优抚对象是为国家作出特殊贡献者，国家和社会对他们承担着直接责任。优抚是政府社会保障工作的重要部分。

3. 优抚是优惠性保障措施。相对于其他保障对象而言，优抚对象对国家和社会的贡献和牺牲较大，因而国家对他们所实施的保障标准较为优惠，保证使其生活水准略高于一般保障对象的平均水平。

4. 社会优抚具有赞颂和表彰的含义，是一种荣誉性的社会保障措施。国家通过优抚活动，在全社会宣传有贡献者的特殊功绩和高尚品德，增加他们的荣誉感，提高其社会地位，使其成为受社会尊敬和人们效仿的楷模和榜样。

二、社会优抚的特点

1. 优抚对象具有特定性。优抚的对象是为革命事业和保卫国家安全作出牺牲和贡献的特殊社会群体，由国家对他们的牺牲和贡献给予补偿和褒扬。

2. 优抚保障的标准较高。由于优抚具有补偿和褒扬性质，因此，优抚待遇高于一般的社会保障标准，优抚对象能够优先优惠地享受国家和社会提供的各种优待、抚恤、服务和政策扶持。

3. 优抚优待的资金主要源于国家财政支出。优抚工作是政府的一项重要行为，优抚优待的资金要由国家财政投入，还有一部分由社会承担，只有在医疗保险和合作医疗等方面由个人缴纳一部分费用。

4. 优抚内容具有综合性。我国的社会优抚，就其内容和实现方式而言，具有综合性，即既有社会保险式优抚，又有社会救助式优抚，还有社会福利式优抚。但应注意：(1) 虽然社会优抚的各项内容可以分别以社会保险、社会救助、社会福利的方式实现，但社会优抚仍然是独立于社会保险、社会救助和社会福利之外的一个社会保障子系统。(2) 分别以社会保险、社会救助和社会福利方式实施的社会优抚内容，只是在一定程度上可以分别与社会保险、社会救助、社会福利结合，是否可以结合以及结合程度如何，应当取决于是否有利于提高社会优抚的效益。(3) 社会优抚较社会保险、社会救助、社会福利，不仅有特殊的保障对象，而且还具有褒扬性和优惠性，因而社会优抚在适用社会保险、社会救助、社会福利一般运行规则的同时，应当遵循其特殊运行规则，特别是要保护社会优抚基金的独立运行和社会优抚待遇的优待性标准。

三、社会优抚的形式

现代社会优抚事业是在社会保障制度不断完善的过程中形成的，是现代社会保障体系中的特殊部分。但这并不意味着其独立于其他社会保障措施之外，而是与其他社会保障形式相互结合、交叉发展的一种保障形式。就其与其他社会保障形成的联系而言，社会优抚的模式可以分为社会保险式优抚、社会救助式优抚和社会福利式优抚。

（一）社会保险式优抚

社会保险式优抚是指以社会保险方式实施社会优抚，将社会优抚纳入社会保险系统。美国政府在实行职业军人特殊退休制度的同时，从 1957 年开始，对所有的军事人员实行“老残遗属及健康保险”的投保制度。

（二）社会救助式优抚

社会救助式优抚是指以社会救助方式实施社会优抚，主要表现为政府对退役人员或现役者家属提供救济和服务。日本和我国的优抚工作中有此类措施，美国的优抚政策中也有此项内容。日本的退役军人在患病就医期间，可给予生活津贴。我国的优抚对象，特别是对农村的退伍军人及现役人员的家属实行救助性措施，如定期补助，又可得到发展生产的资金或贷款及物资等。美国的退役军人可以得到“农场贷款”和其他生产性贷款。

（三）社会福利式优抚

社会福利式优抚是指以社会福利方式实施社会优抚，即向优待对象给付货币形态福利和服务形态福利。由于优抚对象在社会保障中具有特殊地位，因而福利褒扬性的措施较多。福利性也是现代优抚活动的主要形式，包括资金保障和服务保障。资金保障是由政府对死亡军人家属或伤残军人提供抚恤金，对退役军人发放复员费或安家费，对优抚对象减免税收、减免交通费、实行免费医疗等。服务保障是指对优抚对象优先安排就业和就学，优先安排就业前的职业培训，如我国培养军地两用人才的工作。对伤残军人则实行福利性收养，如我国的荣复军人光荣院、疗养院等。

以上这些优抚形式往往是综合发挥作用的。在一个国家内，政府可以采用多种优抚形式实现优抚保障。目前，由于社会保障整体水平的提高，优抚对象的社会福利保障也有了更大的发展，福利性优抚已成为当代社会优抚的主要形式。

另外，社会优抚按照实施的主体可分为政府优抚和非政府优抚两种形式。**政府优抚是指由政府和军队直接向优抚对象提供优抚待遇，其经费来源主要是国家的财政支出**。作为优抚原因的特殊贡献，是直接对国家利益和社会公益作出贡献，所以，各国都由政府代表国家和全社会给特殊贡献者以优抚待遇；非政府优抚，是指由非政府机构，包括社会组织和企业、事业单位，直接向优抚对象提供优抚待遇，其资金主要来源于社会筹集或者由企业、事业单位自行负担。

第二节
我国现行的社会优抚制度

一、社会优抚的对象

社会优抚对象是根据国家有关法律、法令、条例和政策规定来确定的。我国现行社会优抚制度的优抚对象是指现役军人，革命残废军人，退出现役的军人，革命烈士家属，牺牲、病故军人家属，现役军人家属。

（一）现役军人

现役军人是指按照《中华人民共和国兵役法》的规定，正在服现役的军官、文职干部和士兵（含士官），也包括实行义务兵役制的人民警察（包括武装、边防、消防民警）和保留军籍的离休干部。

（二）革命残废军人

革命残废军人是指军人在服役期间因战、因公、因病（因病评残仅限于义务兵）致残，国家机关工作人员、人民警察、民兵民工因战、因公致残，符合评残条件，经规定的审批机关批准，并取得民政部制发的《中华人民共和国残疾军人证》、《国家机关工作人员伤残抚恤证》、《人民警察伤残抚恤证》、《民兵民工伤残抚恤证》的人员。

（三）复员军人

复员军人是指 1954 年我国《兵役法》颁布以前参加中国工农红军、东北抗日联军、中国共产党领导的脱产游击队、八路军、新四军、解放军、中国人民志愿军等，持有复员证、退伍军人证件或经组织批准复员的人员。

（四）退伍军人

退伍军人是指 1954 年我国《兵役法》颁布以后参加中国人民解放军，持有退伍或复员军人证件的人员。

（五）革命烈士家属

革命烈士家属是指在各个时期为革命事业牺牲，经法定机关确认并取得《革命烈士证明书》的遗属。

（六）因公牺牲军人家属

因公牺牲军人家属是指在各个时期因公牺牲，经法定机关确认并取得《因公死亡证明书》的遗属。

（七）病故军人家属

病故军人家属是指在各个时期病故，经法定机关确认并取得《因病死亡证明书》的遗属。

（八）现役军人家属

现役军人家属是指现役军人和实行义务兵役制的人民警察（包括武装、边防、消防民警）的家属。

另外，对家属的界定，根据 2004 年 8 月 1 日公布的《军人抚恤优待条例》规定的是军人（包括非军人的革命烈士）的父母（抚养人）、配偶、子女，未满 18 周岁的兄弟姐妹和已满 18 周岁但无生活费来源且由该军人生前供养的兄弟姐妹。

我国优抚对象按照优抚内容的不同可以分为抚恤对象、优待对象和安置对象。抚恤对象是牺牲、病故军人家属和革命伤残军人，它包括革命烈士家属、因公牺牲军人家属、病故军人家属和残废军人；优待对象是现役军人（包括武装警察）家属和在乡老红军、老复员退伍军人等；安置对象是现役军人，它包括退伍义务兵、退伍志愿兵、复员干部、转业干部、离退休干部等。

二、社会优抚的内容

社会优抚作为优待措施，包括政治、经济方面的优待。作为抚恤措施，包括抚慰和恤赈，**抚慰即给予政治荣誉和精神上的安慰，恤赈即给予钱款或物质帮助**。根据《中华人民共和国宪法》、《中华人民共和国兵役法》和《军人抚恤优待条例》的规定，我国的优抚工作主要包括以下内容：

（一）优待

根据现行《军人抚恤优待条例》的规定，军人享受的优待措施主要有：

1. 对现役军人的优待。义务兵服现役期间，其家庭由当地人民政府发给优待金或者给予其他优待，优待标准不低于当地平均生活水平。

义务兵和初级士官入伍前是国家机关、社会团体、企业事业单位职工（含合同制人员）的，退出现役后，允许复工复职，并享受不低于本单位同岗位（工种）、同工龄职工的各项待遇；服现役期间，其家属继续享受该单位职工家属的有关福利待遇。

义务兵和初级士官入伍前的承包地（山、林）等，应当保留；服现役期间，除依照国家有关规定和承包合同的约定缴纳有关税费外，免除其他负担。

义务兵从部队发出的平信，免费邮递。

另外，义务兵和初级士官退出现役后，报考国家公务员、高等学校和中等职业学校，在与其他考生同等条件下优先录取；现役军人凭有效证件优先购票乘坐境内运行的火车、轮船、长途公共汽车以及民航班机，乘坐市内公共汽车、电车和轨道交通工具享受优待，参观游览公园、博物馆、名胜古迹享受优待。

2. 对残疾军人的优待。一级至六级残疾军人的医疗费用按照规定予以保障；七级至十级残疾军人旧伤复发的医疗费用，已经参加工伤保险的，由工伤保险基金支付，未参加工伤保险，有工作的由工作单位解决，没有工作的由当地县级以上地方人民政府负责解决；七级至十级残疾军人旧伤复发以外的医疗费用，未参加医疗保险且本人支付有困难的，由当地县级以上地方人民政府酌情给予补助。

残疾军人、复员军人、带病回乡退伍军人以及烈士遗属、因公牺牲军人遗属、病故军人遗属享受医疗优惠待遇。

在国家机关、社会团体、企业事业单位工作的残疾军人，享受与所在单位工伤人员同等的生活福利和医疗待遇。

另外，残疾军人凭《中华人民共和国残疾军人证》优先购票乘坐境内运行的火车、轮船、长途公共汽车以及民航班机，并享受减收正常票价 50% 的优待；免费乘坐市内公共汽车、电车和轨道交通工具；参观游览公园、博物馆、名胜古迹享受优待。

3. 对家属及遗属的优待。优抚对象的家属及遗属，本人自愿应征并且符合征兵条件的，优先批准服现役；报考普通高中、中等职业学校、高等学校，在与其他考生同等条件下优先录取；接受学历教育的，在同等条件下优先享受国家规定的各项助学政策；入学、入托，在同等条件下优先接收；承租、购买住房依照有关规定享受优先、优惠待遇。

4. 其他优待。复员军人生活困难的，按照规定的条件，由当地人民政府民政部门给予定期定量补助，逐步改善其生活条件；国家兴办优抚医院、光荣院，治疗或者集中供养孤老和生活不能自理的抚恤优待对象，各类社会福利机构应当优先接收抚恤优待对象。

（二）死亡抚恤

根据现行《军人抚恤优待条例》的规定，死亡抚恤又分为以下几种：

1. 一次性抚恤金。现役军人死亡，根据其死亡性质和死亡时的月工资标准，由县级人民政府民政部门发给其遗属一次性抚恤金，标准是：烈士，80 个月工资；因公牺牲，40 个月工资；病故，20 个月工资。获得荣誉称号或者立功的烈士、因公牺牲军人、病故军人，其遗属在应当享受的一次性抚恤金的基础上，由县级人民政府民政部门按照下列比例增发 5% ~35% 一次性抚恤金。

一次性抚恤金发给烈士、因公牺牲军人、病故军人的父母（抚养人）、配偶、子女；没有父母（抚养人）、配偶、子女的，发给未满18周岁的兄弟姐妹和已满18周岁但无生活费来源且由该军人生前供养的兄弟姐妹。

2. 特别抚恤金。对生前作出特殊贡献的烈士、因公牺牲军人、病故军人，除按照本条例规定发给其遗属一次性抚恤金外，军队可以按照有关规定发给其遗属一次性特别抚恤金。

3. 定期抚恤金。对符合下列条件之一的烈士遗属、因公牺牲军人遗属、病故军人遗属，发给定期抚恤金：父母（抚养人）、配偶无劳动能力、无生活费来源，或者收入水平低于当地居民平均生活水平的；子女未满18周岁或者已满18周岁但因上学或者残疾无生活费来源的；兄弟姐妹未满18周岁或者已满18周岁但因上学无生活费来源且由该军人生前供养的。享受定期抚恤金的军人遗属死亡的，增发6个月其原享受的定期抚恤金，作为丧葬补助费。

（三）残疾抚恤

根据现行《军人抚恤优待条例》的规定，现役军人残疾被认定为因战致残、因公致残或者因病致残的享受以下优待：

1. 残疾抚恤金。退出现役的残疾军人，按照残疾等级享受残疾抚恤金；县级以上地方人民政府对依靠残疾抚恤金生活仍有困难的残疾军人，可以增发残疾抚恤金或者采取其他方式予以补助，保障其生活不低于当地的平均生活水平；退出现役的因战、因公、因病致残的残疾军人因病死亡的，对其遗属增发12个月的残疾抚恤金，作为丧葬补助费。

2. 一次性抚恤金和遗属抚恤金。退出现役的因战、因公致残的残疾军人因旧伤复发死亡的，由县级人民政府民政部门按照因公牺牲军人的抚恤金标准发给其遗属一次性抚恤金，其遗属享受因公牺牲军人遗属抚恤待遇；因战、因公致残的一级至四级残疾军人因病死亡的，其遗属享受病故军人遗属抚恤待遇。

3. 终身供养。退出现役的一级至四级残疾军人，由国家供养终身；其中，对需要长年医疗或者独身一人不便分散安置的，经省级人民政府民政部门批准，可以集中供养。

4. 发放护理费。对分散安置的一级至四级残疾军人发给护理费。

5. 其他。残疾军人需要配制假肢、代步三轮车等辅助器械，正在服现役的，由军队军级以上单位负责解决；退出现役的，由省级人民政府民政部门负责解决。

革命伤残军人的伤残残疾等级，根据劳动功能障碍程度和生活自理障碍程度确定，由重到轻分为一级至十级。现役军人因战、因公致残，医疗终结后符合评定残疾等级条件的，应当评定残疾等级。义务兵和初级士官因病致残符合评定残疾等级条件，本人（精神病患者由其利害关系人）提出申请的，也应当评定残疾等级。残疾军人由认定残疾性质和评定残疾等级的机关发给《中华人民共和国残疾军人证》。

（四）社会安置

根据《退伍义务兵安置条例》、《关于军队干部退休暂行条例》及《国务院关于现役军官退休处理的暂行规定》，我国的安置工作包括对一切退出现役的军人进行安置。按照安置的方式可分为以下三种：

1. 就业安置。对转业干部、复员干部、退伍志愿兵和持城镇户口的义务兵，由国家统一分配工作，保证就业。

2. 回原籍安置。对农村籍义务兵退役后，回原籍安置。其中伤、病、残、孤儿和遇有生产、生活等困难的退伍军人，在安置上采取国家、集体和个人三结合的方针，由国家重点帮助无房、缺房的退伍军人建房，并发动社会力量，从资金、技术、信息等方面提供帮助。

3. 离退休安置。现役军官离退休后，移交地方政府安置，由国家供养。安置工作的具体内容包括：生活待遇保障；规定安置去向；住房保障；子女安排；在民政部门设立专门的离退休干部管理、服务机构。

三、社会优抚的管理

我国的社会优抚工作，实行国家和社会相结合的方针。国家号召全社会关怀、尊重优抚对象，开展各种形式的拥军优属活动。国家鼓励社会组织和个人对优抚事业提供捐助。目前，我国优抚资金的主要来源是国家财政拨款。优抚所需经费由国务院和地方各级人民政府分级负担，并要求专款专用，接受财政、审计部门的监督。属于国家预算安排的优抚资金，是国家实行优扶方针政策的主要财力保证（见图9－1）。

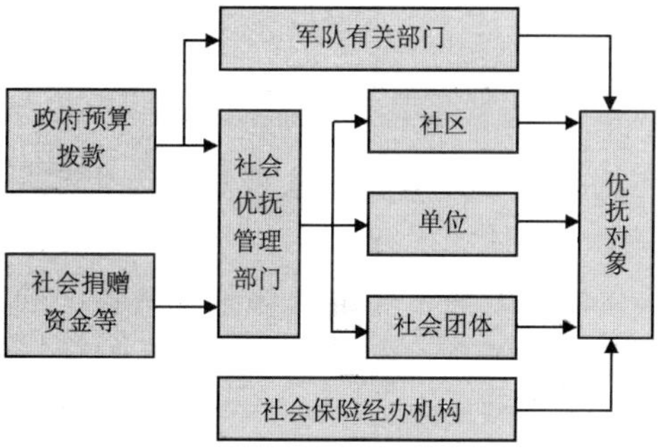

图9－1　优抚资金筹集与使用的管理图

除国家财政拨款之外，优抚资金的另一个来源是社会募集统筹，即从社会集团、企业以及个人捐助取得优抚资金，例如近年来我国各级福利企业创收留利中用于补贴优抚事业的经费，城镇街道、居民委员会创办“第三产业”收益中用于开展拥军优属活动的支出，社会福利基金或社会各界直接捐献的钱物用于优抚事业的支出或补贴。另外，在优抚保险项目中，优抚对象个人以投保的方式投入一部分优抚保障金，如医疗保险金、养老保险金、人寿保险金等。在我国经济发展水平较高的地区，已开始出现优抚对象自己向社会保险机构投保，以备医疗和养老等需要的做法。

总体来说，优抚保障资金的来源和筹集是多渠道和多层次的。随着社会经济的发展，国家法定的财政拨款方式将不断改革和完善，社会筹集资金的规模将不断增加，个人投保方式也将不断发展。

国务院民政部门主管全国的社会优抚工作，县级以上地方人民政府民政部门主管本行政区域内的优抚工作，中央预算和地方预算安排的优抚资金由各级政府民政部门管理和使用。政府预算划拨的经费主要包括抚恤费和退役安置费，其中：抚恤费包括死亡抚恤金、伤残抚恤金、在乡复员退伍军人生活补助费、优抚事业单位经费、义务兵优待费和其他抚恤支出；退役安置费包括退伍军人安置费、军队移交政府的离退休人员安置、军队移交政府离退休干部管理机构经费和其他退役安置支出。国家要求国家机关、社会团体、企业事业单位应依法履行各自的优抚责任和义务。抚恤费和退役安置费，主要由地方民政部门和军队有关部门直接发放到优抚对象手中，凡是法定的抚恤对象和安置对象，都可以按规定得到抚恤费或退役安置费。抚恤费和退役安置费发放的具体办法有定期发放和临时发放两种，定期发放是长期给付，为生活困难且在短期内无法摆脱困境的优抚对象补贴日常支出；临时发放是一次性给付，为生活暂时发生困难的优抚对象应急使用。

第三节 我国现行的优抚工作

一、优待抚恤工作

优抚工作是我国军民在长期的革命和建设实践中逐步形成并发展起来的一项传统工作，它通过对以军人及其家属为主体的优抚对象实行物质照顾和精神抚慰，直接服务于军队和国防建设，是我国社会保障体系的重要组成部分。其特定的保障对象称为优抚对象，包括中国人民解放军的现役军人、革命伤残军人、复员退伍军人、革命烈士家属、因公牺牲军人家属、病故军人家属、现役军人家属。

优抚工作的职责是拟定拥军优属、优待抚恤工作的方针、政策、规章，并监督实施。组织、指导拥军优属活动，支援军队和国防建设；研究提出各类优抚对象优待、抚恤补助标准和国家机关工作人员伤亡抚恤标准；拟定革命烈士、因公伤残人员褒扬办法，负责全国重点烈士纪念建筑物保护单位的审核和报批。主要工作内容是开展拥军优属工作；做好烈属、伤残军人、在乡退伍红军老战士、在乡复员军人、带病回乡退伍军人和现役军人家属的抚恤补助优待工作；负责国家机关工作人员、人民警察、参战民兵民工的伤亡抚恤工作；审批和褒扬烈士；举办荣誉军人康复医院、复员军人慢性病疗养院、复退军人精神病院和光荣院；做好烈士纪念建筑物的管理保护和烈士事迹的编纂工作。

优抚工作实行“国家、社会、群众”三结合的优抚制度，在国家抚恤的基础上，发挥社会和群众力量，依靠全社会共同做好优抚工作，保障优抚对象的抚恤优待与国民经济的发展相适应，使抚恤优待标准与人民的生活水平同步提高。

部分优抚对象抚恤金标准如表9－1至表9－3所示。

表 9－1　残疾军人、伤残人民警察、伤残国家机关工作人员、伤残民兵民工残疾抚恤金标准

（从 2011 年 10 月 1 日起执行）

单位：元/年

残疾等级	残疾性质	在乡残疾军人	在职残疾军人	残疾等级	残疾性质	在乡残疾军人	在职残疾军人
一级	因战	35 150	32 990	五级	因公	15 458	14 660
	因公	34 110	31 950		因病	14 418	13 620
	因病	33 060	30 900	六级	因战	13 898	13 100
二级	因战	32 010	29 850		因公	13 198	12 400
	因公	30 450	28 290		因病	11 278	10 480
	因病	29 390	27 230	七级	因战	10 722	9 960
三级	因战	28 350	26 190		因公	9 662	8 900
	因公	26 780	24 620	八级	因战	7 052	6 290
	因病	25 210	23 050		因公	6 522	5 760
四级	因战	23 630	21 470	九级	因战	5 230	5 230
	因公	21 540	19 380		因公	4 190	4 190
	因病	19 970	17 810	十级	因战	3 670	3 670
五级	因战	17 568	16 770		因公	3 140	3 140

表 9－2　烈属、因公牺牲军人遗属、病故军人遗属定期抚恤金标准

（从 2011 年 10 月 1 日起执行）

单位：元/年

	烈属	因公牺牲军人遗属	病故军人遗属
城镇	11 248	9 758	9 228
农村	6 654	6 384	6 134

表 9－3　在乡退伍红军老战士、在乡西路军红军老战士、红军失散人员生活补助标准

（从 2011 年 10 月 1 日起执行）

单位：元/年

在乡退伍红军老战士	在乡西路军红军老战士	红军失散人员
23 638	23 638	10 944

二、军队离退休干部安置管理工作

军休安置管理工作是直接服务于军队和国防建设的一项重要工作。主要职能是军休干部安置管理，主要负责拟定移交地方安置的军休干部和军队无军籍退休退职职工安置计划和实施方案，研究提出有关生活待遇标准，拟定干休所管理办法等。

长期以来，党和国家对军休安置管理工作高度重视，制定了一系列方针、政策，形成了比较规范的工作制度和较为完整的工作体系。各级民政部门紧紧围绕国家和军队建设大局，认真贯彻落实党中央、国务院、中央军委的重要指示精神，确定了接收安置范围，实行了军地共同审定安置计划、分散与集中相结合按年度计划交接的办法，建立了“三联单”制度。

（一）军队离退休干部的待遇

军队离退休干部的待遇包括政治待遇和生活待遇。

1. 军队离退休干部的政治待遇。主要包括阅读文件，听报告，参加一些重大节日和庆祝纪念活动，党员军队离休退休干部逝世后骨灰盒可覆盖党旗，军队离休干部逝世后骨灰盒可覆盖军旗，授予离休干部《离休干部荣誉证》、功勋荣誉章，安排离退休干部担任一定的荣誉职务等。

2. 军队离休干部的生活待遇。具体项目包括：离休费、副食品价格补贴、生活补贴、粮油调价补贴、教龄护龄补贴、地区生活补贴、交通费、探亲路费、荣誉金、防暑降温费、保留福利补贴、保留伙食补贴、少数民族补贴、政府特殊津贴、残废金（伤残保健金）、生活补贴、住房补贴、公勤费、护理费、住院伙食补助费、电话补贴费、水电补贴费、军粮差价补贴、冬季取暖补贴费、军人职业补贴费、服装费、早期回国定居专家生活津贴。离休干部实际享受的待遇项目根据其实际情况确定。

离休干部离休后，继续享受规定的探亲待遇，另外本人可报销一次探视父母、子女或回原籍的往返车船费。报销增加一次探视费的标准：团职或行政十五级以下的干部，按现行干部探亲规定执行；师职、行政十四级以上和红军干部，可按实际乘坐的飞机、车船费报销。

3. 退休干部的生活待遇。具体项目包括：退休费、副食品价格补贴、生活补贴、粮油调价补偿、早期回国定居专家生活津贴、保留福利补助、保留伙食补贴、少数民族补贴、防暑降温费、政府特殊津贴、残废金（伤残保健金）、生活补贴、住房补贴、护理费、住院伙食补助费、电话补助费、探亲路费、水电补贴、教护龄补贴、冬季取暖补贴、军人职业津贴、军粮差价补贴。退休干部实际享受的待遇项目根据其实际情况确定。

4. 退休士官（志愿兵）的生活待遇。具体项目包括：退休费、生活补贴、粮油调价补偿、保留福利补助、保留伙食补贴、少数民族补贴、防暑降温费、残废金（伤残保健金）、住房补贴、生活补贴、护理费、住院伙食补助费、水电补贴、探亲路费、冬季取暖补贴、军人职业补贴、军粮差价补贴、教龄护龄津贴。退休士官实际享受的待遇项目根据其实际情况确定。

（二）军队离退休干部安置的具体工作及规定

1. 计划申报审定。军休干部移交政府安置实行年度计划的办法。由部队团以上单位按规定指导军休干部本人填写《安置审定表》，逐级审定，报部队大单位审核汇总后，送地方省、市安置部门复审。复审同意的按军地系统分别上报，纳入移交计划。部队通知军休干部本人，并做好交接准备。

2. 安置地点。对符合移交安置条件的军队离休退休干部，根据个人不同情况，一般可以在部队驻地、本人原籍或入伍地、配偶原籍或配偶、子女、父母居住地安置。安置去向已审定的不再改变。

3. 住房保障。移交政府安置的军队离休退休干部的住房保障原则上执行军队统一的住房制度，由国家和个人合理负担，实行住房补贴、货币补差相结合的办法。纳入安置规划的军队离休退休干部住房的房源由军队协助离休退休干部本人落实，以购买经济适用住房为主，可以购买或承租符合出售条件的现住房，也可以自理住房（包括自购、自建住房，维修私房或者购买配偶所在单位的住房）。

4. 可随迁人员。配偶、未成年和待业子女；移交当年从部队复员退伍的子女；易地安置身边无子女照顾的，可调一个已工作的子女。

5. 移交时必须由部队师以上单位与军队离退休干部管理办公室协商，团以上单位派人和军休干部本人一起到军队离退休干部管理办公室报到。并携带如下材料：地方民政厅军休处开出的安置通知书；“三联单”；组织关系介绍信；行政介绍信；军休干部档案；人员供给介绍信；离退休后历年增加的各项待遇表；离退休证；随迁人员身份证、户口簿和有关证明材料。

6. 协调移交。部队介绍军休干部情况，军队离退休干部管理办公室审核接收材料，审定经费待遇，协商落实有关移交事宜。

7. 办理接收手续。军队离退休干部管理办公室开具接收“三联单”；军队离退休干部安置通知书；落户材料：（1）军队离退休干部家属子女/军队无军籍退休退职职工落户介绍信。（2）军队离休退休干部落户登记表。（3）身份证登记表。全部手续办妥后，由军队离退休干部管理办公室工作人员，将军休干部送至干休所或服务站报到。其落户相关手续由军休干部到公安局户政处、派出所办理。

军队离退休干部安置工作流程如图 9－2 所示。

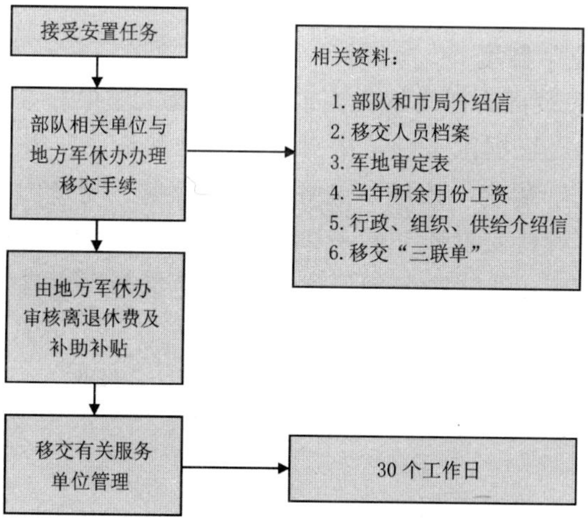

图 9－2　军队离退休干部安置工作流程图

三、复员退伍军人安置工作

（一）复员退伍军人安置工作简况

复员退伍军人安置工作是为军队建设服务的，是国防建设的一个组成部分，直接关系到国家的政治稳定、经济建设和社会发展。复员退伍军人安置工作具体任务是负责退伍义务兵、转业复员士官、复员干部以及伤病残士兵的接收安置工作。复员退伍军人安置工作与其他工作相比，具有鲜明的特点。

第一，双重从属性。早在建国之初，毛泽东、周恩来就指出：复员工作的总原则是服从国家经济建设与国防建设的需要，并使二者结合起来。所以，复员退伍安置工作不仅是地方政府的任务，而且是国防建设的一部分，并通过国防的巩固来服务经济建设。

第二，范围的广泛性。复员退伍安置因为是军人（包括伤病残军人）向社会普通公民的身份转化，必然涉及户籍、就业、上学、生产、生活和治病等诸多方面，必然涉及国家许多部门，而且军人的生活也联系着无数的家庭，这一特点决定了复员退伍安置工作是人民政府的工作，需要各有关部门密切协作才能完成。

第三，政策的严肃性。安置政策牵动着军心、民心，直接关系到军心稳定及社会安宁。所以，安置政策的制定与执行，要严肃认真，既要考虑国防建设，又要考虑国家的经济、社会发展情况，还要考虑复退军人的合法利益；同时，适应客观形势要求，积极稳妥地开拓创新。

第四，明显的时空性。复退安置有着较强的空间和时间效力。在国家制定的安置政策基础上，各地可以根据实际情况制订有关配套细则方案；在时间上，安置工作有非常强的时间性，年度工作阶段性明显，接收—安置，循环往复。

地方各级人民政府设置复员退伍军人安置机构称“复员退伍军人安置办公室”或“退伍军人安置办公室”。该机构设在民政部门，负责办理退役士兵接收和安置的日常工作。根据国务院有关规定，地方县以上（含县）各级人民政府，要设立退伍军人安置领导小组，下设复员退伍军人安置办公室；区、乡、镇人民政府要指定专职工作人员负责这项工作。

（二）“优待安置证”制度

从2002年开始，民政部为切实解决当前优待安置工作中存在的一些问题，进一步加强和规范优待安置工作，根据国务院、中央军委“征兵命令”和“退伍通知”精神，在全国实行“优待安置证”制度。该证是义务兵及其家属、复员士官享受现行优待安置政策的合法凭证，没有“优待安置证”的一律不享受各级政府规定的优待安置政策。“优待安置证”是根据国务院、中央军委每年下达的全国“非农”户口与“农业”户口青年的征集比例和数量，由民政部统一制发。所以，“优待安置证”的具体发放范围是所有被征集的新兵。按照实行“优待安置证”制度的有关通知，“农业”户口的士兵，其家属凭证享受优待，本人退役后回农村安置；“非农”户口的士兵，本人及家属凭证按规定享受优抚安置待遇。

（三）优待金发放注意事项

1. 不允许用优待金为义务兵办理养老保险。根据国家有关法律法规，参加保险应遵循自愿的原则。按照民政部、总参谋部、总政治部《关于农村籍义务兵等优抚对象参加农村社会养老保险的通知》（民办发［1993］7号）以及民政部《关于转发河南省民政厅〈关于义务兵养老保险问题的请示〉的通知》（民优函［1990］85号）精神，对义务兵家属实行优待，是对军属的生活补助（包括战士退伍后安家补助）。用优待金为义务兵办理养老保险，是不符合优待立法本意的。为此，义务兵是否参加养老保险，应由他们家属和本人根据自愿原则办理，各地各部门要尊重本人的意愿，不搞强迫命令，不得附加任何条件。凡用优待金参加养老保险的，他们家庭生活发生困难和战士退伍后安家有困难的，不应再向政府要求照顾。少数地方采取强制办法用优待金为义务兵办理养老保险是违犯政策的，应予制止。

2. 在确定保障标准时，优抚对象的抚恤金等不计入家庭收入。各地在开展救灾救济工作中，往往对包括军属在内的优抚对象采取优先照顾的措施，即“救灾先救优”、“扶贫先扶优”等，充分体现了党和政府对革命功臣的关爱。在城市低保工作中，根据《国务院关于在全国建立城市居民最低生活保障制度的通知》（国发〔1997〕29 号）规定，在确定保障标准时，优抚对象的抚恤金等不计入家庭收入。对于无生活来源、无劳动能力、无法定赡养人或抚养人的优抚对象，要按最低生活保障标准全额发放。

3. 退伍后自谋职业可得到一次性经济补偿。近年来，随着社会主义市场经济的发展和国家军队各项改革的深入，国务院和中央军委对城镇退役士兵安置政策进行了一系列的调整和改革，确立了安排工作和自谋职业相结合的安置办法。实践证明，自谋职业的安置办法，是与市场经济体制的发展要求相适应的，也是保障城镇退役士兵合法权益的有效途径。按照《中华人民共和国兵役法》有关规定，城镇退役士兵自谋职业的，由当地人民政府给予一次性经济补助，还可以享受到多项优惠政策。如《关于扶持城镇退役士兵自谋职业优惠政策的意见》从享受优惠政策的资格、就业服务和社会保障、普通高等教育和成人教育、从事个体经济、税收、贷款、户籍等 7 个方面规定了对自谋职业的城镇退役士兵提供优惠。

4. 军人在部队立功受奖安置时应优先照顾。为鼓励士兵献身国防，建功军营，对于在服现役期间立功受奖的退役士兵，安置时享受优待、优先和照顾是理所应当的。《中华人民共和国兵役法》和《退伍义务兵安置条例》等法规政策在这方面都有明确规定。比如，农村义务兵荣获二等功以上奖励的，可以享受城镇退役士兵的安置政策；1 期、2 期士官荣获二等功以上奖励的可以做转业安置；在部队获得大军区以上单位授予的荣誉称号和立二等功以上的，安排工作时，应优先照顾；荣立二、三等功的自谋职业城镇退役士兵，参加高等教育考试可以加分。此外，各地也根据当地情况给予不同的优待，有的在档案考核时，根据立功受奖情况区别对待，有的在计算自谋职业补助金时也高于一般退役士兵，等等。

5. 退伍后原工作单位倒闭应由当地人民政府与其他退役士兵一并安置。根据《中华人民共和国兵役法》和《退伍义务兵安置条例》的规定，士兵入伍前是机关、团体、企业事业单位职工的，退役后允许复工复职，但原单位已撤销或合并的，由原单位的上一级机关或合并后的单位负责安置。在具体工作中，如果没有上一级机关或不存在合并后的单位，一般由当地人民政府与其他退役士兵一并安置。

6. 农村义务兵的责任田应予以保留。义务兵服现役期间，根据国务院《军人抚恤优待条例》第二十四条规定：“义务兵入伍前是农业户口的，他们在农村承包的责任田和分得的自留地（山、林）等继续保留。”

7. 批准入伍的在校大学生，退出现役后可按城镇退役士兵安置。近年来，一些在校大学生被征集入伍，做好他们退伍后的安置工作，对于鼓励在校大学生入伍，优化兵员结构，提高部队战斗力有着重要意义。因此，教育部、公安部、民政部、总参谋部、总政治部出台了《关于进一步做好从全日制高等学校在校学生中征集新兵工作的通知》，规定对批准入伍的大学生，退出现役后，不愿复学的，由入学前户口所在地的退伍军人安置机构负责接收，并按照城镇退役士兵的政策安置。

阅读资料

退役士兵包含哪些对象?

依据《中国人民解放军现役士兵服役条例》的规定，退役士兵包括退出现役的义务兵和士官：

（一）义务兵服现役期满未被选取为士官的；

（二）士官服现役满本级规定最高年限未被选取为高一级士官的，在本级服现役期限内因岗位编制限制不能继续服现役的；

（三）服现役满30年需要退出现役的或者年满55周岁的；

（四）因战、因公、因病致残被评定残疾等级后，不能坚持正常工作的；

（五）患病医疗期满或者医疗终结，经军队医院证明和军级以上单位卫生部门审核确认，不适宜继续服现役的；

（六）因军队编制调整需要退出现役的；

（七）因国家建设需要退出现役的；

（八）士兵家庭成员遇有重大疾病、遭受重大灾难等变故，确需本人维持家庭正常生活，经士兵家庭所在地的县级人民政府退役士兵安置工作主管部门证明，经师（旅）级以上单位司令机关批准退出现役的；

（九）其他原因不适宜继续服现役，经师（旅）级以上单位司令机关批准退出现役的。

资料来源：民政部网站，2011年11月17日，http：//www.mca.gov.cn/article/zwgk。

思考与拓展

一、不定项选择题

1. 政府为退出现役的军人安置工作属于（　　）。

A. 社会救助　　B. 社会保险

C. 社会福利　　D. 社会优抚

2. 我国社会优抚工作的管理部门是（　　）。

A. 人力资源和社会保障部　　B. 民政部

C. 商务部　　D. 财政部

3. 可以享受一次性抚恤金待遇的人员是（　　）。

A. 因病死亡的民主党派工作人员　　B. 牺牲军人家属

C. 因公死亡行政机关工作人员的家属　　D. 因公死亡人民团体工作人员的家属

4. 社会优抚和安置工作是（　　）。

A. 单纯的社会保险　　B. 单纯的社会福利

C. 单纯的社会救助　　D. 既有社会保险，也有社会福利和社会救助

5. 社会优抚和安置工作的指导思想是保证优抚和安置对象的生活水平与当地群众的平均生活水平相比(　　)。

A. 稍高　　B. 略低

C. 一致　　D. 以上说法都不对

6. 下列不属于优抚安置工作内容的是（　　）。

A. 优待　　B. 抚恤

C. 安置　　D. 社区矫正

7. 安置对象主要是指（　　）。

A. 儿童　　B. 老年人

C. 退役士兵　　D. 残疾人

8. 下列哪项内容不是安置的总体目标的依据（　　）?

A.《退伍义务兵安置条例》　　B.《志愿兵退役安置暂行办法》

C.《中华人民共和国婚姻法》　　D.《中华人民共和国兵役法》

9. 国家对无工作的革命伤残人员，发给其（　　）。

A. 伤残抚恤金　　B. 定期抚恤金

C. 一次性抚恤金　　D. 伤残保障金

10. 死亡抚恤采取的是一种（　　）抚恤形式。

A. 政治　　B. 物质

C. 货币　　D. 组织

11.（　　）机构属于优抚机构。

A. 荣军医院　　B. 社区医院

C. 光荣院　　D. 养老院

12. 对军人家属优待主要包括（　　）人群。

A. 义务兵家属　　B. 因公牺牲军人家属

C. 病故军人家属　　D. 因公伤残人员家属

13. 安置社会工作中，安置对象的特点是（　　）。

A. 利用帮助的能力相对较强　　B. 文化水平高

C. 情绪波动大　　D. 家庭人口多

14. 安置社会工作的机构包括（　　）。

A. 基层民政部门的安置科　　B. 军队政治处

C. 社会救助站　　D. 地方的复退军人安置办公室

15.（　　）人员属于优待对象。

A. 服现役的义务兵家属　　B. 伤残民警

C. 因工受伤的社区工作人员　　D. 复员军人

16. 我国优抚工作的工作方针是（　　）。

A. 思想教育　　B. 扶持生产
C. 政府优待　　D. 国家抚恤

17. 优抚对象的主要需求是（　　）。
A. 基本生活保障需要　　B. 高等教育需要
C. 身体医疗康复需要　　D. 国家抚恤需要

18. 安置的主要内容有（　　）。
A. 协助安置对象适应新工作　　B. 挖掘安置对象自身资源和外界资源
C. 协助安置对象寻找合适的住房　　D. 社区医疗服务

19. （　　）属于优抚对象。
A. 因公出差受伤的公务员　　B. 执行公务受伤的武警
C. 抗美援朝战争中负伤的军人　　D. 现役军人家属

20. 优抚社会工作与传统的双拥民政工作之间的关系是（　　）。
A. 两者完全一致　　B. 两者既有差别又有共同点
C. 工作形势有差别　　D. 工作目标是一致的

二、案例分析题

案例：林某于1992年入伍服役，其间因公致残，他的《革命伤残军人证》证明林某为三等乙级残疾，在某市残联所发的伤残证里同样写着三等乙级残疾。1995年林某退伍回乡后，由县民政局负责安排在县棉纺织厂工作，并签了为期三年的合同。1999年11月10日，县棉纺织厂发出通知，称林某的劳动合同至1999年12月11日到期，要他办理终止合同手续。2001年9月，因县棉纺织厂改制，林某领了一笔自谋职业安置费后，不仅再也没有享受过伤残军人应享受的待遇，而且也没有得到企业主管部门的妥善安置。

当林某到县棉纺织厂原主管部门反映情况时却得到了这样的解释——“妥善安置”并非一定要安排一个新的工作。按照县里的有关规定，伤残职工在办理自谋职业手续时，除了安置费还可以领到一笔伤残补助金。但有个前提，是否伤残及伤残等级得由劳动部门加以鉴定，部队及残联的伤残证不能作为凭证。林某为此找到了民政局安置科的社会工作者求助。

思考：什么是社会优抚？林某面临的问题是什么？如果你是一位社会工作者怎样帮助林某？

第十章 住房社会保障

学习要点

- □ 住房社会保障的含义及特点
- □ 住房社会保障的必要性
- □ 住房社会保障的基本原则
- □ 住房社会保障的重要意义
- □ 住房社会保障的改革历程
- □ 住房社会保障的体系建设

第一节 住房社会保障概述

一、什么是住房社会保障

住房社会保障是政府通过采取住房供应、分配、补贴等一系列措施政策，为住房困难的中低收入家庭提供的居所救助，是社会保障体系的重要组成部分。

住房是人的生存之所、发展之基。在市场机制作用的背景下，许多居民尤其是为数众多的中低收入家庭，没有能力通过市场来解决自身的住房问题。这就需要政府对这部分中低收入阶层提供各种方式的支持，用制度保障他们基本的居住需求得到满足，这一制度即住房保障制度，是国家或政府依据法律规定，通过国民收入再分配，保障居民基本居住水平的一种制度，是一种在住房领域内实行的社会保障制度。

住房社会保障概念包括以下内涵：

（1）国家或政府是住房社会保障的责任主体。

（2）住房社会保障的目标是满足中低收入家庭的基本居住需求。

（3）住房社会保障实施的保证和依据是相应的社会立法。

对住房社会保障概念理解时，还特别强调以下两点：

第一，从保障的本质来看，住房保障应该定位于救助，是政府对社会成员中无力参与市场竞争者以及竞争中的失败者进行的居所救助。

第二，从保障的保证来看，住房保障是政府依据法律规定提供的支持，是一种制度安排。

二、住房社会保障的必要性

（一）保障基本生活项目

现代生活的基本项目是“衣、食、住、行、医”，其中“住”占据着重要位置。养老保险、失业保险是对“衣、食、行”的基本保障，医疗保险是对“医”的基本保障，唯独缺少对“住”的基本保障。近年来，我国政府逐步建立的以中低收入家庭为对象的经济适用房供应政策，对城镇居民居住状况的改善起到了重要作用。但随着经济体制改革的深入，这一政策的弊端逐渐显露出来，主要表现是照顾了中等收入者而忽视了低收入者。从住房建设投入渠道和受益人群来看，国家为公务员投入，效益好的企业为职工投入，富有的人为自己投入，而住房困难户大多是效益差的企业职工，前三种投入渠道均与其无缘。买房无钱，租金又交不起，居住环境糟糕，状况堪忧。在农村，经济最贫困的农户无力进行危房改造，一些游牧民仍然过着居无定所的生活。因而，只能由政府出面以社会保障的方式去解决低收入阶层的“住”的问题。很显然，低收入阶层的住房问题具有明显的社会保障性质，对中低收入住房困难家庭实行“托底”，是党和政府义不容辞的责任。

住房保障程度与整个社会保障理念有关，高福利国家存在着“住房保障泛化”，市场经济为主的国家则是“有选择的住房保障”。我国的社会保障体系是以基本保障为基础的，决定了我国的住房保障也只能是低水平的基本保障。现阶段，我国人民的温饱问题已基本解决，正在实现全面建设小康社会的目标。但是，生产力落后状况没有根本改变，这就决定了我们不能走西方国家高福利的道路，社会保障只能是低水平的基本保障。住房保障是保障“人人有房住”，而不是保障“人人有住房”。在这个意义上讲，住房保障，在城市应该大力发展廉租房而不是经济适用房或限价房等能够以优惠获取产权的住房；在农村应该进一步加大危旧住房改造的财政支持力度。总之，住房保障的根本目的是保障基本生活项目之“住”的需求。

（二）缓解贫富差距

住房是一种很特殊的商品，既有一般商品所具有的经济属性，又有一般商品所不具有的社会属性，具有一定意义上的准公共产品属性。一套住房的单位价值往往较高，而社会成员购买力具有较大差异性，对于广大中低收入阶层的家庭，房价的迅猛上涨超越了他们的支付能力，单靠自己的力量很难解决住房问题。

住房问题又是一个重大的社会经济问题。从社会历史发展来看，城镇住房问题产生的主要原因是由于工业化和城市化的快速发展，需要使用大量的劳动力，使大量人口集中到城市工作。而工业和人口在城市的高度集中，必然产生对城市土地和住房供应的巨大需求，从而推动土地价格和住房价格的上涨。从住房供应的对象和需求的主体角度来看，主要是指中低收入阶层的住房问题。由城市低收入者和中等偏下收入阶层组成的城市多数人群，构成了特定的住房问题的主体。由于在市场经济的国家里，社会形成不同的阶层是一种必然的现象，因此特定的住房问题就演化为对特定阶层的生存利益的保护问题。概括起来讲，住房问题的实质是一个社会对个人居住需求从质和量上的满足程度。不同的国家和地区在不同的经济发展水平下，不同的社会阶层对住房的支付能力存在巨大的差异。一些阶层由于社会环境、个人原因不可避免地落后于整个社会住房消费的平均水平，因而形成了在居住上的相对贫困或绝对贫困。大量城镇中低收入家庭无力支付城市住房费用，只好聚居在城市边缘地带，逐步形成了大量贫民窟。同样，居住在危房中的贫困的农村家庭，生存状况也越来越差。由此产生的贫困问题、犯罪问题、社会道德等一系列社会问题，严重危害着城乡居民的健康和生活质量，严重影响着整个社会的稳定。

事实上，住房已成为加剧社会贫富分化的重要因素。港澳珠江三角洲研究中心教授刘祖云对比从 2003 年调入广州的两个家庭，一个家庭在 3 年内买房，另一个选择租房。而现在第一个家庭的财富总额至少比第二个家庭高出 120 万。且如果两个家庭收入相当，但是房价明显增长，那两个家庭的贫富差距将可能按算术级数增长。

所以，住房具有一般商品所不具有的很强的社会性和政策性。对此，政府应当给予高度重视，运用政府力量对住房问题及其延伸产生的“贫民窟”等问题进行积极干预，加强住房社会保障制度的建设，以缓解贫富差距，实现“居者有其屋”的社会目标。这一政策和措施既是维护社会安定的重要手段，也是调节社会收入再分配的重要渠道。

三、住房社会保障的特点

（一）保障对象的确定性

住房社会保障确立了以家庭收入状况和居住困难状况双重衡量标准，根据这一标准，住房保障的供应对象是住房困难的中低收入家庭，尤其是社会最低收入线以下且居住困难的家庭。

（二）实施方式的灵活性

住房社会保障既可以由政府以实物（住房）的形式向中低收入阶层提供，又可以发放住房补贴等货币化方式为低收入阶层进行住房补助，具有实物保障与货币保障相结合的福利性特征。

（三）保障水平的低标准

按照“效率优先、兼顾公开”的原则，对中低收入阶层的住房安置，只能是低标准的。当低收入者有了合适的工作和相当的收入，就应当购买或租住与其收入水平相适应的住房，不再享受住房社会保障制度的政策优惠，腾出的住房再用于安置其他低收入住房困难家庭。因为低收入对个人来说可能是阶段性现象，但对整个社会来说则可能长期存在。

（四）以地方政府为主

我国各地经济发展水平相差较大，相应的住房标准、价格水平及个人收入水平也就有较大差距，因此由中央统一制订住房保障制度具体政策和标准是不合适的，只能由地方政府依据中央的宏观政策要求制订适合本地特点的具体政策、法规和标准。

四、住房社会保障制度的基本原则

（一）住房保障水平与经济和财政承受能力相协调

住房社会保障制度建设是一项政策性、社会性强，涉及面广的系统工程，必须充分考虑住房保障需求状况和财政支付能力，保障水平不可定得过高，也不宜定得过低。过高会超出政府的经济承受能力使其财政不堪重负，且易滋长社会惰性，成为制约一国经济发展的瓶颈所在；过低的住房保障会损害劳动者的积极性，也不符合社会制度发展的根本目的。因此，要在认真分析国情和经济、财政承受能力的基础上，依据住房社会保障制度的总体目标，确定适当的住房社会保障水平，确保住房社会保障具有可持续性。

（二）保障水平的多层次与保障手段的多样化

住房保障水平应依照中低收入阶层经济支付能力及资产状况，对于有供房能力但还买不起商品房的人群，政府为其提供经济适用房或限价房保障；对最低收入阶层一般采取廉租住房实物配置或租金补贴形式；对符合经济适用房保障条件而暂时没有能力或不愿意购买经济适用房的人群提供公共租赁房。采用多种保障手段使不同收入水平的居民享受不同程度的保障，优先通过最低住房保障制度解决无房户、缺房户、危房户的住房问题，对租住公房的中偏低收入家庭实行提租减免政策，对中等收入家庭实行加大金融支持的政策等。

（三）发挥市场机制的调节作用

政府作为住房社会保障的责任主体，并不意味着政府要完全取代市场机制，更不是要破坏市场机制，而是在市场机制无法发挥作用或无法充分发挥作用的情况下引导市场，对市场运行机制进行补充和修正。更为重要的是，住房社会保障制度的设计要尽可能利用市场机制，发挥市场机制的调节作用。譬如就如何提供住房保障，包括保障性住房的筹资、融资、建设、运营和维护都应当考虑充分利用市场机制，从而达成更有效率的安排。

五、住房社会保障的重要意义

（一）扩大内需、保持经济平稳发展

住房保障性建设是投资和消费的结合点，既可以直接扩大住房投资，又可以拉动相关产业发展。同时，中低收入家庭是重要的劳动力资源和扩大消费的重点，以合理的支出取得基本住房，有利于增强中低收入家庭的消费信心和消费能力，增加其他方面的即期消费支出，改善投资和消费的比例关系。

（二）改善民生、共享改革发展成果

住房是人民生活全面小康的重要方面，住房社会保障通过合理配置公共资源，增加中低收入家庭的财产积累，培育和壮大中产阶层，优化社会结构，提高社会总体福利水平。同时，也有利于有效化解社会矛盾，减少社会管理成本，促进居民安居乐业。

（三）增进公平、促进社会和谐

住房社会保障能解决人民群众最关心、最直接、最现实的利益问题，使中低收入家庭摆脱恶劣的居住环境和社会环境，有利于社会稳定、政治安定。

第二节

我国住房社会保障制度

一、改革前我国住房社会保障制度

1949 年至改革开放前，我国的住房社会保障制度在城镇范围内实行实物性质的住房分配模式，即城镇居民职工从单位获得住房，是一种福利式的住房分配制度。这是解放初期对消费资料实行供给制的结果，也是高度集中的计划经济体制的产物。其特点主要是：

（一）产权公有

新中国成立之初，人民政府接管了国民党反动政府的房产和没收了官僚资本家等私人所有的房产，其所有权属于人民政府，是人民大众的公有财产。1956 年我国开始对城市房屋私人占有制进行社会主义改造，并伴随着私人城市土地的国有化。1958 年底私房改造基本结束，1964 年政府正式宣布私人租赁性质的住房关系也基本不再存在，到 1978 年我国城镇住房中 74.8% 为公有化住房。公共住房由政府统一供应，将住房建设纳入统一的国民经济计划和基建计划，由政府统一拨款，统一规划。这种国家所有的公有住宅有两种形式：一是由政府房管局直接管理的住宅称“直管公房”，二是由国有企业、事业单位建造、分配和管理的公房称“自管公房”。无论是从房源还是从建房的资金来看，所有权都属国家所有。

（二）实物分配

新中国成立后，我国在城镇逐步建立了公有制为主体“统一管理，统一分配，以租养房”的公有住房实物分配制度，其需求主体为企、事业单位。这种的住房制度下，居民的住房多是国家或者单位以实物形式分配给个人居住的，个人不拥有房屋的所有权。由于住房单位所有制的现实，作为最基本生活资料的住房实际上都是从单位那里获取，按照家庭名义从单位申请由单位无偿分配，通过租赁公房的方式来解决住房问题的。

（三）低租金使用

按照“统一管理，以租养房”的公房管理方针，早在 1951 年政府就把房租支出比重确定为全部工资的 7.48%，考虑到群众的负担能力，1955 年又调整为收入的 4.2%。这样，在 20 世纪 50 年代初期，我国部分城市公房实现了“以租养房”，其他城市至少也是“房有所养”，一般公房租金占职工家庭收入的 10% 左右。但 1956 年以后，在片面强调住房福利品的思想影响下，“以租养房”被淡化乃至否定。1963 年全国公房每平方米月租金跌到 0.10 元，职工的房租负担一般只占家庭收入的 2% ~3%。文革中，在体现社会主义优越性的口号下，各大城市公房租金标准更是全面失控。1975 年居民住房支出占家庭总支出平均为 2.3%，1978 年为 1.92%。最终“低租金加高补贴”和“象征性房租”完全取代了“以租养房”，低租金使用成为中国城市公房使用的通行标准。

这种以国家统包、无偿分配、低租金、无限期使用的住房分配制度，不仅造成了政府沉重的财政负担，也因此扭曲了住房供求关系而形成了尖锐的供求矛盾。截至 1978 年，全国城市人均居住面积仅为 3.6 平方米，甚至低于 1950 年人均 4.5 平方米的城市居住水平。显然，只有投入没有产出的公共住房分配制度，不能形成良性的循环机制，导致住房问题解决的进程非常缓慢，城乡住房拥挤、危旧房等问题日益严重。

二、我国住房保障体系建设

（一）改革阶段

1. 1978—1994 年住房商品化改革探索与准备阶段——从福利分房到有计划的住房商品化。主要模式为集资合作建房和“安居工程”两种方式，具体措施有：鼓励自建住房，以成本价出售公有住房，提租补贴和实行优惠价售房。这一阶段的住房制度改革使我国城镇住房完成了由完全福利性向部分福利性，住房分配由完全配给制向半配给制，非商品化住房向有计划的商品化、社会化的转变。我国在这个阶段进行的一系列住房改革，可以概括为“三改四建”：“三改”指投资方式，从过去国家统一的投资改为国家、单位、个人三方共同负担；管理方式，从由居民所在单位和房管所进行房屋管理改为由物业管理公司进行管理；分配方式，从实物分配改为货币补贴，逐步走向市场化、货币化。“四建”指的是逐步建立新型的公用体系，建立住房公积金，建立与住房消费相适应的住房金融，以及建立规范有序的房产交易市场。

2. 1994—1998 年住房改革全面启动阶段。1994 年 7 月 8 日，国务院发布了《国务院关于深化城镇住房制度改革的决定》（国发［1994］43 号），第一次明确提出了城镇住房制度改革作为经济体制改革的重要组成部分，明确了社会主义市场经济理论是城镇住房制度改革的根本指导思想，按住房商品化、市场化、社会化思路，全面设计房改的目标、原则和主要内容，从而把城镇住房制度改革推向了全新的发展阶段。决定出台后，各地纷纷制定本地区的房改实施方案，在建立住房公积金、提高公房租金、出售公房等方面取得较大进展。

3. 1998—2003 年，住房市场化改革突破阶段。1998 年 7 月 3 日发布的《国务院关于进一步深化城镇住房制度改革加快住房建设的通知》（国发［1998］23 号），宣布从 1998 年下半年开始，全国城镇停止住房实物分配，实行住房分配货币化。当时建设部对收入人群做了一个划分：最高和最低收入的群体各占 10%，中低收入者占 80%，也就是说城镇居民中 80% 的人口都要靠经济适用房来解决住房问题。具体要点如下：停止住房实物分配，实行住房分配货币化；建立和完善以经济适用住房为主的住房供应体系；继续推进现有公有住房改革，培育和规范住房交易市场；采取扶持政策，加快经济适用住房建设；发展住房金融；加强住房物业管理。这一系列深化改革，全面开启了我国城镇住房制度的改革，成为新的住房制度的分水岭。

这一时期住房市场化发展迅速，住房保障收缩，逐步形成了新的住房保障体系，包括面对最低收入家庭的廉租住房和为中低收入家庭提供的经济适用房及面向中高收入阶层的完全市场化的商品房三个层次。标志着福利住房转向了住房商品化，初步确立了多层次的城镇住房供应体系。然而，这一阶段非市场化的住房仍然占多数。

4. 2003—2007 年，住房市场化深化改革，住房保障体系逐步形成。这一阶段住房保障继续收缩，将之前为大部分人提供经济适用房的政策逐步废弃，住房供应体系以普通商品房为主。2003 年 8 月下发的《国务院关于促进房地产市场持续健康发展的通知》提出，根据城镇住房制度改革进程、居民住房状况和收入水平的变化，完善住房供应政策，调整住房供应结构，逐步实现多数家庭购买或承租普通商品住房。与此同时，部分城市提出了经营城市的理念，以出让土地赚钱，导致建设经济适用住房的积极性逐步减弱。从 2002 年开始，经济适用住房投资比例大幅下降，2005 年更达到了历史最低点，一些城市甚至停止经济适用住房的建设。

（二）构建阶段

1. 2007—2010 年，我国政府开始调控房地产市场，重新重视住房保障问题。在已有的普通商品住房模式逐步完美的基础上，加快推进保障性安居工程建设力度，其中保障性住房主要包括廉租住房、经济适用房和限价商品房。政策措施是：（1）城市新审批、新开工的住房建设，套型建筑面积 90 平方米以下住房面积所占比重，必须达到开发建设总面积的 70% 以上；（2）廉租住房、经济适用住房和中低价位、中小套型普通商品住房建设用地的年度供应量不得低于居住用地供应总量的 70%；（3）2009 年到 2011 年解决 750 万户城市低收入住房困难家庭和 240 万户棚户区居民的住房问题。

2007 年，国务院出台《关于解决城市低收入家庭住房困难的若干意见》，强调各级政府要把解决城市低收入居民的住房难题作为一项重要职责，并进一步明确了住房保障范围和标准，为解决住房这项重大民生问题提供了制度保证。

阅读资料

国务院关于解决城市低收入家庭住房困难的若干意见

国发［2007］24 号

各省、自治区、直辖市人民政府，国务院各部委、各直属机构：

住房问题是重要的民生问题。党中央、国务院高度重视解决城市居民住房问题，始终把改善群众居住条件作为城市住房制度改革和房地产业发展的根本目的。20 多年来，我国住房制度改革不断深化，城市住宅建设持续快速发展，城市居民住房条件总体上有了较大改善。但也要看到，城市廉租住房制度建设相对滞后，经济适用住房制度不够完善，政策措施还不配套，部分城市低收入家庭住房还比较困难。为切实加大解决城市低收入家庭住房困难工作力度，现提出以下意见：

一、明确指导思想、总体要求和基本原则

（一）指导思想。以邓小平理论和“三个代表”重要思想为指导，深入贯彻落实科学发展观，按照全面建设小康社会和构建社会主义和谐社会的目标要求，把解决城市（包括县城，下同）低收入家庭住房困难作为维护群众利益的重要工作和住房制度改革的重要内容，作为政府公共服务的一项重要职责，加快建立健全以廉租住房制度为重点、多渠道解决城市低收入家庭住房困难的政策体系。

（二）总体要求。以城市低收入家庭为对象，进一步建立健全城市廉租住房制度，改进和规范经济适用住房制度，加大棚户区、旧住宅区改造力度，力争到“十一五”期末，使低收入家庭住房条件得到明显改善，农民工等其他城市住房困难群体的居住条件得到逐步改善。

（三）基本原则。解决低收入家庭住房困难，要坚持立足国情，满足基本住房需要；统筹规划，分步解决；政府主导，社会参与；统一政策，因地制宜；省级负总责，市县抓落实。

二、进一步建立健全城市廉租住房制度

（四）逐步扩大廉租住房制度的保障范围。城市廉租住房制度是解决低收入家庭住房困难的主要途径。2007 年底前，所有设区的城市要对符合规定住房困难条件、申请廉租住房租赁补贴的城市低保家庭基本做到应保尽保；2008 年底前，所有县城要基本做到应保尽保。“十一五”期末，全国廉租住房制度保障范围要由城市最低收入住房困难家庭扩大到低收入住房困难家庭；2008 年底前，东部地区和其他有条件的地区要将保障范围扩大到低收入住房困难家庭。

（五）合理确定廉租住房保障对象和保障标准。廉租住房保障对象的家庭收入标准和住房困难标准，由城市人民政府按照当地统计部门公布的家庭人均可支配收入和人均住房水平的一定比例，结合城市经济发展水平和住房价格水平确定。廉租住房保障面积标准，由城市人民政府根据当地家庭平均住房水平及财政承受能力等因素统筹研究确定。廉租住房保障对象的家庭收入标准、住房困难标准和保障面积标准实行动态管理，由城市人民政府每年向社会公布一次。

（六）健全廉租住房保障方式。城市廉租住房保障实行货币补贴和实物配租等方式相结合，主要通过发放租赁补贴，增强低收入家庭在市场上承租住房的能力。每平方米租赁补贴标准由城市人民政府根据当地经济发展水平、市场平均租金、保障对象的经济承受能力等因素确定。其中，对符合条件的城市低保家庭，可按当地的廉租住房保障面积标准和市场平均租金给予补贴。

（七）多渠道增加廉租住房房源。要采取政府新建、收购、改建以及鼓励社会捐赠等方式增加廉租住房供应。小户型租赁住房短缺和住房租金较高的地方，城市人民政府要加大廉租住房建设力度。新建廉租住房套型建筑面积控制在 50 平方米以内，主要在经济适用住房以及普通商品住房小区中配建，并在用地规划和土地出让条件中明确规定建成后由政府收回或回购；也可以考虑相对集中建设。积极发展住房租赁市场，鼓励房地产开发企业开发建设中小户型住房面向社会出租。

（八）确保廉租住房保障资金来源。地方各级人民政府要根据廉租住房工作的年度计划，切实落实廉租住房保障资金：一是地方财政要将廉租住房保障资金纳入年度预算安排。二是住房公积金增值收益在提取贷款风险准备金和管理费用之后全部用于廉租住房建设。三是土地出让净收益用于廉租住房保障资金的比例不得低于 10%，各地还可根据实际情况进一步适当提高比例。四是廉租住房租金收入实行收支两条线管理，专项用于廉租住房的维护和管理。对中西部财政困难地区，通过中央预算内投资补助和中央财政廉租住房保障专项补助资金等方式给予支持。

三、改进和规范经济适用住房制度

（九）规范经济适用住房供应对象。经济适用住房供应对象为城市低收入住房困难家庭，并与廉租住房保障对象衔接。经济适用住房供应对象的家庭收入标准和住房困难标准，由城市人民政府确定，实行动态管理，每年向社会公布一次。低收入住房困难家庭要求购买经济适用住房的，由该家庭提出申请，有关单位按规定的程序进行审查，对符合标准的，纳入经济适用住房供应对象范围。过去享受过福利分房或购买过经济适用住房的家庭不得再购买经济适用住房。已经购买了经济适用住房的家庭又购买其他住房的，原经济适用住房由政府按规定回购。

（十）合理确定经济适用住房标准。经济适用住房套型标准根据经济发展水平和群众生活水平，建筑面积控制在60平方米左右。各地要根据实际情况，每年安排建设一定规模的经济适用住房。房价较高、住房结构性矛盾突出的城市，要增加经济适用住房供应。

（十一）严格经济适用住房上市交易管理。经济适用住房属于政策性住房，购房人拥有有限产权。购买经济适用住房不满5年，不得直接上市交易，购房人因各种原因确需转让经济适用住房的，由政府按照原价格并考虑折旧和物价水平等因素进行回购。购买经济适用住房满5年，购房人可转让经济适用住房，但应按照届时同地段普通商品住房与经济适用住房差价的一定比例向政府交纳土地收益等价款，具体交纳比例由城市人民政府确定，政府可优先回购；购房人向政府交纳土地收益等价款后，也可以取得完全产权。上述规定应在经济适用住房购房合同中予以明确。政府回购的经济适用住房，继续向符合条件的低收入住房困难家庭出售。

（十二）加强单位集资合作建房管理。单位集资合作建房只能由距离城区较远的独立工矿企业和住房困难户较多的企业，在符合城市规划前提下，经城市人民政府批准，并利用自用土地组织实施。单位集资合作建房纳入当地经济适用住房供应计划，其建设标准、供应对象、产权关系等均按照经济适用住房的有关规定执行。在优先满足本单位住房困难职工购买基础上房源仍有多余的，由城市人民政府统一向符合经济适用住房购买条件的家庭出售，或以成本价收购后用作廉租住房。各级国家机关一律不得搞单位集资合作建房；任何单位不得新征用或新购买土地搞集资合作建房；单位集资合作建房不得向非经济适用住房供应对象出售。

四、逐步改善其他住房困难群体的居住条件

（十三）加快集中成片棚户区的改造。对集中成片的棚户区，城市人民政府要制定改造计划，因地制宜进行改造。棚户区改造要符合以下要求：困难住户的住房得到妥善解决；住房质量、小区环境、配套设施明显改善；困难家庭的负担控制在合理水平。

（十四）积极推进旧住宅区综合整治。对可整治的旧住宅区要力戒大拆大建。要以改善低收入家庭居住环境和保护历史文化街区为宗旨，遵循政府组织、居民参与的原则，积极进行房屋维修养护、配套设施完善、环境整治和建筑节能改造。

（十五）多渠道改善农民工居住条件。用工单位要向农民工提供符合基本卫生和安全条件的居住场所。农民工集中的开发区和工业园区，应按照集约用地的原则，集中建设向农民工出租的集体宿舍，但不得按商品住房出售。城中村改造时，要考虑农民工的居住需要，在符合城市规划和土地利用总体规划的前提下，集中建设向农民工出租的集体宿舍。有条件的地方，可比照经济适用住房建设的相关优惠政策，政府引导，市场运作，建设符合农民工特点的住房，以农民工可承受的合理租金向农民工出租。

五、完善配套政策和工作机制

（十六）落实解决城市低收入家庭住房困难的经济政策和建房用地。一是廉租住房和经济适用住房建设、棚户区改造、旧住宅区整治一律免收城市基础设施配套费等各种行政事业性收费和政府性基金。二是廉租住房和经济适用住房建设用地实行行政划拨方式供应。三是对廉租住房和经济适用住房建设用地，各地要切实保证供应。要根据住房建设规划，在土地供应计划中予以优先安排，并在申报年度用地指标时单独列出。四是社会各界向政府捐赠廉租住房房源的，执行公益性捐赠税收扣除的有关政策。五是社会机构投资廉租住房或经济适用住房建设、棚户区改造、旧住宅区整治的，可同时给予相关的政策支持。

（十七）确保住房质量和使用功能。廉租住房和经济适用住房建设、棚户区改造以及旧住宅区整治，要坚持经济、适用的原则。要提高规划设计水平，在较小的户型内实现基本的使用功能。要按照发展节能省地环保型住宅的要求，推广新材料、新技术、新工艺。要切实加强施工管理，确保施工质量。有关住房质量和使用功能等方面的要求，应在建设合同中予以明确。

（十八）健全工作机制。城市人民政府要抓紧开展低收入家庭住房状况调查，于2007年底之前建立低收入住房困难家庭住房档案，制订解决城市低收入家庭住房困难的工作目标、发展规划和年度计划，纳入当地经济社会发展规划和住房建设规划，并向社会公布。要按照解决城市低收入家庭住房困难的年度计划，确保廉租住房保障的各项资金落实到位；确保廉租住房、经济适用住房建设用地落实到位，并合理确定区位布局。要规范廉租住房保障和经济适用住房供应的管理，建立健全申请、审核和公示办法，并于2007年9月底之前向社会公布；要严格做好申请人家庭收入、住房状况的调查审核，完善轮候制度，特别是强化廉租住房的年度复核工作，健全退出机制。要严肃纪律，坚决查处弄虚作假等违纪违规行为和有关责任人员，确保各项政策得以公开、公平、公正实施。

（十九）落实工作责任。省级人民政府对本地区解决城市低收入家庭住房困难工作负总责，要对所属城市人民政府实行目标责任制管理，加强监督指导。有关工作情况，纳入对城市人民政府的政绩考核之中。解决城市低收入家庭住房困难是城市人民政府的重要责任。城市人民政府要把解决城市低收入家庭住房困难摆上重要议事日程，加强领导，落实相应的管理工作机构和具体实施机构，切实抓好各项工作；要接受人民群众的监督，每年在向人民代表大会所作的《政府工作报告》中报告解决城市低收入家庭住房困难年度计划的完成情况。

房地产市场宏观调控部际联席会议负责研究提出解决城市低收入家庭住房困难的有关政策，协调解决工作实施中的重大问题。国务院有关部门要按照各自职责，加强对各地工作的指导，抓好督促落实。建设部会同发展改革委、财政部、国土资源部等有关部门抓紧完善廉租住房管理办法和经济适用住房管理办法。民政部会同有关部门抓紧制定城市低收入家庭资格认定办法。财政部会同建设部、民政部等有关部门抓紧制定廉租住房保障专项补助资金的实施办法。发展改革委会同建设部抓紧制定中央预算内投资对中西部财政困难地区新建廉租住房项目的支持办法。财政部、税务总局抓紧研究制定廉租住房建设、经济适用住房建设和住房租赁的税收支持政策。人民银行会同建设部、财政部等有关部门抓紧研究提出对廉租住房和经济适用住房建设的金融支持意见。

（二十）加强监督检查。2007年底前，直辖市、计划单列市和省会（首府）城市要把解决城市低收入家庭住房困难的发展规划和年度计划报建设部备案，其他城市报省（区、市）建设主管部门备案。建设部会同监察部等有关部门负责本意见执行情况的监督检查，对工作不落实、措施不到位的地区，要通报批评，限期整改，并追究有关领导责任。对在解决城市低收入家庭住房困难工作中以权谋私、玩忽职守的，要依法依规追究有关责任人的行政和法律责任。

（二十一）继续抓好国务院关于房地产市场各项调控政策措施的落实。各地区、各有关部门要在认真解决城市低收入家庭住房困难的同时，进一步贯彻落实国务院关于房地产市场各项宏观调控政策措施。要加大住房供应结构调整力度，认真落实《国务院办公厅转发建设部等部门关于调整住房供应结构稳定住房价格意见的通知》（国办发［2006］37号），重点发展中低价位、中小套型普通商品住房，增加住房有效供应。城市新审批、新开工的住房建设，套型建筑面积90平方米以下住房面积所占比重，必须达到开发建设总面积的70%以上。廉租住房、经济适用住房和中低价位、中小套型普通商品住房建设用地的年度供应量不得低于居住用地供应总量的70%。要加大住房需求调节力度，引导合理的住房消费，建立符合国情的住房建设和消费模式。要加强市场监管，坚决整治房地产开发、交易、中介服务、物业管理及房屋拆迁中的违法违规行为，维护群众合法权益。要加强房地产价格的监管，抑制房地产价格过快上涨，保持合理的价格水平，引导房地产市场健康发展。

（二十二）凡过去文件规定与本意见不一致的，以本意见为准。

国务院

二〇〇七年八月七日

（资料来源：中央政府门户网站，www.gov.cn，2007年8月13日。）

2009年起我国政府又相继启动中央下放煤矿、国有林区、国有工矿、城市等棚户区和危房改造工程，住房保障范围从城市扩展到林区、垦区、矿区等区域。

2. 2010年以来，政府加大房地产市场调控力度，住房保障步伐加快，体系进一步完善。现阶段的保障性住房主要包括廉租住房、经济适用房、公共租赁房和限价商品房等。

2010 年 4 月 17 日，国务院发布《国务院办公厅关于促进房地产市场平稳健康发展的通知》(国办发［2010］4 号)，要求坚决遏制部分城市房价过快上涨，明确保障性住房、棚户区改造和中小套型普通商品住房用地不低于住房建设用地供应总量的 70%，并优先保证供应，加快保障性安居工程建设。

2010 年 6 月，住房和城乡建设部等七部门出台了《关于加快发展公共租赁住房的指导意见》，在全国范围内启动了公共租赁住房建设计划，旨在解决中等偏下收入居民以及新就业人员、外来务工人员等“夹心层”群体的住房问题，填补了住房保障体系的一大空白，标志着中国住房保障制度建设进入了新的阶段。

阅读资料

关于加快发展公共租赁住房的指导意见

建保［2010］87 号

各省、自治区、直辖市人民政府，国务院各有关部门：

根据《国务院关于坚决遏制部分城市房价过快上涨的通知》(国发［2010］10 号)和《国务院办公厅关于促进房地产市场平稳健康发展的通知》(国办发［2010］4 号)精神，为加快发展公共租赁住房，经国务院同意，现提出以下意见：

一、加快发展公共租赁住房的重要意义

近年来，随着廉租住房、经济适用住房建设和棚户区改造力度的逐步加大，城市低收入家庭的住房条件得到较大改善。但是，由于有的地区住房保障政策覆盖范围比较小，部分大中城市商品住房价格较高、上涨过快、可供出租的小户型住房供应不足等原因，一些中等偏下收入住房困难家庭无力通过市场租赁或购买住房的问题比较突出。同时，随着城镇化快速推进，新职工的阶段性住房支付能力不足矛盾日益显现，外来务工人员居住条件也亟需改善。大力发展公共租赁住房，是完善住房供应体系，培育住房租赁市场，满足城市中等偏下收入家庭基本住房需求的重要举措，是引导城镇居民合理住房消费，调整房地产市场供应结构的必然要求。各地区、各部门要统一思想，提高认识，精心组织，加大投入，积极稳妥地推进公共租赁住房建设。

二、基本原则

(一) 政府组织，社会参与。各地区在加大政府对公共租赁住房投入的同时，要切实采取土地、财税、金融等支持政策，充分调动各类企业和其他机构投资和经营公共租赁住房的积极性。

(二) 因地制宜，分别决策。各地区要根据当地经济发展水平和市场小户型租赁住房供需情况等因素，合理确定公共租赁住房的供应规模和供应对象。商品住房价格较高、小户型租赁住房供应紧张的城市，应加大公共租赁住房建设力度。

(三) 统筹规划，分步实施。各地区要制订公共租赁住房发展规划和年度计划，并纳入 2010—2012 年保障性住房建设规划和“十二五”住房保障规划，分年度组织实施。

三、租赁管理

（一）公共租赁住房供应对象主要是城市中等偏下收入住房困难家庭。有条件的地区，可以将新就业职工和有稳定职业并在城市居住一定年限的外来务工人员纳入供应范围。公共租赁住房的供应范围和供应对象的收入线标准、住房困难条件，由市、县人民政府确定。已享受廉租住房实物配租和经济适用住房政策的家庭，不得承租公共租赁住房。

（二）公共租赁住房租金水平，由市、县人民政府统筹考虑住房市场租金水平和供应对象的支付能力等因素合理确定，并按年度实行动态调整。符合廉租住房保障条件的家庭承租公共租赁住房的，可以申请廉租住房租赁补贴。

（三）公共租赁住房出租人与承租人应当签订书面租赁合同。公共租赁住房租赁合同期限一般为 3 至 5 年，合同示范文本由省、自治区、直辖市住房城乡建设（住房保障）部门制订。承租人应当按照合同约定合理使用住房，及时缴纳租金和其他费用。租赁合同期满后承租人仍符合规定条件的，可以申请续租。

（四）公共租赁住房只能用于承租人自住，不得出借、转租或闲置，也不得用于从事其他经营活动。承租人违反规定使用公共租赁住房的，应当责令退出。承租人购买、受赠、继承或者租赁其他住房的，应当退出。对承租人拖欠租金和其他费用的，可以通报其所在单位，从其工资收入中直接划扣。

四、房源筹集

（一）公共租赁住房房源通过新建、改建、收购、在市场上长期租赁住房等方式多渠道筹集。新建公共租赁住房以配建为主，也可以相对集中建设。要科学规划，合理布局，尽可能安排在交通便利、公共设施较为齐全的区域，同步做好小区内外市政配套设施建设。

（二）在外来务工人员集中的开发区和工业园区，市、县人民政府应当按照集约用地的原则，统筹规划，引导各类投资主体建设公共租赁住房，面向用工单位或园区就业人员出租。

（三）新建公共租赁住房主要满足基本居住需求，应符合安全卫生标准和节能环保要求，确保工程质量安全。成套建设的公共租赁住房，单套建筑面积要严格控制在 60 平方米以下。以集体宿舍形式建设的公共租赁住房，应认真落实宿舍建筑设计规范的有关规定。

五、政策支持

（一）各地要把公共租赁住房建设用地纳入年度土地供应计划，予以重点保障。面向经济适用住房对象供应的公共租赁住房，建设用地实行划拨供应。其他方式投资的公共租赁住房，建设用地可以采用出让、租赁或作价入股等方式有偿使用，并将所建公共租赁住房的租金水平、套型结构、建设标准和设施条件等作为土地供应的前置条件，所建住房只能租赁，不得出售。

（二）市、县人民政府要通过直接投资、资本金注入、投资补助、贷款贴息等方式，加大对公共租赁住房建设和运营的投入。省、自治区人民政府要给予资金支持。中央以适当方式给予资金补助。

(三) 对公共租赁住房的建设和运营给予税收优惠，具体办法由财政部、税务总局制订。公共租赁住房建设涉及的行政事业性收费和政府性基金，按照经济适用住房的相关政策执行。

(四) 鼓励金融机构发放公共租赁住房中长期贷款，具体办法由人民银行、银监会制订。支持符合条件的企业通过发行中长期债券等方式筹集资金，专项用于公共租赁住房建设和运营。探索运用保险资金、信托资金和房地产信托投资基金拓展公共租赁住房融资渠道。政府投资建设的公共租赁住房，纳入住房公积金贷款支持保障性住房建设试点范围。

(五) 公共租赁住房建设实行“谁投资、谁所有”，投资者权益可依法转让。

六、监督管理

(一) 发展公共租赁住房实行省级人民政府负总责、市县人民政府抓落实的责任制。各级住房城乡建设（住房保障）部门负责公共租赁住房的行政管理工作，发展改革、监察、财政、国土资源、规划等有关部门按照各自职责负责相关工作。地方各级人民政府要加强组织领导，明确工作责任，健全住房保障管理机制和工作机构，落实人员和经费，确保公共租赁住房工作顺利实施。

(二) 市、县人民政府要建立健全公共租赁住房申请、审核、公示、轮候、配租和租后管理制度。住房保障部门要按照规定的程序严格准入审批，加强对公共租赁住房运营的监督管理，做到配租过程公开透明、配租结果公平公正。对存在滥用职权、玩忽职守、徇私舞弊等违法违规行为的，要依法依纪严肃追究相关单位和人员的责任。

(三) 政府投资建设公共租赁住房的租金收入，应按照政府非税收入管理的规定缴入同级国库，实行“收支两条线”管理。租金收入专项用于偿还公共租赁住房贷款，以及公共租赁住房的维护、管理和投资补助。

(四) 各地可根据本意见，制订具体实施办法。各地已经出台的政策性租赁住房、租赁型经济适用住房、经济租赁住房、农民工公寓（集体宿舍）等政策，统一按本意见规定进行调整。

中华人民共和国住房和城乡建设部
中华人民共和国国家发展和改革委员会
中华人民共和国财政部
中华人民共和国国土资源部
中国人民银行
国家税务总局
中国银行业监督管理委员会
二〇一〇年六月八日

(资料来源：中央政府门户网站，www.gov.cn，2010年6月13日。)

2011年3月5日，第十一届全国人大四次会议公布了“十二五”规划纲要（草案），提出“十二五”期间将建设3 600万套城镇保障性安居工程，使保障性住房覆盖率达到20%左右，并逐步使公租房成为保障性住房的主体。可见，自2007年以来，我国的住房保障政策发生了重大变化，住房保障体系从为中低收入者提供产权式的住房，逐步转移到更加符合市场化机制的公租房为主的体系。

（三）多层次的住房保障体系

目前，我国已经基本形成了包括廉租住房、经济适用住房、公共租赁住房、限价商品住房辅之以住房公积金等多类型、多层次的住房保障体系，对应了不同收入、不同类型的住房困难群体，保障范围惠及了低收入、中等偏下收入的无住房、危旧房和住房困难家庭以及棚户区居民等；构建起了以市场供给与政府保障相结合、以市场供给为主的城镇住房政策框架，建立起了“低端有保障、中端有支持”的较为完善的住房保障制度。

1. 廉租住房。廉租住房是为解决最低收入家庭住房问题而由政府主导建设或筹集的保障性住房，出租给城镇居民中最低收入者。政府或机构拥有，用政府核定的低租金租赁给低收入家庭；廉租房只租不售，低收入家庭对廉租住房没有产权，是非产权的保障性住房。目前，廉租住房保障主要有四种实施方式：一是实物配租，二是租金补贴，三是对租住在现有公房内的“双困”家庭（低收入和住房困难户）实行租金减免，四是房屋置换，即廉租住房管理部门用新建的廉租住房与符合条件的“双困户”住的旧公房进行置换，将新建的廉租住房配租给“双困户”，以改善他们的住房条件。

2. 经济适用住房。经济适用住房是指政府提供政策优惠，限定套型面积和销售价格，按照合理标准建设，面向城市低收入住房困难家庭供应，具有保障性质的政策性住房。经济适用房是具有社会保障性质的商品住宅，具有经济性和适用性的双重特点：经济性是指住宅价格相对于市场价格比较适中，能够适应低收入家庭的承受能力；适用性是指在房屋的建筑标准上不能削减和降低，要达到一定的使用效果。

经济适用住房与普通商品房的主要区别在于：政府以无偿划拨方式提供土地，免收城市基础设施配套费等各种行政事业性收费和政府性基金，实行税收优惠政策；销售价格以保本微利为原则，房地产开发企业实施的经济适用住房项目利润率按不高于3%核定，市、县人民政府直接组织建设的经济适用住房只能按成本价销售，不得有利润；销售对象面向城镇低收入居民，这类低收入家庭有一定的支付能力或者有预期的支付能力，购房人拥有有限产权。

单位集资合作建房是经济适用住房的组成部分，距离城区较远的独立工矿企业和住房困难户较多的企业，在符合土地利用总体规划、城市规划、住房建设规划的前提下，经市、县人民政府批准，可以利用单位自用土地进行集资合作建房。参加单位集资合作建房的对象，必须限定在本单位符合市、县人民政府规定的低收入住房困难家庭；单位集资合作建房的建设标准、优惠政策、供应对象、产权关系等均按照经济适用住房的有关规定严格执行；单位集资合作建房应当纳入当地经济适用住房建设计划和用地计划管理；单位集资合作建房原则上不收取管理费用，不得有利润。

3. 公共租赁住房。公共租赁住房是指限定建设标准和租金水平，面向符合规定条件的城镇中等偏下收入住房困难家庭、新就业无房职工和在城镇稳定就业的外来务工人员出租的保障性住房。公共租赁住房通过新建、改建、收购、长期租赁等多种方式筹集，可以由政府投资，也可以由政府提供政策支持、社会力量投资；通过政府或政府委托的机构，按照市场租价向中低收入的住房困难家庭提供可租赁的住房；承租人收入低于当地规定标准的，可以依照有关规定申请租赁补贴，政府将按规定对承租家庭按月支付相应标准的租房补贴或者减免租金，以解决家庭收入高于享受廉租房标准而又无力购买经济适用房的低收入家庭的住房困难；公共租赁住房实行轮候与配租制度，轮候与租赁期限一般均不超过5年。

4. 限价商品住房。限价商品住房是在政府提供税收优惠、金融支持或货币补贴的前提下，为满足当地中等收入家庭住房需求而开发建设的具有一定保障性质的政策性商品住房，其特征表现为中低价位、中小套型。因而，限价商品住房又称为“两限两竞房”，即“限套型、限房价、竞地价、竞房价”。政府实施土地供应时在限套型、限房价的基础上，采取竞地价、竞房价的办法，以公开招标的方式确定开发建设单位，由中标单位按照约定标准建设，按照约定价位面向符合条件的居民销售。限价商品房，主要针对的是没有资格购买经济适用房，但又无力购买商品房的社会群体。

5. 住房公积金。住房公积金是指国家机关、国有企业、城镇集体企业、外商投资企业、城镇私营企业及其他城镇企业、事业单位、民办非企业单位、社会团体及其在职职工缴存的长期住房储蓄，它是一种互助性、保障性的住房资金，能够有效帮助中低收入阶层解决住房问题。住房公积金由两部分组成：一是职工个人每月按规定从工资中扣除缴存的部分，二是职工所在单位每月按规定为职工个人缴存的部分，这两部分均属于职工个人的住房基金，归职工个人所有，只定向用于职工的住房消费支出。大部分中低收入者通过住房公积金贷款、自有资金和商业贷款的有效组合，可以大大降低购房的融资成本，从而实现居者有其屋的目标。

思考与拓展

一、不定项选择题

1. 住房社会保障的对象是（　　）。

A. 高收入群体　　B. 农民

C. 中低收入群体　　D. 学生

2. 住房社会保障概念的内涵包括（　　）。

A. 政府是责任主体　　B. 目标是满足基本居住需求

C. 保证是相应的社会立法　　D. 本质是居所救助

3. 住房社会保障的特点表现为（　　）。

A. 保障对象的确定性　　B. 实施方式的灵活性

C. 保障水平的低标准　　D. 以地方政府为主

4. 改革前我国住房社会保障制度的显著特征是（　　）。

A. 福利分房　　B. 商品化售房

C. 自主建房　　D. 福利分房与商品化售房

5. 改革前我国住房社会保障制度不具备哪些特点（　　）。

A. 产权公有　　B. 实物分配

C. 以租养房　　D. 货币分配

6. 公共租赁住房的保障对象是（　　）。

A. 城镇中等偏下收入住房困难家庭　　B. 农村中等偏下收入住房困难家庭

C. 新就业无房职工　　D. 在城镇稳定就业的外来务工人员

7. 公共租赁住房的筹集方式有（　　）。

A. 改建　　B. 新建

C. 没收　　D. 租赁

8. 下列不属于限价商品住房特点的是（　　）。

A. 限套型　　B. 限房价

C. 竞售价　　D. 竞地价

9. 廉租住房保障的提供方式主要有（　　）。

A. 货币分配　　B. 租金补贴

C. 租金减免　　D. 房屋置换

二、判断题

1. 住房保障是保障“人人有房住”，而不是保障“人人有住房”。（　　）

2. 住房是一种很特殊的商品，在一定意义上具有纯公共产品属性。（　　）

3. 住房保障水平要与经济和财政承受能力相适应。（　　）

4. 经济适用住房原则上不收取管理费用，不得有利润。（　　）

5. 住房公积金是一种用于住房的社会保障资金。（　　）

6. 住房社会保障有利于扩大内需、刺激经济增长，但会拉大收入差距、不利于社会稳定。（　　）

7. 安居工程指由政府负责组织建设，以实际成本价向城乡中低收入住房困难户提供的具有社会保障性质的住宅建设示范工程。（　　）

8. 改革开放初期，公租房已成为保障性住房的主体。（　　）

9. 公共租赁住房实行轮候与配租制度，轮候与租赁期限一般均不超过 3 年。（　　）

三、简述题

1. 住房社会保障的必要性包括哪些方面？

2. 住房社会保障的基本原则是什么？

3. 简述住房社会保障的重要意义。

4. 简述改革前我国住房社会保障制度的特点。

5. 简述经济适用住房与普通商品房的异同。

6. 简述廉租住房与公共租赁住房的联系与区别。

7. 简要回答限价商品住房的内容。

8. 简述住房公积金的性质与作用。

9. 简述现阶段多层次的住房社会保障体系。

四、案例分析题

国家基本公共服务体系“十二五”规划(节选)

第九章　基本住房保障

国家建立基本住房保障制度，维护公民居住权利，逐步满足城乡居民基本住房需求，实现住有所居。

“十二五”时期，政府提供如下基本住房保障服务：

◆为城镇低收入住房困难家庭提供廉租住房或租赁补贴；

◆为城镇中等偏下收入住房困难家庭、新就业无房职工和城镇稳定就业的外来务工人员提供公共租赁住房；

◆为符合条件的棚户区居民实施住房改造；

◆为农村困难家庭危房改造提供补助。

第一节　重点任务

加大保障性安居工程建设力度，增加保障性住房供应，加快解决城镇居民基本住房问题和农村困难群众住房安全问题，建立健全基本住房保障制度。

——廉租住房和公共租赁住房。保障性住房实行分散配建和集中建设相结合。集中建设保障性住房，要优先安排在交通便利、基础设施齐全、公共事业完备、就业方便的区域。健全廉租住房保障方式，实行实物配租和租赁补贴相结合。多渠道筹集廉租住房房源。完善租赁补贴制度，通过发放租赁补贴增强低收入家庭在市场上承租住房的能力。重点发展公共租赁住房，逐步使其成为保障性住房的主体，并逐步实现与廉租住房统筹建设、并轨运行。面向有一定支付能力的城镇中低收入住房困难家庭，适当发展经济适用住房和限价商品住房。

——棚户区改造。全面推进城市和国有工矿棚户区、中央下放地方煤矿棚户区、国有林区棚户区和国有林场危旧房、国有垦区危房改造。稳步推进非成片棚户区、零星危旧房改造。逐步开展基础设施简陋、建筑密度大、集中连片的城镇旧住宅区综合整治，稳步实施“城中村”改造，改善基础设施条件，完善居住功能。

——农村危房改造。继续推进农村危房改造，合理确定补助对象和标准，优先帮助住房最危险、经济最贫困农户解决住房安全问题。落实建设基本要求，强化工程质量安全管理，完善档案管理和产权登记，推动农村基本住房安全保障制度建设。推进游牧民定居工程建设，提高建设质量和规范化水平。

——保障性住房管理。加快基本住房保障立法工作，做好廉租住房、公共租赁住房和经济适用住房等各类保障性住房的政策衔接。鼓励各地依法建立保障性住房投资机构。研究建立全国性和区域性个人住房贷款担保体系，支持中低收入家庭改善住房条件。建立健全多部门联动的收入(财产)和住房情况动态监管机制，制定公平合理、公开透明的保障性住房配租政策和监管程序，严格规范准入、退出管理和租费标准。加强棚户区改造项目管理，推进市政基础设施和公共服务设施配套建设。实施能力建设工程，建立健全保障性住房管理服务机构，提升住房保障管理人员素质，加强规范化管理。建立全国住房保障基础信息管理平台，促进全国住房保障业务系统互联互通。

第二节　基本标准

加快建立健全基本住房保障服务国家标准体系。依据基本住房保障有关政策规定，为保证保障性住房的供给规模和质量，明确工作任务的事权与支出责任，制定“十二五”时期基本住房保障服务国家基本标准。

基本住房保障对象的家庭收入（财产）标准、住房困难标准、租金标准和保障面积标准，由市（地）、县级政府在国家标准框架内结合当地实际确定，并实行年度动态管理。

基本住房保障管理服务机构的设施建设、设备配置、人员配备、服务规范等具体标准，由住房城乡建设部依法会同有关部门及国家标准化行政管理部门制定实施。

“十二五”时期基本住房保障服务国家基本标准

服务项目	服务对象	保障标准	支出责任	覆盖水平
廉租住房	城镇低收入住房困难家庭	享有实物配租的，人均住房建筑面积 $13m^2$ 左右，套型建筑面积 $50m^2$ 以内，租金标准由市、县政府确定；享有租赁补贴的，租赁补贴标准由市、县政府根据当地经济发展水平、市场平均租金、家庭经济承受能力等因素确定	市、县政府负责，省级政府给予资金支持，中央给予资金补助	增加廉租住房不低于400万套，新增发放租赁补贴不低于150万户
公共租赁住房	城镇中等偏下收入住房困难家庭、新就业无房职工、城镇稳定就业的外来务工人员	单套建筑面积以 $40m^2$ 左右的小户型为主，租金水平由市、县政府根据市场租金水平和供应对象的支付能力等因素确定	市、县政府负责，引导社会资金投入，省级政府给予资金支持，中央给予资金补助	增加公共租赁住房不低于1 000万套
棚户区改造	符合条件的棚户区居民	实物安置和货币补偿相结合，具体标准由市、县政府确定（有国家标准的，执行国家标准）	政府给予适当补助，企业安排一定的资金，住户承担一部分住房改善费用	改造棚户区居民住房不低于1 000万户
农村危房改造	居住在危房中的农村分散供养五保户、低保户、贫困残疾人家庭和其他贫困户	每户建筑面积一般控制在 $40\sim60m^2$，户均中央补助不低于6 000元，地方补助标准自行确定	省级政府负总责，中央财政安排补助资金、省级财政给予资金支持、个人自筹等相结合	改造农村危房800万户以上
游牧民定居	未定居的游牧民	每户建筑面积不低于 $60m^2$（考虑家庭平均人口差异，内蒙古自治区户均 $50m^2$），户均中央补助3万元，户均地方配套1.6万元	省级政府负总责，中央财政安排补助资金、地方财政给予资金支持、个人自筹相结合	基本完成24.6万户游牧民的定居任务

第三节　保障政策

进一步完善土地、财税、金融等政策体系，建立稳定投入机制，加大财政资金、住房公积金贷款、银行贷款的支持力度，引导社会力量参与保障性安居工程建设和运营。

——土地政策。在土地利用年度计划中要根据保障性安居工程建设需要，单独列出，做到应保尽保。依法收回的闲置土地、具备净地出让条件的储备土地和农用地转用计划指标，应优先保证保障性住房用地。

——财税政策。加大财政投入力度，完善财政投入方式。土地出让收益用于保障性住房建设和棚户区改造的比例不低于10%。地方政府债券优先用于保障性安居工程建设。住房公积金增值收益在提取贷款风险准备金和管理费用后，全部用于廉租住房和公共租赁住房建设。对保障性安居工程建设和运营给予税费优惠。其中，对廉租住房、公共租赁住房、经济适用住房及棚户区安置住房，免收各种行政事业性收费和政府性基金。

——金融政策。支持保险资金、信托资金、房地产信托投资基金等投资保障性安居工程建设和运营。支持符合条件的地方政府融资平台公司和其他企业发行企业（公司）债券、上市公司债券，多渠道筹集建设资金。鼓励商业银行按照风险可控的原则，发放公共租赁住房等保障性住房中长期贷款。支持符合条件的省级政府以及计划单列市、省会城市、地级市政府融资平台公司进行廉租住房、公共租赁住房和棚户区改造融资。

——价格政策。依据经济社会发展水平、保障对象的承受能力以及建设成本等因素，合理制定、调整保障性住房价格或租金标准。

（资料来源：国务院印发国家基本公共服务体系“十二五”规划，来源：中国政府网，2012年7月20日。）

仔细阅读上述材料，并回答下列问题：

1. “十二五”时期，我国建立健全基本住房保障制度的重要任务是什么？其具体内容表现在哪些方面？

2. 请分别描述我国《“十二五”时期基本住房保障服务国家基本标准》各服务项目的服务对象、保障标准、支出责任及覆盖水平。

3. 请阐述我国建立基本住房保障制度的政策措施。

第十一章 农村社会保障

学习要点

- □ 农村社会保障的含义和特点
- □ 农村社会保障的原则
- □ 农村养老制度
- □ 新型农村合作医疗制度
- □ 农村社会救助

第一节 农村社会保障概述

一、农村社会保障的含义

农村社会保障是与城市社会保障相对而言的。在我国社会主义初级发展的初级阶段，它是指社会或国家为了保证农村社会成员个人及其家庭的经济安全和必要的福利，以农村基层社区为依托，通过国家、社区和个人三方面共同努力，依照国家有关法规政策的规定付诸实施的社会保障。在我国现阶段，农村社会保障具有其特殊性。

（一）农村社会保障是特定历史阶段的产物

从理论上讲，社会保障的对象应是全体社会成员，那么，理应在全社会范围内建立统一的社会保障制度。然而，在我国社会主义发展的初级阶段，客观上存在的城乡差别、工农差别，把我国现阶段的社会经济结构分割为城乡两部分。尽管随着市场经济的发展，城乡经济发展水平、社会生活水平的差距逐步缩小，但在目前乃至今后相当长的一段时间，城市与农村在生产、生活方式方面还存在巨大的差异。与此相适应，我国的社会保障也就不得不分为城市社会保障与农村社会保障两个部分。二者虽然相互影响、相互制约，共同构成我国完整的社会保障体系，但二者在形式、内容、结构及运行机制等方面都存在着明显的区别。

（二）农村社会保障是一种政府行为

农村社会保障是我国社会保障体系的一个重要组成部分，也是政府行政的一部分。我国近一半人口居住在广大的农村地区，尽管由于经济发展水平的限制，大多数农村居民在生产和生活中遇到的风险还得不到应有的经济安全保障，甚至还有几千万人生活在贫困之中，但是，从经济社会发展以及社会保障体系完善的趋势看，把全体农村社会成员纳入社会保障体系之中，不仅是政府应尽的职责，而且也是每一个公民应享受的权利。农村社会保障作为一种政府行为，首先，应通过国家立法来规定各方的权利与义务，并从我国国情出发，循序渐进、强制地推行；其次，通过政府的收入再分配，实现部分社会财力的转移，以提高全社会的福利水平。

（三）农村社会保障以乡村基层社区为依托

农村社会保障的筹资形式、给付渠道和实施过程均以乡村基层社区为依托。农村社会保障的资金主要由农村社区组织和个人共同筹措，用于本社区的社会成员基本生活保障；且农村社会保障是一个极其复杂、庞大的系统，也必须依靠社区组织予以具体实施。政府的作用主要是通过立法确认、行政监督、政策优惠以及给予必要的补贴来为其提供支持和帮助。

（四）农村社会保障是一种初级形态的社会保障

虽然农村社会保障力求具备现代社会保障的基本特征，但很不完备，主要体现在：（1）与城市社会保障相比，农村社会保障的水平很低。受农村社会生产力发展水平的制约，农村社会保障有时甚至达不到保障基本生活的要求。（2）农村社会保障项目及各保障项目在保障体系中地位的确定要视农村社会经济发展的客观要求和农村社会成员的承受能力而定。从我国的现实情况来看，农村养老保险、医疗保险、社会救助及社会优抚是主要的社会保障项目，其他保障项目基本没有开展。（3）由于我国农村幅员辽阔，各地情况差别很大，因而难以在全国建立统一的农村社会保障模式，只能各地因地制宜，这就使得农村社会保障带有明显的区域性特征。经济发达的农村地区，不仅保障项目多，保障对象的覆盖范围大，且保障水平也比较高；经济欠发达地区，保障项目少，保障范围有限，保障水平也较低；一些老、少、边、贫地区还几乎完全依靠家庭自我保障。

（五）农村社保还离不开家庭保障的配合

我国农村社会保障是一种社会保障和家庭保障相结合的复合保障模式。在经济发达地区，社会保障所起的作用大一些；在经济欠发达地区，家庭保障所起的作用则要大一些。

二、农村社会保障的社会意义

近几年，除传统的五保制度、救灾救济制度继续延续外，随着农村低保制度、新型合作医疗制度以及新型农村社会养老保险逐步推广，农村社会保障已经初步具有向城市社会保障体系对接的趋势。但总体看来，目前我国农村社会保障仍然主要依赖于传统的家庭保障和土地保障。建立健全与农村社会经济发展形势相适应的新型农村社会保障制度，是进一步完善社会主义市场经济体制、促进农村与社会相互协调发展、保持社会稳定的迫切要求，也是完善我国社会保障体系的客观要求。

（一）完善农村社会保障是应对土地保障、家庭保障功能弱化的客观要求

目前，我国农村土地保障功能陷入前所未有的困境，家庭保障功能持续弱化，家庭自我保障体系呈瓦解趋势。

一是土地保障功能不断弱化。其主要原因如下：（1）耕地减少与农业人口增多的矛盾。一方面，城市的扩张不断侵占原本紧张的耕地；另一方面，不断增加的农业人口使人多地少的矛盾进一步凸显。（2）小规模生产的家庭农业经济投入产出比极低，还面临自然灾害的风险，收入极不稳定。

二是家庭保障功能弱化。随着社会发展和计划生育政策的实施，农村家庭结构日趋小型化，出现了“4—2—1”和“4—2—2”家庭结构模式，即一对中年夫妇将要承担双方父母四人的“生老病死”和一个或两个子女的抚养责任，这将使未来家庭不堪重负。同时，具有中国特色的“打工经济”造成农村无子女共处、只剩下老年人独自生活的“空巢家庭”增多，农村养老问题日趋严重，农村社会人口老龄化也削弱了家庭保障的作用。目前，农村老龄化问题较为突出，70%以上的老龄人口分布在农村地区，并且以年均3.2%的速度持续增长。人口老龄化导致社会劳动人口减少、社会负担加重等一系列问题的出现，进一步加重了农村养老的压力。

（二）农村社会保障是促进农村经济发展的战略需要

农村的社会保障制度的建立，同农业增效与农民增收共同成为解决农业、农村、农民“三农”问题的三大核心措施。医保、养老保险、低保等农村保障项目的建立，等同于增加了农民和农村的收入，对于解决“三农”问题、促进经济社会协调发展和实现小康社会的目标具有战略意义。建立农村社会保障制度将大大推动传统产业和劳动密集型制造业向农村转移，促进我国经济结构和产业结构调整的步伐。

（三）农村社会保障是调节收入分配差距和维护社会稳定的需要

以市场为导向的农村经济体制改革，在极大地促进了经济发展和效率提高的同时，也不可避免地造成了社会成员之间收入差距的扩大。这种城乡收入分配格局对我国社会稳定产生了极为不利的影响。农村社会保障制度是调节社会成员之间收入分配差距，实现社会公平的重要手段。通过建立农村社会保障体系，有利于促进城乡居民社会保障不公平状况的改变，有效缓解城乡二元制社会经济结构造成的发展不平衡状况，提高农村社会的文明质量，构建社会主义和谐社会，实现社会的稳定和国家的长治久安。

第二节

建立农村社会保障制度的原则

一、以生存权为本，突出发展权的权利保障原则

对于农民生存权的保障是农村社会保障制度的起点与归宿，也是农村社会保障制度中的一项基本原则。

除了生存权以外，农村社会保障制度也要体现对其他方面基本人权，特别是对发展权利的保障。生存权与发展权的关系密切相连，生存权是发展权的基础，没有发展的生存必然因缺乏进化的活力而萎缩。社会保障是政府通过法律和制度手段，筹集社会保障基金，对社会成员在年老、疾病、伤残、失业、生活面临困难时给予必要的救助和保护。它的功能是保障公民的生存权，进而为实现每个人的发展权提供基础条件。通过建立最低生活保障制度、医疗保障制度、社会救助制度等措施，保障人的发展权利，拓展人们的发展空间。因此，社会保障是实现公民生存权和发展权的重要方式。

社会财富的分配应确立一个使所有人都能获得与其生存条件相适应的基本份额的客观标准，社会成员根据这一标准具有向国家提出为维持自己生存和发展而必须获得的物质和劳动的要求的权利。农村社会保障作为国家对社会产品再分配的一种方式，应明确国家负有给予社会保障利益的义务与解除农民困境的责任。其首先要满足社会保障的最低标准，衣、食、住、行等最低生活条件；其次要达到社会保障的一般要求，即有尊严的、文化性的生活水平，这才是农村社会保障的目标所在。

二、公平与效率优化配置原则

公平与效率的关系问题体现了农村社会保障制度的价值取向，也是解决农村社会保障一系列问题的关键所在。效率和公平既有冲突对立的一面，又有统一协调的一面，片面追求部分主体的效率，会打破社会的平衡，丧失公平；片面追求公平，易导致平均主义，丧失效率，最终也难言公平。

在农村社会保障制度中必须考虑公平与效率的问题。公平可从两个方面获得的：一是以平等求公平，即平等的条件、平等的机会和平等的规则与分配；二是以不平等求公平，即承认有条件的差别待遇，强调对社会财富的再分配和对社会上处于不利地位的人给予一定的补偿和救济。从社会产品分配和国民收入占有份额的角度看，社会保障都会对没有社会保障时的原有收入分配格局产生“再分配”作用，使一部分低收入居民增加收入份额，进而改变社会不同阶层、不同成员或同一阶层同一成员在不同时期的收入分配状态，促进社会公平。然而，单纯地追求公平是不科学的，因为它是以效率和发展所带来的物质基础为依据的。在农村社会保障制度中既要体现公平，又要

体现效率，公平与效率同等重要。因此，必须坚持公平与效率优化配置的原则，必须在提高效率、发展经济的基础上实现真正的公平；同样，单方面追求效率的社会保障制度是一个不公平的制度，而且也会制约效率本身的提高。社会保障制度的公平在于明确社会成员有权享受社会保障，并对国家、社会、个体的义务作出公平的规定，实现义务和权利的对等，使得社会成员的基本生存权利得到维护。而社会保障制度的效率旨在基于社会保障基金的积累和利用，使社会保障制度的社会安全功能达到最佳状态，保证和促进社会稳定和经济发展。社会保障制度中的公平和效率包括社会保障制度要体现公平和效率及其对社会公平和效率的影响这两个方面。

农村社会保障作为对国民收入再分配的一项制度，应更加注重社会公平。这与当前我国的农村社会保障制度尚处于初步建立阶段。这就要求我们不能只着眼于当下的经济发展效率而忽视了公平。然而，要达到公平与效率的最优化配置，我们应当根据具体情况而有所侧重。从社会保障项目来看，对于完全由国家财政负担的社会救济、社会优抚、最低生活保障等农村社会保障项目，只要农民符合条件，均可以享用，这些项目应当强调体现公平优先、兼顾效率的原则。而社会保险的主要项目如养老保险、医疗保险等费用，可以由国家、集体、个人三方来共同合理负担，使农民享受的社会保险水平既能保证农民的基本生活，又可以与其个人缴纳费用的多少适当挂钩。对于这些项目，就应强调体现效率优先、兼顾公平的原则。

三、农村社会保障制度与其他农村制度综合协调原则

农村社会保障制度与其他农村制度只有协调运行，才能充分发挥作用。在现阶段，土地保障、新型农村合作医疗、农村养老保险、社会救助、家庭保障等各项制度之间应达成有效的协调，使各项制度能够发挥综合性的效益。

1. 最重要的一点是应该注意社会保障与家庭保障的结合。从发展趋势看，家庭保障的功能必然逐步弱化，其主导地位自然要被社会保障所代替。但是，由于我国农村生产力发展水平还比较低、不少地区自给半自给的自然经济仍占重要地位，因此，在短期内完全以社会保障取代家庭保障是不现实的。但家庭保障功都的弱化毕竟是不容否认的客观事实，它已明显不适应农村社会经济发展的要求，而且经济发展速度越快、发展水平越高，这种不适应性就表现得越明显。因此，只强调家庭保障的作用而否认农村社会保障的必要性是违背农村社会保障内在发展规律的。正确处理农村社会保障与家庭保障的关系，就是要求我们在积极建立农村社会保障制度的同时，必须重视发挥家庭保障的作用，从而使二者相辅相成、相互配合。尽管农村社会保障可以取代家庭保障的主导地位，但却不可能完全替代家庭保障。因为一般说来，社会保障在资金保障方面作用较强，但在服务保障方面的作用往往有限，而这恰恰正是家庭保障的长处所在。所以，即使从长远看，农村社会保障也需要家庭保障来辅助。

2. 农村社会救助与土地保障和家庭保障的关系。在建立农村低保制度时，应注意不要加速土地保障和家庭功能的减退，而应该通过将土地保障与社会救助相结合而尽最大可能地保留和发挥土地保障和家庭保障的功能。就土地保障而言，在取消农业税以后，使用土地的成本大大下降，土地保障的功能还有进一步挖掘的潜力。目前，农村中的一些困难

户由于缺乏劳动能力而无法耕种土地，因而其土地没有发挥应有的保障作用。针对这种情况，可以一方面向特殊困难户提供社会救助，另一方面将村中的人际网络和劳务资源充分地组合和发挥，由村级组织安排对其提供“劳务救助”，即帮助他们耕种土地，以发挥土地的保障价值。这应该成为一种制度，体现村集体对本村困难户的救助责任。如果因自然灾害等意外原因导致没有获得预期的收益，则可以从灾害救济中加以补充救助。

同时，应该进一步合理设计农村医疗救助与新型农村合作医疗制度之间的关系，使医疗救助制度能够最大限度地利用农村合作医疗体制所提供的公共服务，并且也能为农村合作医疗的发展作出贡献。有条件的地方应该加速农村养老保险体系建设，将目前的独生子女家庭养老保险发展为普遍性的养老保险体系。建立有效的养老保险体系将会大大减轻社会救助制度的压力，使整个农村社会保障体系具有长期可持续发展的能力，并且能够更好地应付即将到来的老龄化社会。

四、资金来源多渠道的原则

农村社会保障的资金来源由个人、集体和政府三者共同负担，三者负担的比例在不同的地区以及不同的保障项目之间应有所不同。在政府负担内部，中央政府与地方政府以及上下级地方政府之间，在不同的地区和不同的保障项目之间也应有所区别。就地区而言，农村经济发达的地区，个人、村集体以及乡镇财政和县级财政等主体分摊的比例应大一些；农村经济欠发达地区，因个人和村集体的负担能力较弱，政府财政特别是上级财政分配的比例应大一些。就保障项目而言，社会救助的资金应主要来源于各级财政拨款，养老保险和医疗保险的资金应主要来源于个人缴费和村集体的公益金，财政可给予适当的补助。除此之外，还应在坚持自愿原则的基础上，广泛动员和吸收社会力量来举办各种形式的农村社会保障事业，以加快农村社会保障事业的发展，并相对降低政府财政的负担。

第三节
农村社会保障的内容

一、农村养老保障

（一）农村养老的特征

我国一半以上的老年人居住在农村。由于城乡差别，农村老年人的生活条件较差，农村的社会保障不完善，农村养老有着诸多自身的特点。

1. 生活条件较差，对社区、家庭的依赖性较强。与城市相比，农村的整个生活条件较差，与农村老年人日常生活息息相关的用水（部分农村还没有用上自来水）、烧煤柴（需要有人购买或拾取）等，许多需要体力完成的事情，都需要别人的帮助。相对于城市老年人而言，农村老年人在身体条件较差情况下，对家庭和社区的依赖性更强。

2. 养老负担主要靠家庭。从我国的现实情况看，城市老年人大部分属于离退休干部或职工，其养老问题由家庭、原工作单位和社会共同负担，不仅养老保障比较可靠，而且家庭养老负担也较轻。农村则不同，农民的工作单位与家庭是同一体，老年人的养老基本上由家庭独立承担，养老保障相对较差，家庭负担也相对较重。

3. 对子女的依赖性很强。农村的多数老年人一生积蓄很少或没有积蓄，因而对子女的依赖性很强。其原因有：一是多年来农民的人均纯收入很低，一年劳作下来，除去必要的开支所剩无几，经济不发达地区的农村收入更少；二是农民建房以及婚嫁等大额开支，多数家庭不仅会花去所有的积蓄，而且还往往背上一定的债务；三是农民的传统习惯不是靠自己的积蓄来养老，而是把家庭的收入全部花在子女身上，再依靠子女的反哺来养老。

4. 农村养老的观念与制度建设呈现积极的变化。随着经济的发展和社会进步，“养儿防老”的旧观念正在向储蓄养老的新观念转变，越来越多的有固定收入的农村老年人加入了养老保险的行列。

（二）农村养老机制

中国的农村养老机制由四部分构成，即自我养老机制、家庭养老机制、社区养老机制和社会养老机制。

1. 自我养老机制。自我养老机制是指老年人在养老问题上主要靠自身以往的储备来满足其生活需要的一种养老机制。老年人是养老事业的主体，因而个人在养老问题上应发挥重要作用。但是，在中国传统的养老机制中，老年人往往处于被动的地位，严重地影响了老年人的生活质量。由被动变主动的重要条件就是应当从长远的角度来合理地分配和使用个人收入，有计划地建立起经济储备机制。**所谓经济储备机制，就是指老年人在进入老年以前及以后的收入中，要有计划地通过储蓄或参加养老保险留出一部分，以备养老之用的机制**。即老年人在有劳动能力并能获取较为稳定的劳动收入的时期，就应从长计议，改变把劳动收入全部花在子女身上、待老年时再靠子女赡养的传统做法，将其收入在当期消费与未来消费、自身消费与子女消费之间进行合理地分配与使用，尽可能地留出一部分以备养老之用。

2. 家庭养老机制。家庭养老机制是指由子女或其他亲属来承担养老责任的一种机制。家庭养老是中国传统的养老方式，目前，在中国农村中仍占主要地位，而且在相当长的时期内也不会有大的改变。其主要原因就是社会化养老机制在短期内还很难替代家庭养老机制占据主导地位。在今后相当长的时期内，中国农村的养老机制应采取家庭养老与社会养老相互结合、相互协调配套的模式。

3. 社区养老机制。社区一般是指在共同经济利益基础上，并在政治、文化、社会生活方面有着某些相同属性的特定地理区域。由此，农村的社区一般应为一个行政村，而农村社区养老机制也就是一个行政村所具有的功能。社区养老机制应包括以下几个方面：一是对老年人在经济上的支持；二是老年服务体系的建立；三是对家庭养老的引导和督促等。我国农村社区养老机制曾在人民公社化时期兴盛一时，但在集体经济解体后随之出现极度萎缩，进入真空期。近年来，随着农村经济社会的发展和社会主义精神文明建设的深入，农村已出现了各种形态的社区养老机制，如不少经济发展迅速的农村对60岁的老人实行了退休制度，也有一些农村对老年人按年给予一定的生活补贴，所有这些经济上的支持都对解决老年人的养老问题起了很大的作用。但各地农村发展很不平衡，实行这些制度的往往只是经济发达的少数地区。农村社区服务也是如此，除少数经济发达的农村外，大部分农村的老年人医疗服务、老年生活料理服务、生活不能自理的老年人的长期护理服务等都未开展，还是由家庭负担。对家庭养老的引导和督促近年来发展较快，不少地区都建立了老年协会，并会同有关部门从事协调各个家庭与其子女签订养老协议、组织老年人外出旅游等活动，所有这些都发挥了良好的作用。

4. 社会养老机制。社会养老机制是指以各级政府及其职能部门为主体，通过建立制度法规而形成的养老保障体系，一般包括养老金制度、老年福利制度、老年服务体系、养老保险制度以及保护老年人利益的法规等，它在农村养老保险系统中是一个根本的养老保障子系统，起主导性、基础性作用。

（三）新型农村社会养老保险

1. 党的十七大特别是十七届三中全会以来，党中央、国务院对解决农民的养老问题高度重视，全国25个省、自治区、直辖市的300多个县（市、区、旗）开展了新型农保试点工作。新农保最大的特点是有三个筹资渠道，采取个人缴费、集体补助和政府补贴相结合的社会养老保险模式。此外，不同于老农保主要建立农民个人账户的模式，新农保借鉴了目前城镇职工统账结合的模式。新农保在支付结构上分两部分：基础养老金和个人账户养老金，基础养老金由国家财政全部保证支付，这意味着中国农民60岁以后都将享受到国家普惠式的养老金。

为加快建立覆盖城乡居民的社会保障体系、逐步解决农村居民老有所养问题，2009年9月，国务院发布了《关于开展新型农村社会养老保险试点的指导意见》，决定从2009年起开展新型农村社会养老保险试点。截至2012年底，新型农村社会养老保险制度已实现了全覆盖。

2. 新型农村社会养老保险的主要内容如下：

（1）基本原则。新型农村社会养老保险制度的基本原则是“保基本、广覆盖、有弹性、可持续”。一是从农村实际出发，低水平起步，筹资和待遇标准要与经济发展及各方面承受力相适应；二是个人、集体、政府合理分担责任，权利与义务相适应；三是政府引导和农民自愿相结合，引导农民普遍参保；四是中央确定基本原则和主要政策，地方制订具体办法，对参保居民实行属地管理。

（2）参保范围。年满16周岁（不含在校学生）、未参加城镇职工基本养老保险的农村居民，可以在户籍地自愿参加新农保。

（3）基金筹集。“新农保”基金由个人缴费、集体补助、政府补贴构成。个人缴费，参加新农保的农村居民应当按规定缴纳养老保险费。缴费标准目前设为每年100元、200元、300元、400元、500元五个档次，地方可以根据实际情况增设缴费档次。参保人自主选择档次缴费，多缴多得。国家依据农村居民人均纯收入增长等情况适时调整缴费档次。集体补助，有条件的村集体应当对参保人缴费给予补助，补助标准由村民委员会召开村民会议民主确定。鼓励其他经济组织、社会公益组织、个人为参保人缴费提供资助。政府补贴，政府对符合领取条件的参保人全额支付新农保基础养老金，其中，中央财政对中西部地区按中央确定的基础养老金标准给予全额补助，对东部地区给予50%的补助。地方政府应当对参保人缴费给予补贴，补贴标准不低于每人每年30元；对选择较高档次标准缴费的，可给予适当鼓励，具体标准和办法由省（区、市）人民政府确定。对农村重度残疾人等缴费困难群体，地方政府为其代缴部分或全部最低标准的养老保险费。

（4）建立个人账户。国家为每个“新农保”参保人建立终身记录的养老保险个人账户。个人缴费，集体补助及其他经济组织、社会公益组织、个人对参保人缴费的资助，地方政府对参保人的缴费补贴，全部记入个人账户。个人账户储存额目前每年参考中国人民银行公布的金融机构人民币一年期存款利率计息。

（5）养老金待遇。养老金待遇由基础养老金和个人账户养老金组成，支付终身。中央确定的基础养老金标准为每人每月55元。地方政府可以根据实际情况提高基础养老金标准，对于长期缴费的农村居民，可适当加发基础养老金，提高和加发部分的资金由地方政府支出。个人账户养老金的月计发标准为个人账户全部储存额除以139（与现行城镇职工基本养老保险个人账户养老金计发系数相同）。参保人死亡，个人账户中的资金余额，除政府补贴外，可以依法继承；政府补贴余额用于继续支付其他参保人的养老金。

（6）养老金待遇领取条件。年满60周岁、未享受城镇职工基本养老保险待遇的农村户籍的老年人，可以按月领取养老金。新农保制度实施时，已年满60周岁、未享受城镇职工基本养老保险待遇的，不用缴费，可以按月领取基础养老金，但其符合参保条件的子女应当参保缴费；距领取年龄不足15年的，应按年缴费，也允许补缴，累计缴费不超过15年；距领取年龄超过15年的，应按年缴费，累计缴费不少于15年。对于农民工参保问题，方法是：现在农民流动很频繁，他们可能在城市安家成为市民，也可能回到农村。农民工如果没达到享受城保待遇的要求，比如累计缴费不满15年，他们可以按有关规定，把城保的缴费积累转入“新农保”个人账户，按“新农保”的规定领取养老金，具体办法由省（区、市）人民政府规定。

阅读资料

日本农村养老保险制度

日本的农村养老保障体系从20世纪50年代末起步到基本完善，经历了半个多世纪。

国民年金制度。1959年4月16日，日本政府颁布了《国民年金法》，建立国民年金制度，把被排除在工薪阶层之外的农民、个体营业者（20岁以上、60岁以下）等强制纳入养老保险体系中。1961年，缴费型的国民年金正式实施，日本进入“国民皆年金”的时代。

农民年金制度。随后，日本经济进入高速增长期。为了适应工业化、城市化的要求，1970年5月13日，日本政府颁布《农业劳动者年金基金法》，并于1971年1月1日开始实施。这标志着日本建立了专门的农民年金制度。《农业劳动者年金基金法》鼓励农民离开土地。依自愿性原则，农民因进城或者满65周岁而转让土地经营权后，政府在支付其国民年金的基础上，进一步支付农民年金，作为国民年金制度的重要补充。财政补助的比例根据参保者的年龄及参保年限实行不同的标准。加入农民年金必须满足以下三个要件：年龄在20岁至55岁之间；具有一定规模以上土地的名义权；必须是国民年金的加入者。

免费享受国民年金制度。20世纪70年代以来，日本实行“国民皆保险”的社会保障体制，农民作为公民，同城市居民一样，不需缴费就享有国民年金。2002年以后，日本农民的养老金由两部分组成：国民年金和农业劳动者年金。

（资料来源：人民网，2010年3月5日。）

二、新型农村合作医疗制度

（一）新型农村合作医疗制度产生的背景

新中国农村医疗保障起源于20世纪40年代陕甘宁边区的“医药合作社”。经过不断的完善与发展，合作医疗模式不断更新。其最普遍的模式为：（1）既合医，又合药，农民每年缴纳一定的医疗基金，看病吃药可享受免费，基金不足时，由集体经济组织予以补贴；（2）只合医，不合药，看病免费，吃药自己掏钱；（3）小病免费，大病自费；（4）包大病不包小病，生了大病，由集体经济组织予以补贴；（5）农村经济发展较快的一些地区，对大病和小病均予以一定比例的补贴。

进入80年代，随着联产承包责任制的推行，农村合作医疗失去了集体经济的依托，大部分地方的合作医疗解体。从全国的情况看，合作医疗的覆盖面不足全国农村的10%，全国约有1/3的乡镇卫生院勉强维持，1/3的乡镇卫生院入不敷出，看病难成为农民的一块心病。同时，医药费用的增长远远超出农民收入的增长，出现了因病致贫、因病返贫的非正常现象。为此，2002年10月，中国政府作出《关于进一步加强农村卫生工作的决定》，明确提出逐步在全国建立新型农村合作医疗制度，要求各地先行试点、总结经验、逐步推广，到2010年基本覆盖农村居民。自2003年开始试点，到2008年新型农村合作医疗制度实现了全覆盖，参合人口从试点初期的0.8亿，逐年增长，截至2012年6月底，参合人口达到8.12亿人，参合率达到95%以上。

（二）新型农村合作医疗制度的含义

新型农村合作医疗制度是由政府组织、引导、支持，农民自愿参加，个人、集体和政府多方筹资，以大病统筹为主的农民医疗互助共济制度，是农民共同抵御疾病风险，实现“无病早防、有病早治、大病保险”的医疗制度。

与以往的合作医疗相比，新型农村合作医疗有以下几个方面的特点：一是加大了政府支持力度。过去各级政府对合作医疗的支持主要是宣传、组织和发动，而新型农村合作医疗则在建立个人缴费、集体扶持和政府资助相结合的筹资机制的过程中，强调政府的出资责任。以2012年为例，我国各级财政新农和补助标准为每人每年的240元，占新农合筹资总额290元的83.76%。二是突出了以大病统筹为主。以往的医作医疗，将保障的重点放在门诊和小病上，即“保小不保大”，或者“保医不保药”，而新型农村合作医疗将重点放在农民因患大病所致贫困问题上，对农民的大额医药费用或住院医药费用进行补偿，保障水平明显提高。三是提高了统筹层次。改变了过去以乡、村为单位开展合作医疗的做法，实行以县为单位统筹。四是由政府建立领导机构、经办机构和监督机构，进行组织、管理和监督。

（三）新型农村合作医疗制度的主要内容

从全国情况看，县（市）的实施方案各具特色，但指导原则一致。其基本做法是：自愿参加合作医疗的农民，以家庭为单位缴费到乡财税所或乡镇卫生院，再由上述单位及时上缴县财政局，纳入合作医疗基金财政专用账户，同各级政府每年每人补助一起形成合作医疗基金，存放在由县级以上新型农村合作医疗管理委员会确定的国有商业银行或农村信用社管理。参加合作医疗的农民每次到县（市）内定点医疗机构就诊时，可直接报销部分医药费用。定点医疗机构定期将为农民直接报销所支付的资金以及相关凭据报到县（市）或乡（镇）新型农村合作医疗经办机构，经县级经办机构和财政部门分别审核后，由代理银行或信用社直接将资金划转到有关医疗机构的银行账户，做到新型农村合作医疗基金收支分离、管用分开、封闭运行。

在具体的补助方法上，大部分试点县（市）都采取了“既补大，又补小，以补大为主”的方式，即以补助住院（大额）医药费用为主、适当兼顾门诊（小额）医药费用补助。对于门诊医药费用补助，主要有两种方式：一种是将个人缴费的一部分建立家庭账户，在县内规定的医疗机构就诊，自主使用；一种是不设家庭账户，统筹使用。参加合作医疗的农民到县内定点医疗卫生机构就诊，按一定比例直接报销医药费，但年内累计不能超过规定限额。

住院医药费用补助方式主要也有两种：一种是设立住院医药费用报销的起付线和封顶线，农民在不同级别定点医疗机构住院，费用超过起付线的部分可按不同比例分段报销，年内累计报销总额不能超过封顶额度；一种是只设立封顶线，不设起付线，规定在不同级别的定点医疗机构住院，按住院总费用的不同比例报销。在开展新型农村合作医疗试点的同时，对于农村五保户、特困户等困难人群，由中央与地方财政筹集的医疗救助资金给予补助支持。

（四）新型农村合作医疗存在的主要问题

1. 多数地方还没有建立起合理的农民缴费机制。一些地方合作医疗基金没有完全封闭运行。在农民缴费方式上，有的县（市）采取基层干部上门收缴的办法，有的采取农税部门或信用社代收的办法，有的采取动员农民自行缴费的办法，具体收缴时间也不尽一致，还没有形成合理、简便、有效的机制。在基金管理方面，一些县（市）仍未严格实行“钱账分离”的基金管理结算办法，经办机构既管账又管钱，直接进行账目审核和现金结算，基金安全存在潜在的风险。

2. 一些地区制定的试点方案不够科学、合理。有些县（市）的经济、地理条件和筹资水平相似，但起付线、封顶线和报销比例乃至参合农民的受益面、受益水平却存在较大的差异。有的在费用报销上限制较多，起付线、封顶线、报销比例不适当；有的试点县（市）对病人流向缺乏必要限制，导致县以上医院住院费用补偿比例过大、使用资金过多，加大了合作医疗的资金压力，出现透支现象。在方案调整中，有些地方不够严谨，没有认真调查分析、选择恰当时机调整报销比例，增加了风险。

3. 一些农村医疗机构服务不规范，药品价格偏高。一些定点医疗机构不合理用药、不合理检查问题比较突出，次均住院费用和门诊费用上涨较快；处方药物和检查项目超出基本药物目录和规定检查的项目过多，不少费用不在报销之列，既增加了农民的费用负担，也增加了合作医疗资金支出。此外，农村药品市场秩序还没有完全理顺，定点医疗机构的药品价格普遍偏高，影响到合作医疗的持续、健康发展。

4. 合作医疗的管理能力薄弱。相当一部分县（市）经办机构编制没有完全落实，人员没有全部到位，工作经费不足。在管理手段上，中西部相当一些试点县经办机构未配备计算机，仍采用手工操作，不仅管理成本高，准确性差，而且监管困难，资金管理风险增大。

（五）完善新型农村合作医疗的基本思路

第一，大力开展干部培训和宣传教育工作。重视和加强县（市）合作医疗相关人员的培训，让地方主管领导、基层干部和卫生人员比较全面地了解新型农村合作医疗的有关政策，讲清新型农村合作医疗的意义、参合农民的权利和义务以及具体报销办法，消除农民的疑虑，引导他们自觉自愿地参加合作医疗。

第二，合理调整和完善方案。按照以大额医疗费用补助为主、兼顾受益面的原则综合考虑，适时、慎重并合理地对试点补偿方案进行调整，探索“保大兼小”的合作医疗保险模式，使农民更多地受益。

第三，加强合作医疗基金筹集和管理工作。积极探索合理、简便、有效的农民个人缴费机制，认真执行中央财政补助经费拨付办法，落实地方各级政府补助资金。省级财政等部门要参照中央财政补助经费预拨办法，尽快确定本省各级财政补助资金结算和拨付办法。试点县（市）必须做到基金封闭运行，保证基金安全。

第四，进一步改善和提高农村医疗机构条件和服务质量。政府要增加投入，进一步加大农村卫生基础设施建设力度，把农村卫生服务体系建设与新型农村合作医疗制度建设有机统一起来，整体推进。农村各级医疗机构要从农民的切身利益出发，更新服务观念，转变服务模式，规范服务行为，提高服务质量，积极支持新型农村合作医疗制度的发展，尽心尽力担负起为参合农民提供适宜的基本医疗服务的责任。各级卫生行政部门要加强对合作医疗定点服务机构的监管，严格实行药品集中采购，促使定点服务机构降低成本、提高医疗水平和服务质量。

第五，加强经办机构能力建设。要本着精简、效能的原则，将各级经办机构人员和工作经费列入财政预算，做到有人办事、有钱办事。

阅读资料

新农合筹资标准将再提　政府补助达人均280元

中国卫生部部长陈竺1月7日表示，2013年，中国将再次提高新型农村合作医疗人均筹资标准，达到340元左右，其中各级政府补助增加到人均280元。

陈竺在2013年全国卫生工作会议上说，2012年中国新农合覆盖率保持在95%以上，人均筹资290元。为完善新农合制度，2013年在提高筹资标准的同时，还将提高补偿标准，实际报销比要力争较去年提高5个百分点，参合率保持在95%以上。

新农合制度自2003年开始试点，到2008年实现了全面覆盖，参合人口数从试点初期的0.8亿逐年稳步增长至近9亿。同时，新农合人均筹资水平也由2003年的30元提高到目前的290元左右。

为加强基本公共卫生服务，陈竺说，2013年，人均基本公共卫生服务经费标准也将提高到30元，地广人稀边远地区人均经费标准将力争提高到40元。

根据国务院《“十二五”期间深化医药卫生体制改革规划暨实施方案》，中国将逐步提高人均基本公共卫生服务经费标准，2015年达到40元以上，免费为城乡居民提供健康档案、健康教育、预防接种、传染病防治、儿童保健、孕产妇保健、老年人保健、高血压等慢性病管理、重性精神疾病管理、卫生监督协管等国家基本公共卫生服务项目。

（资料来源：新华网，2013年3月7日。）

三、农村社会救助

（一）农村社会救助的含义

农村社会救助是指国家和社会对农村中无法定抚养义务人、无劳动能力、无生活来源的老年人、残疾人、未成年人和因病、灾、缺少劳动能力等造成生活困难的贫困对象，采取物质帮助、扶持生产等形式，保障他们的基本生活的一项社会保障制度。目前，我国农村的社会救助制度主要有五保供养制度、特困户救济制度、临时救济制度、灾害救助制度、最低生活保障制度、农村医疗救助制度等。

农村社会救助的责任主体是国家和社会，具体包括各级政府，尤其是县级和乡镇政府及其有关职能机构、社区（村民委员会）等。其中，乡村经济条件好的乡镇和村集体应是主要的责任主体；乡村经济条件差的，省、市（地区）、县和乡镇应是主要的责任主体；中央政府的主要职责是对老、少、边、穷地区以及遭受特大自然灾害的地区给予重点救助。此外，社会慈善机构和有些社会团体虽然不是农村社会救助的责任主体，但是，政府应大力倡导，使其在农村社会救助中充分发挥作用。

农村社会救助的对象主要是农村没有收入或收入不能维持其最基本生活需要的老、弱、孤、寡、残疾人，不能满足温饱的家庭，因经济原因而失学的儿童，灾民以及非农产业的农民因失业、经营等风险而不能维持最低生活的脆弱群体。

农村社会救济的支付水平一般应限定在保证被救助对象最基本的生活需要以及受教育的权利，以维护公民权利和社会公平，促进经济发展和社会稳定。

（二）农村社会救助的重要性

农村社会救助是农村社会保障体系的最后一道防线，大力推进农村社会救助体系建设，对于统筹城乡协调发展、维护农民利益、建设新农村、保持社会稳定和构建和谐社会都具有重要的意义。

1. 保障农民基本生活权益。自农村实行家庭联产承包责任制以来，农村的经济社会关系发生了深刻变化，在农民基本生活保障方面产生了一些新的矛盾：一是集体保障功能弱化与农民基本生活保障之间的矛盾。农村经济体制改革以来，集体的许多保障功能逐步弱化，与此同时，在农村经济发展中农民（农户）之间的收入差距明显拉大，出现了新的贫困户，需要社会的救助。二是家庭保障弱化与农民基本生活保障之间的矛盾。由于计划生育的实施和家庭观念的变化，农民家庭趋于小型化，加之农村人口老龄化速度的加快，农民的家庭负担越来越重，客观上也要求政府和社会对一些不能靠自己的收入维持其基本生活需要的贫困群体给予适当的救助。

2. 维护社会稳定。我国还有相当多的农村人口的温饱问题没有解决，每年还有许多灾民、特困户、老弱孤寡和残疾人需要扶持与救济。如果这些农村贫困人口的基本生活问题得不到应有的解决，势必会影响农村甚至全国的稳定。

3. 完善农村社会保障制度。完善的农村社会保障制度体系应由养老保险、医疗保险、社会救助、社会福利、优抚安置及社会互助等制度组成。其中，社会救助是这一制度体系中的最后一道防线。社会救助是对农村全体社会成员中特殊群体的最低生活保障，不仅经济发达地区需要，经济欠发达地区更为需要。从我国的实际情况看，建国以来，我国在城市和农村就建立了社会救助制度并发挥了积极作用。但是，由于这一制度不规范、政策不统一，使其在实施过程中带有很大的随意性，钱多高救助、钱少低救助、无钱不救助，难以适应市场经济发展的需要，迫切需要进行改革和完善。

（三）农村社会救助的主要内容

目前，我国的农村社会救助大体分为三个层次：困难群众的基本生活救助，包括农村五保户供养、灾害救助以及最低生活保障制度；专项救助，除了基本生活保障以外，农民在医疗、教育、住房、司法等方面遭遇困难，也可获得相应专项救助；临时救助和社会互助，农民在生活中遇到一些临时的困难可以申请临时救助；同时还可依靠社会力量获得各方面的帮助。

农村社会救助制度中，最低生活保障制度是基础和重点。1996 年民政部办公厅下发的《关于加快农村社会保障体系建设的意见》中明确指出："农村最低生活保障制度是对家庭人均收入低于最低生活保障标准的农村贫困人口按最低生活保障标准进行差额补助的制度"。同时，在这个文件中，也确立了"保障资金由当地各级财政和村集体分担"的筹资原则。同年，上海、北京、广东、辽宁等省市纷纷提出了"整体推进城乡最低生活保障制度建设"的政策设想。到 2003 年，已经有 15 个省份中的 2 037 个县市建立起农村最低生活保障制度，低保对象为 404 万，约占农业人口 0.4%，支出的低保资金为 8 亿元。同时，在未开展农村低保工作的地区（大多处于中西部的发展中地区）建立了农村特困户救助制度。由此，在广大的农村地区开始出现农村低保制度和农村特困户救助制度"双轨并行"的局面。2004 年以来，尤其是确立了构建社会主义和谐社会和建设社会主义新农村两大战略目标后，地方政府的积极性被调动起来，农村低保制度的建设步伐明显走上了快车道。到 2007 年年底，我国已在全国建立了农村最低生活保障制度。2012 年农村居民最低生活保障人数为 5 302.3 万人，农村居民最低生活保障户数为 2 777.4 万人，人均月低保金为 99.01 元。

“五保”供养（即“保吃、保穿、保住、保烧、保葬”）农村居民为 546.5 万人，供养月均支出为 11.38 亿元。其中，五保集中供养人数为 182 万人，人均月供养支出为 264.74 元，五保分散供养人数为 364.5 万人，人均月供养支出为 179.57 元。

思考与拓展

一、不定项选择题

1. 我国农村养老机制由（　　）构成。

A. 自我养老　　B. 家庭养老

C. 社区养老　　D. 社会养老

2. 新农保基金由（　　）构成。

A. 个人缴费　　B. 集体补助

C. 财政补贴　　D. 单位缴费

3. 计入新农保个人账户的资金为（　　）。

A. 个人缴费　　B. 财政补贴

C. 集体补助　　D. 其他组织缴费

4. 新农合最主要的出资人为（　　）。

A. 政府　　B. 农村集体组织

C. 个人　　D. 单位

5. 我国农村社会救助制度主要有（　　）。

A. 五保供养制度　　B. 最低生活保障制度

C. 灾害救济制度　　D. 特困与临时救助

二、判断题

1. 五保供养制度是农村社会救助制度的基础和重点。（　　）
2. 我国新农合个人账户资金来自个人缴费部分。（　　）
3. 新农保是我国农村主要的养老机制。（　　）
4. 新农合具有强制性。（　　）
5. 农村社会保障是一种政府行为。（　　）

三、简述题

1. 简述建立农村社会保障制度的原则。
2. 简述我国新农保制度的主要内容。
3. 简述新农合的主要内容。

四、案例分析题

胃癌等大病纳入农村医保　报销比 90%

2013 年，我国农村医疗保障重点将向大病转移。肺癌、胃癌等 20 种疾病全部纳入大病保障范畴，报销比例不低于 90%，新农合人均筹资水平将达到 340 元左右，新农合资金总额增加到 2 700 亿元，一些农村地区的大病患者已经成为受益者。

61 岁的河南周口农民马继彪得了肺癌等病，刚刚在郑州市人民医院做完手术，一共花了 7 万多元，这笔费用相当于他们一家两年的纯收入。但是，马继彪自己却只花了不到两万元。

按照之前的政策，合作医疗 8 000 元以上可以报销 65%，而今年开始，报销比例有了很大提升，8 000 元到 5 万元可以报销 65%，5 万元到 8 万元报销 80%，到了 8 万元以上可以报销 90%。数字上的变化，到了农民手里是实实在在的钱。

医改以来，国家在推行新农合的同时，也在逐渐把保障的重点向大病转移，向家庭贫困的农民倾斜。除了提高报销标准，肺癌、胃癌、终末期肾病等 20 种疾病全部纳入大病保障范畴内，困难农民还将额外得到 15% 的民政医疗救助基金，这样加起来报销比例不会低于 90%。

据悉，新农合基金在给农民报销大病医药费时，还对医院的用药、治疗严格审核，这样既确保钱用到了刀刃上，也保证了农民的治疗效果。农民自己负担的医药费减少了，医院对病人欠费的担心也少了，就能拿出更多的精力来提高服务水平和技术水平。

新农合实际上就是农民的医疗保险，今年每个农民人均筹资标准在 340 元左右，其中 280 元由各级政府来补助，这意味着今年新农合资金可以给农民报销的资金有 2 700 多亿元，增加的资金将使实际报销的比例提高 5 个百分点。

（资料来源：“胃癌等大病纳入农村医保　报销比 90%”，央视网，2013 年 1 月 7 日。）

仔细阅读上述材料，并回答下列问题：

1. 新农合把保障重点逐步向大病转移的做法是否可行？为什么？
2. 能否将一些慢性病也纳入新农合保障范围？

第十二章
社会保障管理体制

学习要点

- □ 社会保障管理体制的含义与实质
- □ 社会保障管理体制的内容
- □ 社会保障管理体制的原则
- □ 社会保障管理体制的完善

第一节
社会保障管理体制的概念

一、社会保障管理体制的含义

社会保障管理体制是中央与地方、行政与业务部门之间划分社会保障管理权责的一项根本制度，是社会保险、社会福利、社会救助和社会优抚安置等社会保障项目在组织管理制度方面的总称。社会保障管理体制是社会保障制度的组织保障措施，它通过明确不同社会保障组织的管理权责来贯彻、实施社会保障制度。

二、社会保障管理体制的实质

社会保障管理体制作为社会保障制度的特定实现方式，主要规范四个关于社会保障如何运行的基本问题：（1）确定社会保障服务的种类及其关系。社会保障管理体制首先确定在社会保障资源给定的条件下，如何选择社会保障服务的项目以及各种保障服务之间的比例，以使社会保障项目的组合状态能满足社会福利最大化的要求。（2）如何提供社会保障服务。这一问题主要包括用何种方式和何种组织形式提供保障服务。（3）为谁提供保障服务。社会保障服务既定，就产生了保障利益分配的问题，社会保障体制要规范由谁来消费保障服务。（4）由谁作出社会保障服务的上述经济决策。

前两个问题涉及社会保障资源配置问题，即社会保障资金的筹集和使用方式；第三个问题涉及利益分配，即每个社会成员在社会保障服务中所占有或消费的份额；第四个问题涉及社会保障管理的决策主体。

社会保障管理体制是一整套规范社会保障服务如何提供与分配的组织管理机制，实质上反映了社会成员之间在社会保障活动过程中的权利与义务关系，体现了社会成员在国民收入再分配过程中所形成的特殊分配关系。

三、社会保障管理体制的内容

社会保障管理体制包括立法权限的划分、组织结构的安排、社会保障对象的确定、社会保障基金管理等内容。

（一）社会保障立法权限的划分

划分政府间社会保障立法权限是社会保障管理体制的基本内容之一。社会保障法规包括社会保障的实施对象、享受条件、支付标准、资金筹集、管理方式、相关部门的职责权限以及监督方式等内容。规范这些问题涉及中央与地方、行政与业务部门的职责权限的划分问题。从现代国家的司法实践看，社会保障的立法权限主要集中于中央，同时也赋予地方一定的立法权限。具体而言，基本法律、单行法规由国家最高权力机关和中央政府直接制定和颁布；具体实施条例、规定、办法、细则由地方政府颁布，但在具体内容上不得与全国性法律、法规以及上级管理制度相抵触。

（二）社会保障管理机构的设置及其权责划分

社会保障管理组织是社会保障事业的组织者、实施者和管理者。社会保障的管理必须建立一个纵横交错、分工合理、协调有序的组织管理网络体系，才能使社会保障真正成为保障社会经济正常运作的“社会安全网”。现代国家依据社会保障管理机构的不同职能，应分别设置相应的管理机构。

社会保障管理机构的权责划分，是指在健全的社会保障组织管理网络体系基础上的权责划分。与其组织管理网络体系相适应，权责划分包括两个方面：一是纵向的权责划分，即负责某一社会保障项目的职能部门的不同级次之间的权责划分；二是横向的权责划分，即同一级次的不同职能部门的权责划分。社会保障管理的权责划分是社会保障管理体制中的核心问题。

分工协调、运转高效的社会保障管理体系及其权责分布状况应分为四个层次：一是社会保障的行政管理机构，它负责社会保障政策的决策和协调管理，通常由政府及政府授权的行政部门组成；二是社会保障基金的经办机构，负责社会保障费的征缴和社会保障待遇的发放；三是社会保障基金经营机构，负责社会保障基金的投资运营和保值增值；四是社会保障监督机构，负责对社会保障事业实施全面的监督管理。社会保障经办机构与基金经营机构相互并列，隶属于主管机构，构成社会保障组织体系的横向结构。社会保障监督机构与社会保障主管机构相对独立，对社会保障管理体系和运作过程进行全面监督。在社会保障管理体系中，要坚持社会保障行政管理与保障基金经营分开的原则，以形成社会保障基金筹集、运营的良性循环机制，保证保障基金的保值增值。

（三）社会保障对象的确定

社会保障对象管理，是指为社会保障对象提供的一系列法定服务，包括社会保障对象的确定标准和范围、社会保障对象享受的具体服务项目和标准等内容。应针对不同的社会保障对象，采取不同的服务方式，如为鳏寡孤独的老年人提供细致的生活料理；为残疾人、社会救济对象提供社会福利设施和就业机会；为农村贫困户和优抚对象提供生产自救、脱贫致富的必要条件；为退役军人提供疗养和休养场所；为失业人员提供再就业培训机会等。社会保障对象的管理属于群众性服务工作，但是，由于保障对象的复杂性，这项管理工作涉及社会各个方面，既需要由政府协调和制定政策并设置专门机构负责实施，也需要动员社会力量，广泛吸收社会团体和群众组织参加管理。

（四）社会保障资金管理

社会保障资金管理包括社会保障资金的筹集、预算管理和保值增值等内容。

社会保障资金筹资涉及基金的经济来源、集中环节和取得方式。通常，社会保障资金的经济来源主要来自企业（单位）和个人的缴费和政府预算。所以，社会保障资金的筹集实质上是对国民收入的再分配。社会保障资金集中环节因经济来源的不同而异，如来自企业的资金，其集中环节就在生产领域，来自个人的资金，其集中环节就在消费领域，而来自政府预算的资金，其集中环节就在财政领域。其取得方式也因经济来源不同而有所不同，来源企业（单位）和个人的资金，通常采取税或费的形式，而来自政府的资金，则通常采取拨款的形式。从世界各国的发展趋势看，社会保障筹资趋于法制化和税收化，各国在建立社会保障之初，就重视以立法的形式确定社会保障计划及其筹资方式。

社会保障资金的预算管理是指社会保障基金与政府预算的关系。其预算管理主要有三种模式：一是政府公共预算模式。这种预算管理模式将社会保障收入、支出视同政府的经常性收支，在政府的经常性收支或政府公共预算中统一安排。二是专项基金预算式。这种预算管理模式将社会保障收入、支出与政府经常预算收支分开或相对独立，单独编列社会保障专项预算，予以专门反映。三是单独管理模式。这种预算管理模式将社会保障的收入、支出均独立于政府预算之外，单独管理。从世界各国的实践看，专项基金预算式是一种较好的社会保障资金管理方式。

社会保障基金的保值增值是指将社会保障基金的积累部分或暂时闲置部分投入经济活动并获取投资收益的过程。在动态经济条件下实现社会保障基金的有效投资，使其保持较好的投资收益是实现社会保障制度正常稳定运行的重要条件和关键性因素之一。因此，确保社会保障基金保值增值是社会保障基金管理的一个核心内容。社会保障基金的保值增值活动应注意如下几个问题：社会保障资金应充分参与各种投资活动；规定社保资金最低收益率；选择良好的投资载体；兼顾经济效益与社会效益；注重投资的科学组合等。

第二节
建立社会保障管理体制的原则

一、统、分结合原则

建立社会保障管理体制必须首先坚持统、分结合的原则。

社会保障管理体制的统一性，一是体现为各级、各部门、各方面的社会保障管理工作必须遵循统一的方针政策、统一的法律法规；即社会保障的相关单位和个人必须按照统一的法律法规中的有关条款承担保障义务和责任，必须按照统一的财务会计、审计、统计制度规定进行社会保障资金的核算和管理工作以及社会保障的统计工作等。二是体现为社会保障基金的收缴和给付必须按照统一的标准执行，这些标准由国家和政府有关部门以法规的形式确定后在全社会范围内统一执行，任何单位和个人无权更改。三是体现为社会保障管理的最终目标是统一的，即通过一系列的社会保障方针政策的贯彻落实及其相应的管理工作的具体操作实施，最终达到维护社会成员基本生活水平和维护社会经济秩序稳定的目的。

同时，社会保障体制在坚持统一性原则的前提下，还应与适当分权的原则结合起来。社会保障体制的适当分权至少包括三个方面内容：（1）赋予地方政府一定的社会保障管理权限。地方享有适当的社会保障管理权限，有利于地方政府因地制宜地发展本地区的社会保障事业，较好地满足地方居民的特殊的保障需要。地方政府的社会保障管理权限体现在：根据中央制定的方针政策、规章制度，制定出适合本地区发展要求的实施细则；允许地方举办和管理地方补充养老保险和个人储蓄养老保险，以适应各个地区之间经济发展的不平衡；某些保险项目，如工伤保险、失业保险，由于各地区的情况不同，适宜于由各省市制定实施办法进行管理。(2) 按照政事分离、执行与监管机构分设的原则，在各职能部门之间合理分工，各司其事，各负其责，充分发挥社会保障“社会安全网”的作用。(3) 对不同社会保障项目实行分项管理。社会保障是一个复杂而庞大的体系，各个保障项目的性质、特点、保障对象、社会功能、实施原则、实施范围、待遇标准、享受条件、费用来源、管理方式等都不尽相同，即有共性，又有其特殊性。因此，在坚持统一性的同时，应按不同保障项目分别立法，并依法分项加以管理，以利于准确、及时、高效地实施各项具体社会保障制度，扩大和强化管理服务。

二、权责对称原则

如上述所言，社会保障管理工作必须由各职能部门共同完成，为避免事务的推诿、遗漏、贻误，就必须坚持权责对称原则。社会保障的权责对称，必须建立在其权责合理划分的基础之上。如果权责划分不合理，超越权责主体的承受力，则要发生贻误，同时，还会因负担过重而抑制其积极性、创造性、主动性。反之，权责过轻，则使权责主体精力松懈、不思进取，同样不利于其积极性、主动性的发挥，甚至会延误工作。由此可见，权责划分的合理、适度是非常重要的。

社会保障是各级政府的一项重要职能，其权责的合理划分主要体现为在各级政府以及政府各部门之间合理划分社会保障的职责和权限。其中，在各级政府之间的划分，关键是社会保障立法权和规章制度的制定权在中央与地方以及地方上下级政府之间的划分。一般而言，有关全国性法规的立法权及制定权应集中在中央，那些必须在全国范围内统一规范的社会保障财务会计制度、审计制度及统计制度的制定权也应集中在中央，以利于中央对社会保障事业的统一管理；而那些地区性的社会保障法规以及相关制度的实施细则的制定权则应该分散给地方，以明确地方政权对社会保障的责任，使其能根据本地的社会经济发展状况规划本地的社会保障事业。

社会保障职权在政府各部门的划分，主要是指社会保障职权在承担社会保障职能的政府职能部门（如人力资源和社会保障、医疗卫生、民政、财政部门）之间的划分。这主要是不同层次的社会保障内容在部门间的归口管理问题。比如，医疗保健归口医疗卫生部门管理，养老、失业保障等归口民政部门管理，而由国家出资的社会基金则须通过财政预算统一拨付等等。从发展趋势上看，社会保障应是归口于统一的管理部门，而管理机构的设置则应本着行政管理与基金分离、执行机构与监督机构双设的原则来设计。但以上各部门与专门的社会保障管理部门之间仍存在密切的联系，其协调配合是经常和必要的。

三、“政、事、监”分离原则

社会保障管理体制应遵循“政、事、监”分离原则，也就是社会保障事务的行政管理机构、社会保障事务的具体经办机构和对社会保障事务运作的监督机构分别设立，其职责明确分工，从而使三者之间形成相互制约、相互监督又相互促进的有机的互动运作机制。社会保障的运作过程也应遵循一般经济活动的运作规律和原则，政、事、监分离是建立社会保障管理体制的一条重要原则，只有这样，才能保证社会保障事务的顺利完成，政、事、监分离主要体现在有关社会保障的立法及方针政策的制定和行政管理事务由国家授权的专门职能机构（如人力资源和社会保障部）负责；具体的社会保障资金的筹集、给付、运营又有专门的机构（如财政部、民政部等）负责；而对社会保障事务的监督则往往由代表社会成员意志和利益的，由他们选举产生的群众团体来负责。

四、我国社会保障管理体制的改革与完善

社会保障管理体制是国家社会保障事业的重要组成部分，也是社会保障法制得以实施的重要组织保证。所以，建立规范的、统一的、社会化的社会保障管理体制十分重要。

（一）依据“政、事、监”相分离的原则，建立健全社会保障组织管理体系，明确职责，各司其职，各行其事

社会主义市场经济体制下的社会保障管理机构体系是：（1）统一社会保障主管机关，将人力资源和社会保障部作为社会保障的最高行政主管机关，同时下设社会保障经办机构和社会保障基金经营机构；（2）地方各级劳动与社会保障部门为地方各级主管机构，下

设各级地方社会保障经办机构和地方社会保障基金经营机构；（3）各级政府同时设立社会保障监督机构。

1. 社会保障行政主管机关及其职责。人力资源和社会保障部是全国社会保障的行政管理部门，对中央政府负责。中央政府应将分散在人事、劳动、民政、卫生等部门管理的社会保障业务统一归口于劳动与社会保障部管理，彻底改变目前多头分散、政出多门，效率低下、管理混乱的局面。劳动和社会保障部的主要职责是：研究制定劳动与社会保障基本方案，包括社会保障总体改革方案、长远发展规划、年度工作计划，起草社会保障法律法规，制定社会保障行政规章制度；研究制定养老、失业、医疗、工伤、生育等社会保险的基本政策和基本标准；制定社会保障基金收缴、支付、管理、运营政策；监督社会保障制度和政策的执行情况；审计监督社会保障基金收支情况；处理社会保障业务管理部门的违规违法行为；任免社会保障业务管理部门的负责人等。

地方政府设置同级社会保障行政管理机构，对本级政府负责；同时接受上一级社会保障行政管理部门的业务领导。地方各级社会保障行政主管机关的主要职责包括：贯彻执行国家统一的社会保障政策和法律；结合本地区实际情况制定社会保障实施细则、地方性行攻法规和政策；编制地方社会保障发展规划，包括年度计划；编制地方社会保障预决算，筹集、分配和管理社会保障资金；指导基层社会保障办事机构的工作等。

基层社会保障办事机构的主要职责：调查和掌握社会保障对象的具体情况并登记造册；审查和确定保障对象；向法定保障对象提供保障服务；直接兴办和管理社会保障设施，为受保人提供服务；依法直接征收和管理社会保障资金，接受捐赠等。

2. 社会保障业务经办机构及其职责。社会保障经办机构是社会保障的具体业务经办机构，是相对独立、具有部分行政管理职能的非营利性事业单位。按照“政、事、监”分离原则，我国应当设立中央、省、市、县四级社会保障经办机构。社会保障经办机构的主要职责是负责社会保障费用的征收、审定保障待遇享受资格和社会保障待遇给付等业务。

3. 社会保障基金经营机构及其职责。社会保基金经营机构是专司社会保障基金投资策划和保值增值业务的营利性组织。我国社会保障基金经营机构主要职责是：管理社会保障基金的滚存结余及其短期的投资运营；代理社会保障业务管理机构发放各种保障金；开办社会保障结算业务等。

4. 社会保障监督机构及其职责。社会保障监督是确保社会保障目的得以实现的重要环节。社会保障监督包括社会保障行政管理部门监督、专职经济监督部门监督和社会监督。

（1）社会保障行政管理部门及其监督职责。如前所述，实施社会保障监督是社会保障行政管理部门的基本职责之一，这种监督寓于社会保障管理过程之中。

（2）专职经济监督部门及其职责。专职经济监督部门主要包括财政监督和审计监督。①财政监督。社会保障收支状况直接影响财政收支平衡，同时，社会保障行管理机构的经费也依赖于政府预算。因此，财政监督是社会保障监督的重要形式。财政监督的主体是各级财政部门。监督的内容包括预算监督、缴费监督、财务监督。②审计监督。审计监督的主体是国家审计机关，承担对社会保障基金收支、社会保障基金使用、投资运营的效益和违反财经纪律的行为进行监督的职责。审计监督具有地位超脱、监督内容全面、监督结果比较公正的特点。

（3）社会监督。社会监督是指与社会保障有直接利害关系的社会成员或组织，借助舆论的作用及其影响，对社会保障管理进行的监督。它是一种群众性的、以维护自身利益为目的的监督。尽管它没有行政监督的权威性，也没有审计监督的超脱性和专业性，但它对社会保障管理部门的管理行为有重要的约束作用。

（二）逐步完善社会保障制度

我国目前正在经历从传统的家庭保障和计划经济时期的单位保障到社会保障的历史性跨越。从总体上看，我国社会保障体系还不完善。其主要问题是：城乡社会保障发展不平衡，广大农村地区严重滞后；基金统筹层次低，保障水平不高，尤其是农民、农民工、被征地农民、城市无业人员和城乡残疾人等群体的社会保障问题比较突出。因此，要以社会保险、社会救助、社会福利为基础，以基本养老、基本医疗、最低生活保障制度为重点，以慈善事业、商业保险为补充，加快完善社会保障体系。

深化社会保障制度改革。要继续完善城镇基本养老保险制度，逐步做实个人账户，加快覆盖包括农民工在内的城镇各类劳动者。新型农村社会养老保险要在实践中总结经验，完善制度，努力加快扩大覆盖面。改革机关事业单位退休金制度。大力发展企业年金和职业年金。健全城乡居民最低生活保障制度，做到应保尽保，并稳步提高保障标准。加快制度整合，逐步实现基本社会保障制度的统一和城乡衔接。要加快建立全国统一的社会保障社会化服务体系，实现社会保障关系跨地区转移接续。健全社会保障管理信息系统，建立个人终身社会保障号，并尽快实现全国联网。

（三）完善社会保障预算管理制度

2010 年 1 月，国务院颁布实施《关于试行社会保险基金预算的意见》，决定从 2010 年起在全国建立社会保险基金预算制度，其主要内容如下：

1. 建立社会保险基金预算的原则。社会保险基金预算应遵循的基本原则包括：依法建立、规范统一；统筹编制、明确责任；专项基金、专款专用；相对独立、有机衔接；收支平衡、留有结余。其中，相对独立要求社会保险基金专款专用，基金不能用于平衡公共财政预算；有机衔接是将公共财政预算中对社会保险的补助支出单独列示，从而清晰地反映对社会保险的贡献程度，保持公共财政预算与社会保险基金预算之间的有机衔接。

2. 社会保险基金预算的编制范围和方法。社会保险基金预算按险种分别编制，包括企业职工基本养老保险基金、失业保险基金、城镇职工基本医疗保险基金、工伤保险基金、生育保险基金等内容。根据国家法律法规建立的其他社会保险基金，待条件成熟时，也应尽快纳入社会保险基金预算管理。统筹地区要从收入和支出两方面编制和汇总社会保险各项基金预算。

3. 社会保险基金预算的管理程序。（1）社会保险基金预算草案的编制和审批。统筹地区社会保险基金预算草案由社会保险经办机构编制。实行社会保险费税务征收的地区，社会保险经办机构会同税务机关编制相应险种的社会保险基金收入预算草案。本级人力资源社会保障部门对社会保险经办机构编制的社会保险基金预算草案进行审核汇总，财政部门对汇总审核后的基金预算草案进行最后审核。财政部门审核后的基金预算草案由财政部门和人力资源社会保障部门联合报本级人民政府审批。省级财政部门和人力资源社会保障部门将本省（自治区、直辖市）社会保险基金预算草案报本级人民政府审批后，报财政部和人力资源社会保障部。全国社会保险基金预算草案由人力资源社会保障部汇总编制，财政部审核，由财政部和人力资源社会保障部联合向国务院报告。待条件成熟时，由国务院适时向全国人大报告。（2）社会保险基金预算的执行。社会保险基金预算草案经统筹地区人民政府批准后，由财政部门和人力资源社会保障部门批复。具体执行由社会保险经办机构负责。

3. 社会保险基金预算的调整。社会保险基金预算不得随意调整。社会保险基金预算执行中如需调整，由统筹地区社会保险经办机构提出调整方案，经人力资源社会保障部门审核汇总、财政部门审核后，由财政部门和人力资源社会保障部门联合报本级人民政府批准。实行税务征收社会保险费的地区，社会保险费收入预算调整方案由社会保险经办机构会同税务机构提出。

4. 社会保险基金预算的实施步骤。编制范围本着先易后难的原则，只将制度较成熟的企业职工基本养老、失业、城镇职工基本医疗、工伤、生育等五项社会保险纳入基金预算范围，城镇居民基本医疗保险、新型农村合作医疗、新型农村社会养老保险等制度模式与上述五项社会保险基金有所不同，依据自愿性原则而不是强制性原则建立，并且目前尚处于制度探索阶段，暂不纳入基金预算编制范围。

阅读资料　　中央经济工作会议强调加强城乡社会保障体系建设

2012年中央经济工作会议强调“要加强城乡社会保障体系建设”。加强城乡社会保障体系建设的措施，重点应加强五个方面的工作：

其一，在保障制度建立的基础上，促进保障体系定型。

目前，由于一些保障制度建立尚不完善，虽然越来越多的人拥有了社会保障，但仍有相当比例的人游离在制度之外。以城镇职工基本养老保险为例，目前未参保的主要是一些灵活就业人员、非公经济组织从业人员、农民工、被征地农民等。这些人一部分是由于没有固定的单位，未签劳动合同，部分小企业不愿给员工上保险，使得不少人想参保却难以参保；也有一部分人由于工作流动性强，更在乎现实的收入，部分低收入劳动者自己也不愿参保；还有一些国有大集体企业员工、破产企业员工，由于面临着养老年限认同等问题，无法参保。

今后，为保证各类人员流动时的社会保障权益，还要建立覆盖全民的社会保险登记制度，以切实使保障体系完善定型。

其二，在保障制度建立的基础上，促进保障效果落地到位，最大限度保障受众权益。

由于有些制度运行尚不到位，尤其是衔接转换通道没有完全打通，使得保障效果并非十分理想，一些人还难以真正享受到保障制度所带的便利或好处。比如目前的养老保险和医疗保险转移接续手续还不完善，统筹层次还不够高，使得流动人口看病难和领取养老金难的问题仍不能得到彻底解决。这次中央经济工作会议又具体提出，要“继续完善养老保险转移接续办法，提高统筹层次”，这些措施就是从保障制度建立后如何通过服务到位而达到保障实效的角度着眼的，具有十分重要的现实意义。

其三，在保障制度实现普惠制的基础上，提高保障质量及水平。

一些保险虽然实现了制度上的全覆盖，但并没有真正实现人群的全覆盖。否则，就不会出现郑州农民工冻死在立交桥下，不会出现某省农村5个辍学流浪儿童死在垃圾箱中，也不会出现河南兰考7名孤残儿童葬身火灾，更不会出现多位老人死在家中数月而无人知晓的悲剧，这些将引发我们对社会保障制度实际效果的深入思考，同时也昭示着国家对社会保障制度的进一步完善，对社会保障水平的进一步提升。社会保障水平的提升本身就是一个循序渐进的长期过程。如在20世纪末我国强调的社保只能是“低水平”，进入21世纪后社保升级为“基本保障”，而未来的社保必定会成为调节社会财富合理分配的基本杠杆。

其四，在保障制度建立的基础上，加快体制、制度整合，以促进社会保障更加公平。

以养老保障为例，目前是几种养老体制同时运行的模式，公务员养老、事业单位养老、国企养老、私企养老、城市居民养老、农村居民养老等标准都不相同。这种首先就把人分成三六九等的保障方式是不公平的，也是不可持续的，难以真正体现出中国特色社会保障制度的公平性和完整性。

社会保障制度本身就是维系平等、公平的一项基本制度，建立社会保障制度的初衷就是解决公平问题。因此，公平的社保制度必须具备两个要素：一是普惠性，它不是某一群体的专利，而是全民的福利，是共享式的制度安排；二是统一性，愈是统一的社保制度愈是能公平地惠及全民，只有全国统一的制度才能真正确立国民平等的福利权益。

在这样的大前提下，整合以城乡居民基本养老保险和基本医疗保险制度为基础的社会保障制度，解决不同制度之间的政策衔接问题，逐步消除各种体制养老保险和基本医疗等制度上的差距，使制度组合达到不分城乡、不分地域、不分职业的无缝对接、并轨运行，从长远看，依然是今后改革的方向。

（摘自：“中央经济工作会议强调加强城乡社会保障体系建设”，《瞭望》，2013年1月19日。）

思考与拓展

一、简述题

1. 简述建立社会保障管理体制的原则。
2. 简述社会保障体制的主要内容。

二、案例分析题

人民日报求证专家：未来领取养老金有保障

中国社科院发布《中国养老金发展报告2012》称："2011年我国13个省份和新疆生产建设兵团养老金收不抵支；个人账户空账突破2万亿元。而2012年的审计署审计结果表明，2011年全国基本养老保险基金累计结余2万亿。"我国养老金到底是盈余还是亏空？怎样看待个人账户空账问题？未来领取养老金有保障吗？人民日报"求证"栏目记者近日采访了相关专家。

我国养老金有缺口吗？

【回应】18个省有节余；14个省（地区）收支不平衡，但由财政补贴补足。

《中国养老金发展报告2012》（以下简称报告）提出，"剔除财政补贴"，2011年全国14个地区养老金亏空700多亿元。该报告主编、中国社科院教授郑秉文（微博）解释将财政补贴剔除在外的原因时说："全世界比较规范的社会保障制度中，融资的资金来源主要是雇员和雇主，即社保制度应能够自我平衡，追求本身财务的可持续性。"

这说法再次引发人们的担忧。部分地区养老金存在缺口，是否意味着我国养老金收支不平衡？中国人民大学教授郑功成对此指出，养老金是否有缺口，关键要看制度是全国性的还是地区性的，我国的养老保险制度是《社会保险法》明确的全国性制度安排，从全国的收支状况来看，每年都在增加积累，目前全国结余额已超过2万亿元，因此，即使再多地区存在收支缺口，也不能否认全国层面结余的客观事实。

秘书长唐钧表示，所谓社会保险，就是由用人单位、劳动者和政府三方筹资，所以政府的财政补贴是合理的。不计算政府财政补贴来谈缺口或亏空是不对的，只会造成公众的恐慌。

郑秉文也表示："部分省份当期收支有缺口，但是养老金发放绝对是有保障的，因为中央和地方政府的转移支付将填补养老金的缺口。"

人力资源和社会保障部副部长胡晓义在去年年初接受记者采访时表示，社会保险和商业保险最大的不同在于，商业保险往往通过精确的计算和运作"以收定支"，出现"收不抵支"就很难运行下去。社会保险也要避免出现巨大赤字，但保障功能是第一位的。对于社会保险制度来说，不仅看自身收支，还与一个国家的经济发展、财政状况、国有资产等紧密相联。

个人账户空账影响养老金发放吗？

【回应】空账不是养老金亏空，不影响养老金发放；只要社会稳定、经济发展，中国能养活自己的老年人。

有关养老金亏空的另一说法是，我国社会养老保险个人账户空账达2.2万亿元。空账等于养老金亏空吗？

对此，郑秉文说，"个人账户空账与养老金亏空不是一回事。空账并不影响当前养老金的发放，它潜在影响的是未来，即未来老龄化带来的制度支付能力和下一代人的缴费压力。"

那么，随着老龄化的到来，政府的养老保险支付能力会不会降低？唐钧认为，“现在总是讲几个人养几个人，这其实是局限在‘保险’的框框中算计收多少钱、发多少钱。如果从社会分配的高度去看社会养老保险，除了单位缴费和个人缴费，还有很多筹资手段，如财政补贴、国有资产补充等。”

胡晓义也表示，面对人口老龄化，一是不怕，坚信只要保持社会稳定、经济发展，中国任何时候都能养活自己的老年人，而且会让他们生活得越来越好；二是认真对待，必须立足于国情不断探索，抓紧进行制度、政策、资金安排的准备。

虽然空账问题不必担心，但专家们同时也指出制度存在的问题。郑功成强调，“目前有一个大家忽视的问题是，本来应当现收现付的社会统筹基金在一些地区出现大量结余，这是制度结构的异化，它已经严重地影响到了权益公平、费率公平与可持续发展。如果只注意到一些地区个人账户空账而不将实现全国统筹作为治本之计，任何改进办法都必定是顾此失彼。”

（摘自：“未来领取养老金有保障”，人民网，2013年1月23日。）

仔细阅读上述材料，并回答下列问题？

1. 文中指出“剔除财政补贴”，2011年全国14个地区养老金亏空700多亿元。你认为这种说法有无依据？为什么？

2. 为什么个人账户空账影响养老金发放？

第十三章 社会保障法制

学习要点

- □ 社会保障法制的含义
- □ 社会保障法制的基本内容
- □ 社会保障法制建设的趋势

第一节 社会保障法制建设概述

一、什么是社会保障法制

社会保障法制是指国家权力机关或授权行政机关制定的调整社会保障关系的法律、法规、章程和制度的总称。它以宪法为基石，核心内容是建立健全社会保障法律体系，调整、规范、监督、保护社会保障关系，确保社会保障事业健康发展。加强社会保障法制建设是发展社会保障事业的基本要求。

社会保障法制调整的对象是社会保障关系。社会保障关系是政府、社会保障经办、保险人、投保人、被投保人及受益人之间在社会保障运行过程中发生的社会关系。社会保障法制调整的对象主要包括以下社会关系：社会保障基金筹集关系，即政府、保险人、投保人、被投保人和受益人在筹集社会保障资金过程中所发生的经济关系，主要涉及社会保障资金筹集的原则和负担方式；保险与投保人、被投保人、收益人之间在确定社会保障项目、保障待遇标准过程中发生的经济关系，主要涉及保险人向被投保人和受益人提供哪些保障待遇以及给付标准；社会保障金发放关系，即社会保障职能机构与保障对象之间所形成的资金发放与接收的关系；社会保障监督关系，即法定监督机构或监督人对社会保障活动进行监督而形成的社会关系，这种监督有国家权力机关的监督、司法监督、行政监督、群众监督以及社会保障职能机构内部监督等；社会保障管理体制关系，即指社会保障各职能机构之间及其内部有关职责划分、财务管理、资金分配等方面的关系，它在社会保障关系中占有重要地位。

从调整的社会关系看，社会保障法制具有社会与经济双重属性。首先，它具有社会属性，这是由其覆盖范围的全面性、对象的全民性和目标的社会性所决定的，即它所要解决的问题涉及全社会的全体人民，其制定和实施过程始终体现为社会性原则，最终目标是实现社会经济秩序的稳定。其次，它具有经济属性，体现为其实施的各项社会保障是经济成果；实施方式是货币给付或实物给付；实施渠道是国民收入的分配与再分配过程。

二、社会保障法制的内容

社会保障法制的内容可以从社会保障法制构成要素和社会保障法制体系两个角度考察。

（一）社会保障法制构成要素

一般来说，单行社会保障法规制文件包括主体、保险人、投保人、被投保人、收益人、给付条件、给付标准及方式、保障经费来源、组织管理机构等内容。

1. 主体。社会保障法制的主体，包括制定主体和执行主体。前者是国家权力机关和授权行政机关，后者是政府的具体职能部门负责组织实施。

2. 保险人。保险人是承担给付保险费义务的人，包括国家、基金会和保险公司。

3. 投保人。投保人是负有支付保险费义务的人，包括国家、雇主、雇员。

4. 被保险人。被保险人是投保人所指法定享有保险金请求权的人，包括雇员、个体就业者等。

5. 受益人。投保人指定享有保险金请求权的人，即雇员及他们的家庭成员、合法注册的公民、需要得到帮助的人。

6. 给付标准及其方式。给付标准是单行社会保障法制中向受益人提供保障的数量规定。给付方式即给付的形式和方法，通常包括两类，一是实物形式，即向受保障人提供各种服务及设施或直接提供必要的物品；二是货币形式，即采取提供货币的方式向受保障人提供必要的保障。

7. 保障经费来源。保障经费来源包括两个方面的含义：一是保障经费由谁负担，经费主要来自政府、企业和受保人三个方面；二是保障经费如何取得，通常有两种方式，征收社会保障税和征集社会保障费。

8. 组织管理形式，即单个社会保障法制具体的实施形式，因各个社会保障法制的特点不同而异。

（二）社会保障法制体系构成

社会保障法制体系的主要内容包括：

1. 社会保险法制。社会保险法制是由国家制定的，在社会成员遭受未来老年、疾病、工伤、残疾失业、死亡等风险而丧失或减少收入来源时，对其本人或家属提供一定物质帮助的法律制度。社会保险法制在社会保障法制体系中处于核心地位，其实质是国家推行的一项社会事业。

2. 社会救济法制。社会救济法制是国家制定的，对因各种原因失去生活保障的社会成员给予救助，以维持其最低生活需要、保护其基本生存权利的法律制度。在现代经济社会，社会救济法制成为社会保险法制的补充。

3. 社会福利法制。社会福利法制是国家制定的，通过国家或社会提供津贴或设施、服务使社会成员的生活达到一定水平，以提高其物质文化生活质量的社会保障法制。社会福利法制以保证社会成员达到一定的生活水准、不断改善社会成员的物质文化生活水平为目的，因此，它是一种最高层次的社会保障法制。

4. 优抚安置法制。优抚安置法制是社会优抚和安置两个方面的法律制度。社会优抚法制是由国家制定的，对法定优抚对象提供资金或服务，以满足其基本生活需要的法制。安置保障法制是国家关于复员退伍军人就业安置工作的法律、政策规定及其实施办法的总称。优抚安置法制在社会保障法制体系中发挥着难以替代的特殊作用。

第二节

我国社会保障法制

一、我国社会保障法制体系

经过近 30 年的建设，我国社会保障法制体系已经形成三大块：一是社会保险法制，包括养老、医疗、失业等法制；二是社会救济、社会福利、社会优抚安置和社会服务法制；三是个人储蓄性与互助性保险法制。

1. 社会保险法制。从 1984 年起，我国社会保险法制开始逐步实施。2010 年 8 月全国人民代表大会常务委员会通过的《中华人民共和国社会保险法》（下称社会保险法），是新中国成立以来第一部社会保险制度的综合性法律，在保障和改善民生领域一部起支架性作用的法律。《社会保险法》以法律形式确立了我国覆盖城乡全体居民的社会保险体系的基本框架，国家建立基本养老保险、基本医疗保险、工伤保险、失业保险、生育保险等社会保险制度，保障公民在年老、疾病、工伤、失业、生育等情况下依法从国家和社会获得物质帮助的权利。社会保险法与社会保险单行法规并行，组成了我国社会保险法制。

与之前的社会保险单行法规相比，社会保险法取得了如下突破：

实现了制度上的突破，以法律形式确立了我国覆盖城乡全体居民的社保体系，承诺国家建立基本养老保险、基本医疗保险、工伤保险、失业保险、生育保险等社会保险制度，保障公民在年老、疾病、工伤、失业、生育等情况下依法从国家和社会获得物质帮助的权利。

规定个人跨统筹地区就业的，其基本养老保险关系随本人转移，缴费年限累计计算；

个人达到法定退休年龄时，基本养老金分段计算、统一支付。个人跨统筹地区就业的，其基本医疗保险关系随本人转移，缴费年限累计计算。

首次确立基本养老保险首次确立全国统筹目标。规定基本养老保险基金逐步实行全国统筹，其他社会保险基金逐步实行省级统筹，具体时间、步骤由国务院规定。

强化了用人单位缴纳职工社会保险费的义务，并规定了对用人单位不缴纳可以采取的强制措施。法律规定，用人单位应当按照国家规定的本单位职工工资总额的比例缴纳基本养老保险费，记入基本养老保险统筹基金。职工应当参加工伤保险，由用人单位缴纳工伤保险费，职工不缴纳工伤保险费；用人单位应当自行申报、按时足额缴纳社会保险费，非因不可抗力等法定事由不得缓缴、减免。针对欠缴社保费的现象，法律也规定了极有操作性的刚性应对措施：社会保险费征收机构可以向银行和其他金融机构查询其存款账户，并向有关行政部门申请划拨；同时，未提供担保的，还可申请人民法院采取扣押、查封、拍卖措施，抵缴社会保险费。针对工伤保险欠费，法律还专门规定：职工所在用人单位未依法缴纳工伤保险费，发生工伤事故的，由用人单位支付工伤保险待遇。用人单位不支付的，从工伤保险基金中先行支付。先行支付的工伤保险待遇应当由用人单位偿还，不偿还的可依法追偿。

规定国家对社会保险基金实行严格监管，国务院和省、自治区、直辖市人民政府建立健全社会保险基金监督管理制度，保障社会保险基金安全、有效运行；鼓励和支持社会各方面参与社会保险基金的监督。具体做法包括：统筹地区人民政府成立由用人单位代表、参保人员代表，以及工会代表、专家等组成的社会保险监督委员会，掌握、分析社会保险基金的收支、管理和投资运营情况，对社会保险工作提出咨询意见和建议，实施社会监督；各级人民代表大会常务委员会听取和审议本级人民政府对社会保险基金的收支、管理、投资运营以及监督检查情况的专项工作报告，组织对保险法实施情况的执法检查等，依法行使监督职权：

（1）养老保险法制。1986 年，国务院颁发了《国营企业实行劳动合同制暂行规定》，规定国家对国营企业劳动合同制工人退休养老实行社会保险制度，养老保险金由国家、企业、个人共同负担；1991 年，国务院颁布《关于企业职工养老保险制度改革的决定》，决定推行基本养老与企业补充养老保险和职工个人储蓄性养老保险相结合的制度；1995 年，国务院发布了《关于深化企业职工养老保险制度改革的通知》，强调基本养老保险费用由企业和个人共同负担，实行社会统筹和个人账户相结合的原则；1997 年 7 月，国务院颁布《关于建立统一的企业职工基本养老保险俱度的决定》，规定按职工工资的 11% 建立个人账户，养老金支付分为基础养老金和个人账户养老金；1998 年，国务院颁发《关于实行企业职工基本养老保险省级统筹和行业统筹移交地方管理有关问题的通知》，建立了基本养老保险基金的省级调剂机制，保证了企业离退休人员基本养老金的按时足额发放。2005 年，国务院颁布的《完善企业职工基本养老保险制度的决定》，确立了我国城镇职工养老保险制度的基本框架。2009 年 12 月人力资源社会保障部、财政部正式发布《城镇企业职工基本养老保险关系转移接续暂行办法》，明确了参保人员跨省流动就业转移基本养老保险关系时计算转移资金的方法、办理基本养老保险关系转移接续手续的程序，以及达到待遇领取条件时如何确定其待遇领取地等。

2008 年以来，广州、贵州等市结合当地实际，先后出台城镇老年居民社会养老保险办法（试行)》，为没有享受定期养老待遇的城镇老年居民建立城镇老年居民社会养老保险制度。2009 年 9 月国务院发布了《关于开展新型农村社会养老保险试点的指导意见》，决定从 2009 年起开展新型农村社会养老保险试点，逐步建立覆盖农村的新型养老保险制度。

（2）失业保险法制的改革。20 世纪 80 年代初，竞争就业机制开始进入劳动就业领域，失业风险开始在我国显现。为此，我国加强了失业业保险法制的建设。1986 年 7 月，国务院颁布了《国营企业职工待业保险（暂行）规定》，决定将部分职工纳入待业保险范围，规定将企业缴费和地方财政补贴作为待业保险基金的筹集渠道，明确了待业保险的给付项目和标准。该规定的颁布实施，标志着我国待业保险法制建设的起步。1993 年 4 月，国务院正式颁布了《国营企业待业保险规定》，规范了待业保险范围、保险基金的筹集使用方式、待业保险管理模式，这标志着我国失业保险法制的雏形基本形成。1998 年，国务院通过了《失业保险条例》，失业保险法制的建设取得了较大进展。

（3）医疗保险法制的改革。针对公费与劳保医焓制度的弊端与医疗费用日益膨胀的问题，从 1984 年开始，我国加强了职工医疗保险法制的改革和建设。1984 年，卫生部、财政部联合下发了《进一步加强公费医疗审理的通知，提出了改进医疗制度的原则。1988 年，国务院公布了《职工医疗保险制度改革的设想》，提出医疗保险改革的目标是建立医疗费用由国家、单位、个人合理负担，社会化程度较高的多种形式的职工医疗保险制度。1998 年，国务院公布了《关于建立城镇职工基本医疗保险制度的决定》，明确了建立城镇职工基本医疗保险制度境任务、原则、覆盖范围和缴费方法，将城镇职工基本医疗保险的覆盖范围扩展到了城镇所有用人单位的所有职工。确定了基本医疗保险实行社会统筹和个人账户相结合的模式。这个《决定》的发布，标志着全国性的城镇职工基本医疗保险制度的建立。

为实现基本建立覆盖城乡全体居民的医疗保障体系的目标，2002 年，中共中央、国务院发布《关于进一步加强农村卫生工作的决定》，明确指出要“逐步建立以大病统筹为主的新型农村合作医疗制度”，“到 2010 年，新型农村合作医疗制度要基本覆盖农村居民”；启动了新型农村合作医疗制度，国务院于 2007 年发布《关于开展城镇居民基本医疗保险试点的指导意见》，明确了城镇居民基本医疗保险目标、原则、参保范围和筹资水平。

（4）工伤保险法制的改革。1987 年，针对工伤保险制度所存在的缺陷，卫生部、劳动人事部、财政部、中华全国总工会联合颁发了《职业病范围和职业病患者处理办法的规定》。1988 年，劳动部提出了调整工伤保险待遇，逐步建立工伤社会保险基金，并逐步实行社会化管理的改革思路。依照这个思路，工伤社会保险改革试点在全国范围展开。1996 年 8 月，劳动部发布《企业职工工伤保险试行办法》，对工伤事故的就医及其医疗待遇、护理及其护理费，对工伤保险的工伤津贴、工伤全残、部分伤残以及因工死亡等待遇，对工伤伤残抚恤金和供养亲属抚恤金等问题与标准，作了明确规定。工伤保险法制得到了进一步的完善。

2. 社会救助法制的改革。我国社会救助法制分为农村居民救助法制和城市居民救助法制。

农村居民救助法制的改革：1982 年，民政部与国家经委、财政部、中国农业银行等几个部门联合发出《关于认真做好扶助农村贫困户的通知》，将扶助农村贫困户作为社会主义制度优越性的具体体现。1983 年，全国民政工作会议规定，在保障灾民基本生活的前提下，救灾款使用可以无偿与有偿相结合，救济生活和扶助生产相结合。1994 年，国务院颁布了《农村五保供养工作条例》，确保了农村五保供养工作的实施。2006 年，国务院重新修订《农村五保供养工作条例》，“五保”供养制度更加规范化。1994 年，《国务院关于八七扶贫攻坚计划的通知》下发，规划了 1994—2000 年的扶贫工作，决定采取生产扶贫、科技扶贫、教育扶贫等多种措施，加大扶贫力度。为了从根本上解决农村贫困问题，2001 年国务院发布《中国农村扶贫开发纲要（2001—2010）》，提出了 10 年内扶贫开发总的目标。2007 年国务院发出《关于在全国建立农村最低生活保障制度的通知》，决定 2007 年在全国建立农村最低生活保障制度，农村救助步入法律化轨道。

城市居民救助法制的改革：1995 年，大连市政府颁布了《大连市企业职工最低工资标准和市内四区城市居民最低生活保障线的规定》和《大连市市内四区城市居民最低生活保障线实施细则》，形成了一套地方性的比较完善的城市居民最低生活保障制度。1997 年国务院颁发《关于在全国建立城市居民最低生活保障制度的通知》，决定“九五”期间在全国所有城市和县人民政府所在镇建立居民最低生活保障制度。1999 年 9 月，《城市居民生活最低保障条例》经国务院审定并于同年 10 月 1 日在全国施行。

城乡医疗救助法制的改革：2002 年中共中央、国务院制定并出台了《关于进一步加强农村卫生工作的决定》，首次提出了在全国农村建立医疗救助制度，并明确了对农村贫困家庭实行医疗救助、实施以大病补偿为主以及对贫困家庭参加合作医疗给予资金补助的救助形式。2005 年国务院办公厅转发了民政部、卫生部、劳动和社会保障部、财政部《关于建立城市医疗救助制度试点的工作意见》。2009 年，民政部、财政部、人力资源和社会保障部、卫生部出台了《关于进一步完善城乡医疗救助制度的意见》（以下简称《意见》）。《意见》明确了我国医疗救助工作的目标任务和具体措施，提出要着力解决城乡困难群众最关心、最现实、最迫切的基本医疗保障问题，《意见》的出台标志着我国医疗救助从制度创建迈入规范发展的轨道。

3. 社会福利法制的改革。1984 年，民政部提出了社会福利事业单位逐步实现“三个转变”，即从救济型向福利型转变，从单纯供养型向供养康复型转变，从封闭型向开放型转变。1987 年，全国民政厅局长会议提出，把大力发展社区服务作为社会福利工作的新的增长点，把社会福利工作的重点放到基层，开拓社会福利工作的新领域。社会福利制度按照“三个转变”的目标，加速了社会化改革的步伐。1987 年，国务院发布了《中国社会福利有奖募捐委员会章程》，规范了社会福利有奖募捐活动，为社会福利事业提供了新的筹资渠道。

4. 优抚安置法制的改革。1980 年，国务院公布《革命烈士褒扬条例》，加强了对革命烈士褒扬的法制化建设。1981 年，国务院与中央军委颁布《关于军队干部退休的暂行规定》，1982 年，国务院与中央军委颁布《关于军队干部离职休养的暂行规定》，为军官离、退休养老提供了可操作性的法律依据。1984 年全国人大通过的《中华人民共和国兵役法》，对军人抚恤、优待、退休养老、退役安置等问题均进行了原则规范。1988 年，国务院废止了 1950 年颁布的 5 个优抚条例，通过了《军人抚恤优待条例》。至此，我国建立了一个比较完善的以优待、抚恤及离、退休养老制度为基本内容的军人社会优抚法制体系。

阅读资料　　社会保险法的缴纳及未缴纳的法律后果

老刘在单位工作了 5 年，前一段时间收到当地社会保险经办机构的社会保险缴费单，一看才发现，自己每月工资 4 000 元，但单位却按照每月 1 200 元的标准给自己缴纳社会保险，没有足额缴纳。于是老刘要求单位补缴，但单位就是不补缴，于是老刘向当地社会保险行政部门投诉。当地社会保险行政部门接到老刘的投诉后，经过调查责令老刘所在的单位 1 个月内为老刘补缴，但老刘所在的单位就是不为老刘补缴。老刘很发愁，自己投诉了半天，既得罪了单位，单位也没有为自己补缴，自己不是白忙活了。

如果用人单位拒不为劳动者按时足额缴纳社会保险费，征收机构能够采取什么强制措施吗？

依据我国《社会保险法》第 63 条规定，单位未按时足额缴纳社会保险费的，由社会保险费征收机构责令其限期缴纳或者补足。

用人单位逾期仍未缴纳或者补足社会保险费的，社会保险费征收机构可以向银行和其他金融机构查询其存款账户；并可以申请县级以上有关行政部门做出划拨社会保险费的决定，书面通知其开户银行或者其他金融机构划拨社会保险费。用人单位账户余额少于应当缴纳的社会保险费的，社会保险费征收机构可以要求该用人单位提供担保，签订延期缴费协议。

用人单位未足额缴纳社会保险费且未提供担保的，社会保险费征收机构可以申请人民法院扣押、查封、拍卖其价值相当于应当缴纳社会保险费的财产，以拍卖所得抵缴社会保险费。

（摘自：台州人力网（www. tzrl. com），2013 年 1 月 22 日，略有增删）

二、我国社会保障法制建设的趋势

我国在社会主义市场经济体制下的社会保障法制建设，关键在于建立与社会主义相适应的社会保障法制体系。这一法制体系是：在社会保障法规体系里应该有起统帅作用的法律；法制体系在内容上应当达到和谐一致、互不抵触，符合法制统一原则和统筹兼顾、互相协调的原则。

第一，制定社会保障基本法。社会保障基本法在社会保障法中处于中心的地位，是统管社会保障事业的纲领性法规，是具体确定和规范整个社会保障体系建设与运行的总的法律准则。

第二，完善社会保障单行法规。我国目前所适用的社会保障单行法规虽然数量不少，但与社会主义市场经济的要求还有一定距离，因此对建国以来陆续公布的社会保障方面的单行法规进行清理是目前完善社会保障法的重要步骤。通过清理，对内容不完善的要按市场经济体制要求修改补充，对已经过时的加以废止，对急需建立起来的通过法定程序尽快制定颁布。

第三，社会保障法律制度的立法内容应当与其他法律部门的立法内容相衔接，以保证社会保障法律规范的有效实施。例如，社会保险基金被违法挪用、挤占现象较为严重，使一些地方离退休人员不能按时足额领取到离退休金，造成人民群众对政府的不满。由于没有相应的法律规范制裁违法挪用、挤占社会保险金的行为，所以，至今无法追究挪用、挤占保险基金行为人的法律责任。现行的《中华人民共和国刑法》并没有相应的罪名对挪用、挤占社会保险基金的行为加以制裁。为确保社会保险基金的安全，制裁挪用、挤占社会保险基金的违法行为，应制定关于制裁挪用、挤占社会保险基金的违法犯罪行为的补充规定。

第四，以法律手段解决社会保险金的支付风险问题。导致社会保险金支付风险的主要原因是保险基金收支不平衡，特别是保险费不能及时足额征缴。这种状况长期下去，国家和地方财政是很难支撑的。社会保险基金的支付风险问题，其潜在的危险并不亚于金融风险。银行对个人储蓄的支付风险，所涉及的是百姓的闲钱；而社会保险基金的支付风险，所涉及的却是百姓的保命钱，严重影响着社会的稳定。因此，必须通过立法解决社会保险费的收缴问题，加大强制收缴社会保险费的力度，对欠缴、拒缴社会保险费的，追究相应的法律责任。

第五，保证社会保险基金的保值增值。社会保险基金的保值和增值是社会保险基金运营管理的重要目标。应当通过立法建立社会保险基金的安全投资机制，如在规范金融秩序的条件下，严格规定社会保险基金的投资方向和各项投资比例的上限，强化投资监管措施，保证社会保险基金的保值与增值。目前，我们国家已经批准保险资金可以通过购买证券基金的方式进入证券市场。

第六，健全社会保障的司法机制。可借鉴国外普遍实行的专门法院审判方式，建立我国专门的劳动和社会保障法院。在审判中充分体现出劳动和社会保障事务的特殊性。人民法院对社会保障领域里发生的违法、犯罪案件，应当依法及时审理；对拒不缴纳法定的社会保险费、拒不履行支付保险金义务、不正当使用保险基金、贪污、挪用、侵占保险基金的行为人，应当依法分别追究其刑事责任、行政责任和民事责任。

思考与拓展

一、不定项选择题

1. 全国人大常委会在（　　）年颁布我国第一部社会保险法。

A. 1950　　B. 1984

C. 2010　　D. 2011

2. 社会保障法调整的对象为（　　）。

A. 社会保障关系　　B. 社会保险关系

C. 社会保险行为　　D. 社会保障关系

3. 社会保障法制包括（　　）。

A. 社会保险法制　　B. 社会救助法制
C. 社会福利法制　　D. 优抚安置法制

4. 用人单位拒不为劳动者按时足额缴纳社会保险费，征收机构可采取（　　）强制措施。

A. 责令其限期缴纳
B. 申请县级以上有关行政部门作出划拨社会保险费的决定
C. 要求该用人单位提供担保，签订延期缴费协议
D. 申请人民法院扣押、查封、拍卖其价值相当于应当缴纳社会保险费的财产

5. 我国基础的农村社会救助法制是（　　）。

A. 五保供养法制　　B. 最低生活保障法制
C. 灾害救济法制　　D. 扶贫开发法制

二、判断题

1. 社会保障关系具有社会和行政双重属性。（　　）
2. 社会保障关系由社会保险法调整。（　　）
3. 社会保险监督委员会由社会保障部门代表、用人单位代表、参保人员代表，以及工会代表、专家等组成。（　　）
4. 个人跨统筹地区就业的，其基本医疗保险关系随本人转移，缴费年限累计计算。（　　）
5. 职工所在用人单位未依法缴纳工伤保险费，发生工伤事故的，由用人单位支付工伤保险待遇。用人单位不支付的，从工伤保险基金中先行支付。（　　）

三、简述题

1. 社会保障法制构成要素。
2. 我国社会保障法制体系。

四、案例分析题

高薪能否替代养老保险

某外商独资公司，高薪聘用了一位博士毕业生赵某，担任副总经理。当时，在谈到工资待遇时，公司说："董事会给你定的工资为1.2万元。不过，我们是一家外资公司，之所以工资定得这么高，是因为除了工资以外，再没有其他福利待遇了。像什么医药费报销、养老等问题都得自己解决，公司概不负责。"听了这话，赵博士心里盘算开了："这个公司给我的工资的确是够多的，可就是将来万一得了什么大病，或者老了怎么办呢?"但他转念又一想："我刚30多岁，一般也不会有什么大病，至于养老问题，现在考虑还为时过早。倒不如趁年轻多挣些钱，实惠。"工作以后，赵博士为了解除自己的后顾之忧，每月从工资中拿出1 000元，向保险公司投了一份养老保险。这样一来，他在这家公司工作，也觉得很踏实多了。几个月后，由于赵博士与董事长在公司的经营管理等重大问题上，产生了分歧，被董事长炒了"鱿鱼"。赵博士不服，双方为此打到了劳动争议仲裁委

员会。

在劳动争议仲裁委员会，赵博士提出公司未给他缴纳养老保险的问题，他认为，这是侵犯他合法权益的行为。但公司认为不为你缴纳养老保险，是事先跟你讲好的。你既然干了，就说明咱们的协议已经达成，你现在无权反悔。再说，你不是自己已经向保险公司投了养老保险了吗？

（资料来源：《高薪能否替代养老保险》，找法网，2012 年 12 月 3 日。）

仔细阅读上述资料，并分析高薪能否替代养老保险。

参考文献

1. 申曙光:《社会保险》，高等教育出版社 2003 年版。

2. 邓大松:《社会保险》，中国劳动社会保障出版社 2005 年版。

3. 侯文若、孔泾源:《社会保险》，中国人民大学出版社 2004 年版。

4. 社会保险实用系列丛书编写组:《工伤保险生育保险》，机械工业出版社 2003 年版。

5. 郑功成:《社会保险概论》，复旦大学出版社 2005 年版。

6. 郭士征、钟仁耀:《社会保障学》，上海财经大学出版社 2004 年版。

7. 钟仁耀:《社会救助与社会福利》，上海财经大学出版社 2005 年版。

8. “金袋鼠丛书”编委会编写:《实用工伤保险政策解答》，中国劳动社会保障出版社 2005 年版。

9. 孙光德:《社会保障学》，中国劳动出版社 1998 年版。

10. 孙光德、董克用:《社会保障概论》，中国人民大学出版社 2000 年版。

11. 李晓林、王旭瑾:《社会保障学》，中国财政经济出版社 2003 年版。

12. 康士勇:《社会保障管理实务》，中国劳动社会保障出版社 1999 年版。

13. 齐海鹏:《社会保障》，东北财经大学出版社 2000 年版。

14. 刘 钧:《社会保险理论与实务》，清华大学出版社 2005 年版。

15. 胡乐亭:《社会保险概论》，中国财政经济出版社 2000 年版。